吮 乳

育成猪舍

海兰褐壳蛋鸡

罗曼白壳蛋鸡

产蛋鸡舍

对尾式牛舍

运动场

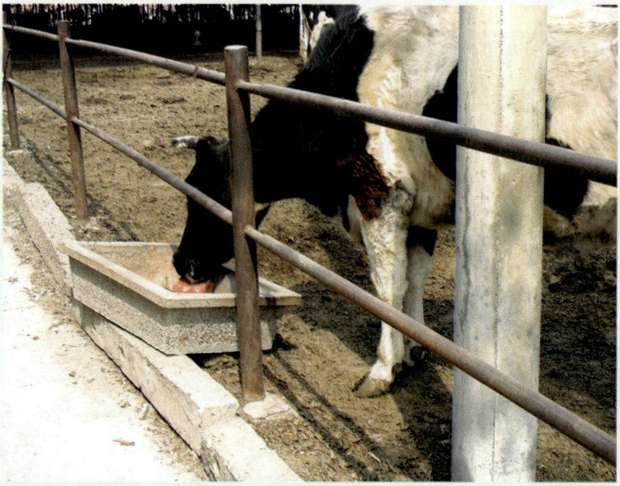

补 盐

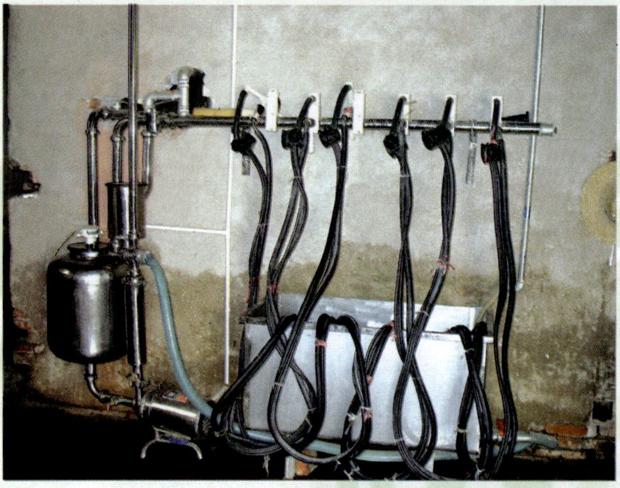

小型机械挤奶设备

贮奶罐及冷却设备

城郊新农村建设丛书

城郊农村如何发展畜禽养殖业

编著者

王占赫 邓 蓉 陈俊杰

刘风华 鲁 琳 闫贵龙

魏秀莲 刘学荣 周双海

郭玉琴

金盾出版社

内 容 提 要

本书为“城郊新农村建设丛书”的一个分册。内容包括：城郊农村畜禽养殖方式与选择，城郊农村如何发展养猪、养牛、养禽和养兔生产，我国畜牧业的宏观管理，畜产品市场供求分析，城郊农村畜禽养殖小区的发展分析。内容丰富，通俗易懂。本书作者希望通过此书能对城郊县(区)、乡(镇)、村干部和家庭养殖户起到拓展发展思路和提供政策建议的作用。

图书在版编目(CIP)数据

城郊农村如何发展畜禽养殖业/王占赫，邓蓉等编著．—北京：金盾出版社，2006.3(2014.1重印)
(城郊新农村建设丛书)
ISBN 978-7-5082-3944-6

Ⅰ．城… Ⅱ．①王…②邓… Ⅲ．畜禽-养殖业-经济发展-研究-中国 Ⅳ．F326.33

中国版本图书馆 CIP 数据核字(2006)第 012190 号

金盾出版社出版、总发行
北京太平路 5 号(地铁万寿路站往南)
邮政编码：100036 电话：68214039 83219215
传真：68276683 网址：www.jdcbs.cn
彩色印刷：北京盛世双龙印刷有限公司
黑白印刷：双峰印刷装订有限公司
装订：双峰印刷装订有限公司
各地新华书店经销
开本：850×1168 1/32 印张：7.875 彩页：4 字数：196 千字
2014 年 1 月第 1 版第 6 次印刷
印数：48 001～52 000 册 定价：14.00 元

序

全面建设小康社会重点在农村，难点也在农村。党中央审时度势、高屋建瓴，适时提出了建设社会主义新农村的重大历史任务。党的十六届五中全会提出社会主义新农村建设的宏伟目标是：生产发展、生活宽裕、乡风文明、村容整洁、管理民主，这五个方面体现了经济建设、政治建设、文化建设、社会建设四位一体的发展布局，为我们清晰地勾画出了社会主义新农村的美好前景和实现途径。

多年来，以北京农学院院长王有年教授为代表的一大批长期致力于城郊农业、农民与农村问题以及都市型现代农业研究的专家、学者，一直坚持"立足京郊，服务三农"的方针，以科教文为主导战略，以科教兴村为主线，开展了形式多样的科教兴村富民活动，结合城市郊区的实际情况，摸索出了许多各具特色的解决城市郊区"三农"问题的模式与经验，取得了丰硕的成果。春江水暖鸭先知，党的十六届五中全会决议公布后，他们及时领悟到了党中央英明决策的时代内涵和作为研究"三农"问题的学者所肩负的历史使命。他们深切地感受到，城市郊区与传统意义上的农村具有不同的特点，而且，城市郊区在新农村建设，乃至实现社会主义小康社会宏伟目标方面具有举足轻重的地位。基于上述认识，从 2004 年 4 月开始，北京农学院的部分学者、专家与同样负有使命感的金盾出版社的同志们就开始研究如何编写一套体现城市郊区特点的、适合广大农村基层干部和有一定文化水平农民阅读的普及性丛书，其目的在于认真总结科教兴村的理论与实践，形成规律性认识，从而使全国的科教兴村工作水平不断提高。同时，借鉴近年来涌现出的新理论和新技术，以科教兴村为载体更好地推进城郊新农村建设步伐。因此，编委会以服务城郊新农村建设为宗旨，以强村富民为中心，围绕都市农业、结构调整、科技需求、农产品贸易、组织创新、小城镇建设等热点问题，提炼出 14 个专题，分别成册。

各分册作者均为工作在相关领域教学、科研第一线的中青年专家、学者，他们大多具有硕士、博士学位。他们长期致力于“三农”问题的研究，始终用自己所学的知识服务于京郊大地，把论文写在京郊大地上，对京郊乃至全国农业、农村、农民问题有着深切的感受和较多的关注，在相关领域均做出不菲成绩。在编写过程中，他们融合了北京市社科基金项目“科教兴村的理论与实证研究”取得的成果，以实际、实用、实效和突出新理念与新科技为原则，体现时代性、科学性和前瞻性，融思想的先进性、知识的可读性和实践的可操作性于一体。经过一年多的不懈努力，广泛征求各方面的意见，精益求精，几易其稿，终于完成了编写任务。功夫不负有心人，整套丛书深入浅出，通俗易懂，特色鲜明，针对性和实用性强。

我认为，建设社会主义新农村是一个长期奋斗的过程，需要付出艰苦的努力。改革开放以来，我国人民在党的领导下，凭着自己的智慧、能力和汗水，取得了经济社会发展的巨大成就，也初步走出了一条生产发展、生活富裕、生态良好的文明发展道路。广大农民群众在改革发展的实践中，迸发出无穷智慧，创造了无数奇迹。今天，我们正站在一个新起点上，我相信，这套丛书肯定会成为农村、特别是城郊农村干部与群众的好帮手，对其他地区的农村干部和群众也具有重要的指导意义。

这套丛书也为即将迎来的北京农学院五十周年华诞献上一份

重重的厚礼。我衷心祝愿，北京农学院广大师生能够传承先进文化，推广现代科技，培育新型农民，为社会主义新农村建设做出新贡献，创造辉煌成就。

农 业 部 原 副 部 长
中国农学会名誉会长　洪绂曾

二〇〇六年二月六日

前言

随着我国国民经济的迅速发展和人民生活水平的不断提高，人们的食物结构发生了很大的变化，动物源性食品的日常消费量显著增加。1996 年，我国人均肉类的消费量为 30.3 千克、牛奶 5.2 千克、禽蛋 16 千克；2000 年，我国人均肉类的消费量增长为 38.3 千克、牛奶消费量增长为 6.6 千克、禽蛋消费量增长为 17.8 千克；2004 年，我国人均肉类的消费量增长为 44.6 千克、牛奶消费量增长为 17.4 千克、禽蛋消费量增长为 21 千克。由此可见，我国人民的畜禽类食品消费量增长是十分迅速的。

在日常畜禽类食品消费量迅速增长的同时，人们也对动物源性食品的质量和安全性提出了更高的要求。在我国的东部沿海地区，由于收入水平和消费水平要高于中部地区和西部地区，因而对畜禽类食品的质量与安全性的要求也就更高。比如，人们不仅要求畜禽类食品鲜美可口，而且要求畜禽类食品具有良好的安全性，能够保障人们的身体健康。

目前，我国人民已经基本解决了温饱问题，很多地区和城镇的人民生活水平已达到了小康水平。同时，由于近年来城镇化的发展，使得大中城市发展很快。这样，就使得大中城市人口迅速增长，城市发展步伐不断加快，城区面积不断扩展。随着人们日用品需求量的不断增长，城市垃圾、城市污水不断增加，环境污染越来越严重。在城市郊区，为了满足城市人口对畜产品不断增长的需求，畜牧业的发展越来越快，生产的规模也越来越大，这同时也就加剧了由畜牧业生产带来的环境污染，尤其是动物养殖中产生的粪、尿、有害气体的污染。在城市郊区，随着畜牧业生产单位的密度在不断增大，生产规模也在不断增长，由此而形成的环境污染的影响也在逐步显现。这就对城市郊区畜禽生产提出了新的要求，也使城郊畜牧业发展面临新的挑战。

本书根据当前我国大中城市郊区畜禽养殖生产的现状和其所具有的资金优势、市场优势、科技优势和人才优势，详细阐述了我国大中城市郊区发展畜禽养殖生产所面临的社会经济环境问题、政府管理问题、畜禽养殖方式的选择问题、畜禽养殖小区的建设问题和畜产品市场问题。本书既从宏观管理的角度来分析问题，也从具体的养殖经营决策、养殖生产发展的思路、科学的养殖方法和措施、畜禽养殖污染物处理方法和设施等方面入手，来勾画城郊农村如何发展畜禽养殖业。编著本书目的，是为我国城市郊区农村发展畜禽养殖业提供有益的发展思路和具体的技术指导意见，也是为城郊农村的广大基层管理干部和各级政府领导对如何发展城郊畜禽养殖业提供新的思路和政策建议。

由于本书编写的时间紧迫，作者的水平和能力也有限，错误和不足之处在所难免，敬请读者批评指正。

编著者

2006 年 2 月

目　录

第一章　城郊农村畜禽养殖生产方式与选择

近年来，随着我国国民经济的迅速发展和人民生活水平不断提高，人们对日常生活中最基本的消费品——动物性食品也提出了更高的要求。目前，我国人民已经基本解决了温饱问题，很多地区和城镇的人民生活水平已达到了小康水平。尤其是全国的大中型城市的城镇居民人均收入水平已达到了 1 000 美元以上。人们对食品的要求，已不仅仅是数量的满足，而是要求食物和膳食的更加科学和合理。不仅要求食品更加有营养，更加能够满足人的营养需要，更加鲜美可口，而且，还要能够保障人们的身体健康、长寿。使得人们更加追求食品的高质量、高瘦肉率、高营养，而且无污染、无药物残留、无疫病发生等的绿色食品、无公害食品、天然食品、有机食品。同时，由于近年来我国城镇化的发展，使得大中型城市发展很快，大量人口流入大中城市，很多大中型企业也不断在大中城市郊区发展。金融业、娱乐业、服务业等第三产业在大中城市迅猛发展，很多发达的大城市中第三产业产值已占地区国民生产总值 30％以上。这样，就使得大中城市人口迅速增长，城市发展步伐不断加快，城区面积不断增加，人口不断增长，日常生活用品需求量不断增长，城市垃圾、城市污水不断增加，环境污染越来越严重。工业生产、农业生产的污染也更加严重，尤其是动物养殖生产中的粪、尿、有害气体的污染对环境和动物食品的影响也日趋显现。这就对大城市郊区的畜禽生产提出了新的要求，面临新的挑战，出现新的发展。

一、城郊畜禽养殖生产方式

我国畜禽养殖业按区域划分，可分为城郊畜牧业、农区畜牧业和牧区畜牧业。在城郊农村，随着畜禽养殖业的发展，其畜禽生产配套体系已逐步建立和不断完善。在这一体系中，按开展畜禽养殖生产者的来源和养殖规模及养殖畜禽的种类不同，可以分成如下几种方式。

（一）按饲养畜禽的类别区分

1. 种畜禽选育场 在城郊畜禽养殖生产中，种畜禽选育场起着十分重要的作用。这些种畜禽选育场一般规模较大，资金实力较强，所具有的科技和饲养管理水平较高。他们饲养的是优良的种用畜禽品种或品系，其生产目的是选育生产纯种种用畜禽，提供给种畜禽扩繁生产场。由于他们饲养的种用畜禽，一般都是从国外引进的或国内经多年选育成功的优良品种，生产性能都很好，引种的价格和金额也较高，需要有大量的资金投入。同时，这些种用畜禽品种或品系需要有较高的饲养管理水平，如较好的畜舍条件、较高的饲料营养水平以及较高的管理水平，才能保证其较高生产性能的发挥。此外，这些优良畜禽品种还需要进行科学的选种、选配，才能保证优良畜禽品种的优秀生产性能得以保持，或者经过不断选育来改善和提高优良畜禽品种的生产性能。这些种畜禽养殖选育生产所需条件是较高的。一般资金少、规模小、科技水平不高的企业或个人是难以达到的。因而，种畜禽选育场一般都是那些大型国有、集体畜禽养殖企业。当然，随着经济的发展，一些资金实力较强的个体私人企业也已出现，但目前仍较少。

这些种畜禽选育场科技水平高，生产水平高，所产生的经济效益自然也较大。一般种用畜禽的价格要比商品畜禽的价格高出几倍，甚至十几倍。因此，种用畜禽养殖选育生产是一个投入大、效益高的行业。这也是吸引很多有资金实力的单位或个人甚至外国投资家介入的重要原因。

在这些种用畜禽养殖选育场不断发展的过程中，也不断有新的种用畜禽养殖选育场出现，这也加剧了种用畜禽养殖企业之间的竞争。在竞争过程中，不仅使优良种用畜禽生产量不断增加，而且也使种用畜禽生产性能不断提高。因此，在今后的种用畜禽养殖选育生产的发展过程中，会不断改良和提高种用畜禽的生产性能，从而促进城郊畜禽养殖生产水平的不断提高。

当然，在城郊畜禽养殖生产中，种用畜禽养殖生产企业饲养畜禽的数量只占到所有畜禽数量的一小部分，一般总量不超过15%。所以，进行种用畜禽养殖选育生产的企业应该是城郊畜禽养殖企业（或个人）中的少数。

2. 种用畜禽扩繁生产场　种用畜禽扩繁生产场饲养的畜禽是来自种用畜禽选育场的纯种畜禽。种用畜禽扩繁生产场的生产目的是为商品畜禽生产场提供种用畜禽（如果是进行杂交生产，则是为商品场提供杂交用父母本畜禽）。因此，种用畜禽扩繁生产场虽然饲养的也是纯种优良畜禽，但与种用畜禽选育场的要求不同的是，种用畜禽扩繁生产场不必再对畜禽品种或品系进行选育，只需进行纯种扩大繁殖，生产纯种畜禽即可。

种用畜禽扩繁生产场一般规模也较大，要求的畜舍条件、饲料营养水平和饲养管理水平也较高，需要较大的投资和较高的科技水平。所以，这类畜禽生产场往往多数是合资、国有、集体性质的大中型畜牧企业，少数是某些有实力的私人企业，城郊农村的广大农民不具备进行此类生产的条件 。

需要指出的是，种用畜禽扩繁生产场生产的种用畜禽是提供给广大商品畜禽生产者，所以种用畜禽扩繁生产场饲养的畜禽数量应该较多，种用畜禽扩繁生产场的数量也会更多，为具有一定资金实力和较高技术水平的企业或个人提供了较多投资机会。由于受利益的驱动，种用畜禽扩繁生产场之间的竞争也会越来越激烈，需要这些企业或个人不断提高科学技术水平和饲养管理水平以及不断引进更加优秀的畜禽品种。

3. 商品畜禽生产场 商品畜禽生产场的生产目的是为了广大城镇居民提供动物性产品，如猪肉、鸡肉、鸡蛋、牛奶等。因此，它们所饲养的畜禽是生产这些动物性产品的商品肉猪、商品肉鸡、商品蛋鸡和奶牛等。这与种用畜禽选育生产场、种用畜禽扩繁生产场的性质完全不同。商品畜禽生产场不必进行选育和纯种繁殖，主要工作应放在提高肉猪和肉鸡的生长速度、蛋鸡的产蛋水平、奶牛的产奶水平上，以便用较少的饲料、较低的成本换取更多动物性畜禽产品，从而获得较大经济效益。

商品畜禽生产场饲养规模一般可大可小，投资金额可多可少。进行商品畜禽生产企业可以是农户、私人企业家和国有、集体单位。商品畜禽生产场的数量在城郊畜禽养殖生产中所占比例是最大的，数量也是最多的，是城郊农村广大农民可以开展的最普遍的畜禽养殖生产行业，是广大农民增加经济收入的重要行业和来源。

传统的商品畜禽生产场（户）一般科技水平要求不太高，投资收益水平也较低。但是，随着我国经济的发展，广大商品畜禽生产者，尤其是广大农民养殖生产者，为了获得一定水平的经济收益，就必须扩大自己的养殖畜禽数量和规模。同时，随着我国城郊畜禽养殖生产的发展，畜禽生产量不断增加，生产水平不断提高，商品畜禽生产的价格和利润水平也会随之下降，竞争也会愈加激烈。迫使每一个从事商品畜禽生产的企业或个人必须不断学习养殖科学技术，不断提高畜禽生产性能和改进提高饲养管理水平，从而提高畜禽生产水平，降低畜禽生产成本，提高畜禽产品质量，提高畜禽产品价格，才能获得较大经济收益。

(二)按从事畜禽养殖生产单位、规模和生产方式区分

1. 农民个体副业养殖生产方式　这是比较落后的养殖方式。是城郊农民进行农业种植生产的同时,少量养殖畜禽,以获取部分农业生产以外经济收益的生产方式。这种畜禽养殖方式由于饲养畜禽数量少,所需投资也少,而且是农民利用业余时间进行养殖,所以生产不专一,劳动力投入少,饲养管理水平低,科技含量低,饲养的畜禽生产水平低,获得的经济收益也较低。但饲养成本也低。尤其是有些农民利用自产的粮食、农副加工副产品做饲料,更进一步降低了饲养成本,也可使农民获得一定收益。随着城郊畜禽养殖业的发展,目前这种养殖方式已很少,已逐渐转向专业化养殖生产方式。

2. 农民专业养殖生产方式　这种养殖生产方式是近年来城郊农村畜禽养殖生产中数量最多、发展最快的一种畜禽养殖生产方式。在我国城郊农村畜禽养殖生产中出现的家庭养殖户,如养猪专业户、养鸡专业户、养鸭专业户、养牛专业户、养羊专业户等,就属此类生产方式。

从事这种畜禽养殖生产的农民专业户,是以养殖某种畜禽作为惟一的工作,也是他们的惟一经济收益来源。这类农民专业户一般饲养畜禽数量都较多,具有一定规模,饲养的畜禽品种较优良,饲养管理科技水平较高,生产水平也较高,经济收益较好。是近年来城郊广大农民提高收入水平和生活水平的重要途径。

当然,随着城郊畜禽养殖生产的发展和生产水平的提高,农民专业养殖户也面临着较大竞争压力,要想进一步提高生产水平,获得更多经济收益,必须不断学习和采用最新科学技术,才能达到目的。

3. 集体和国有大中型规模化畜禽养殖方式　我国城郊农村畜禽养殖生产中起着十分重要作用的是集体和国有大中型畜禽养殖

企业。这类养殖企业资金充足，人力资源优良。很大一部分具有高学历、高职称的畜牧科技人员都在国有和集体大中型畜禽养殖企业工作，使得这类养殖企业有着比较先进的科学技术和管理水平。而且这类养殖企业具有较长时间的养殖生产经验，也培育了一批优良的饲养管理人员队伍，使得国有、集体大中型畜禽养殖企业有着较高的生产水平。

国有、集体大中型畜禽养殖企业一般采用大规模的饲养方式进行生产，饲养的畜禽数量较多。如养猪生产企业一般饲养量可达万头以上，有的甚至达到几万、十几万头。养禽企业饲养家禽只数更是达到几万至十几万只。同时，这些企业有着环境条件良好的畜舍，较先进的消毒防疫和疾病治疗设备，有的企业还有配套齐全的饲料生产加工能力，以及畜禽产品的加工、销售能力。这些良好的条件都为国有、集体大中型畜禽养殖企业生产水平和经济效益的提高打下了良好基础。使得这些养殖企业的各项生产、技术、经济效益居于城郊畜禽养殖企业的前列。

国有、集体大中型畜禽养殖企业，除了少部分养殖的是商品畜禽以外，大部分饲养的畜禽都是种用畜禽。这些企业有的是种畜禽选育场，有的是种畜禽扩繁生产场，可以达到从选育到扩繁生产种用畜禽的完整生产能力。国有、集体大中型畜禽养殖企业担负着为城郊广大畜禽养殖农户和企业提供优良种用畜禽的任务，在城郊畜禽养殖生产中起着至关重要的作用。因为城郊畜禽养殖业如果没有优良品种、品系的种用畜禽做保证，就不可能有城郊畜禽养殖业生产水平的提高和发展。

4. 生产、加工、销售一条龙生产方式 随着我国经济向多元化方向发展，很多外国资本、私人资本不断进入到城郊畜禽养殖业，促进了城郊畜禽养殖业的发展，同时也加剧了城郊畜禽养殖业的竞争。迫使很多具有优势地位的国有、集体大中型畜禽企业必须多方筹集资金，加大资金和科技投入，引入更加优秀的优良畜禽品种，改造原有养殖设施，创造更加良好养殖条件，在提高畜禽生产水平的同时，也开拓畜禽产品的深加工行业，使之增值增效。这些都促成了我国城郊农村畜禽养殖的一个巨大变化——形成畜禽养殖生产、加工、销售联合体。实行畜禽产品的产、供、销、加工、服务一条龙生产模式。

这种生产方式，延长了生产和经济链条，使那些实行产、供、销、加工一条龙生产方式的联合体扩大了生产规模，增加了畜禽产品的附加值，增强了经济实力，可以获得更大经济效益。是今后城郊畜禽养殖业发展的一个重要方向。

5. 公司加农户的生产方式 所谓公司加农户的畜禽养殖生产方式，就是一些大型的畜禽养殖企业（或公司）为了尽快扩大生产规模和获得较大经济效益，在本身进行畜禽养殖的同时，还与当地的农民养殖户合作，将部分畜禽生产的任务交给农民养殖户来完成，其中主要是商品畜禽的生产任务。有些大的畜禽养殖公司还与农民养殖户之间签有合作协议或合同，这些协议或合同中包含公司与农户的责、权、利的划分，如公司负责提供优良幼猪、幼牛、雏鸡等，负责提供饲料、疫（菌）苗、兽药，提供科学技术的指导，以及畜禽产品的销售或收购。有些畜禽养殖公司还提供部分资金支持，如赊卖给农户养殖的畜禽种苗或幼畜，赊卖给农户畜禽饲料，免费进行技术咨询指导，以保护价收购农民养殖户的畜禽产品等。这样，就对广大农民养殖户提供了部分资金、技术支持，从而使畜禽养殖户容易获得成功；而且公司又可用少部分投资，大规模地扩大自己的畜禽养殖生产，加快畜禽养殖发展的速度，获得更多畜禽产品和更大经济效益。

但是，这种公司加农户的畜禽养殖生产方式，由于与广大农民养殖户合作，需要投入较多的管理人员和科技服务人员，畜禽养殖生产也具有很大的不确定性和风险。因为一旦广大农民养殖户饲养的畜禽不成功，出现畜禽产品质量严重下降或大面积发病死亡，或者部分农民养殖户违约不向公司交售生产的畜禽产品，将会给公司的生产和投资带来巨大损失和风险。

二、城郊畜禽养殖种类和生产方式的选择

在我国广大城郊农村要进行畜禽养殖生产，应根据近年来我国城郊畜禽养殖业的发展状况实际，结合市场需求和本身的实际情况，如资金实力的多少、饲养场地大小、当地畜禽品种资源以及掌握的养殖科学技术水平，来进行科学地分析和选择，以达到科学地投资生产，用较少的资金投入，获得较大经济效益。

（一）养殖畜禽种类的选择

要确定养殖畜禽的种类，一般应考虑以下影响因素。

1. 市场需求情况 所养殖的畜禽种类应有较好的市场需求，需求量大，供不应求，才能保证所生产畜禽产品销售容易，销售价格高，赢利水平高，发展空间大。如在中小城市郊区可饲养猪、鸡、鸭、牛等大众化畜禽种类；在大城市郊区可养殖奶牛、优质肉牛、高瘦肉率的瘦肉型猪等高质量畜禽种类，甚至可以养殖一些特殊畜禽种类，如火鸡、鹌鹑、乌鸡等。因为地区不同，市场需求不同，饲养的畜禽种类也应不同。

2. 资金情况 在城郊农村进行畜禽养殖，不仅成为广大城郊农民获得经济收益的重要途径，也是其他具有资金实力的各类投资家获取利润的一个渠道。因此，在开展畜禽养殖之前，必须考虑投资回报。如果资金数额少，就不可能进行大规模畜禽养殖。比如，广大城郊农村的农民，具有的资金可能不多，就应以养殖需求量大的、大众化的畜禽商品为宜；资金实力较充足的少数投资家，包括国外资本、大的私人资本和国家政府支持的国有和集体畜禽养殖企业，可以饲养种用畜禽，从而可以获得较高投资收益。

3. 畜禽种类、品种来源　在城郊农村进行畜禽养殖，应该保证有着数量充足、质量优良的畜禽种类的供应。因为在畜禽养殖生产中，要不断淘汰老龄畜禽个体，或更换更加优秀的畜禽品种。这就要求考虑畜禽种类、品种来源状况，尤其是城郊广大农村的农民养殖生产者，更应考虑畜禽价格的高低、质量的好坏和运输的方便与否。

4. 具有的科学养殖技术水平　近年来城郊养殖的畜禽种类和品种已出现了很大变化，大部分畜禽品种的生产性能都达到了很高的水平，尤其是从国外引进的优良畜禽品种生产性能更加优秀。这些具有较高生产性能的畜禽品种需要的饲养条件和管理水平也较高。因此，养殖的技术水平是选择所养殖畜禽种类和品种的重要因素。城郊一般农民在从事养殖业的初期，应选择一般的畜禽品种为宜，不应过分追求最新和生产性能最高的畜禽品种。而已经掌握了较高养殖技术水平的企业，则可饲养生产性能优秀的畜禽品种。尤其在决定饲养某些新的畜禽品种之前，更应首先学习相应的科学养殖技术。

(二)畜禽养殖规模的选择

在城郊农村进行畜禽养殖生产的养殖规模，主要是由投资资金、市场需求、当地政府养殖政策和养殖场地条件等确定。养殖生产者具有较多资金，畜禽产品市场需求量大，当地政府又支持鼓励开展此类畜禽生产，养殖场地条件允许，就可以进行大规模畜禽养殖。如中外合资畜禽养殖企业，国有、集体大中型畜禽养殖企业，大型私人畜禽养殖企业等就是如此。而不具有大量资金实力的城郊农民，一般不宜进行大规模养殖，而以小规模的畜禽养殖生产为宜。

（陈俊杰　王占赫）

第二章 城郊农村如何发展养猪生产

一、城郊养猪业现状和存在的问题

(一)城郊养猪业现状

20世纪80年代以前,我国城郊养猪业同全国一样,以农户散养为主,基本上没有大规模的生猪饲养场。20世纪80年代,为了丰富大中城市的“菜篮子”,筹建了一批规模化养猪场。规模化养猪首先从大城市起步,然后逐步向中小城市扩展或转移。养猪生产水平也大大提高。出栏率从1979年的62.3%增加到2001年的123%,2001年全国生猪存栏4.57亿头,出栏商品猪5.49亿头,猪肉产量4 184.5万吨。在年出栏猪总量中,京、津、沪3市的年出栏5万头以上的规模猪场的比重上升到31.1%,散养户参加各种合作组织的比例占1/3。2003年,我国生猪年末存栏46 601.7万头,比2002年增长0.7%;2003年我国出栏生猪59 201万头,比2002年增长4.4%;2003年我国猪肉产量4 519万吨,比2002年增长4.4%。2003年全国猪肉生产最多的省份为:四川省为461.6万吨,湖南省为419.3万吨,河南省为386万吨,山东省为332.6万吨,河北省为290.3万吨。2003年全国生猪出栏量最多的省份为:四川省生猪出栏6 236.9万头,湖南省为5 905.8万头,河南省为4 850万头,山东省为4 016.2万头,河北省为3 875.1万头。

随着我国人口不断的增长,发展养猪业的自然资源和生态环境的压力日益增大,同时随着人们生活水平的提高,对禽肉、蛋、牛羊肉消费量的增加，作为耗粮型的养猪业占畜牧业产业结构的比重趋于减小，猪肉占肉类总产量的比重由1979年的94.7%递减到2001年的66.1%，养猪业的生产方式也随之发生了变化，由数量型转向质量效益型，生猪存栏数增长速度减缓，生猪出栏数不断增加，猪肉产量继续保持增长的趋势。

养猪业在畜牧业产业结构中占有主导地位，尽管由于畜牧业产业结构调整的需要，养猪业在肉类生产中所占的比重处于下降趋势，但是由于我国居民的饮食习惯以及猪的生物学特点，养猪业在我国畜牧业产业结构中仍然占60%以上的比重，所以无论是从养猪的数量和猪肉的产量来看，养猪业都将一直是我国畜牧业中的一大产业。尤其是在我国农业现代化的发展进程中，随着畜牧业占农业总产值的比例持续增长，养猪业的发展无论是满足国内市场还是满足国际市场的需求，都具有巨大的发展空间。

（二）城郊养猪业存在的问题

虽然我国城郊生猪生产与广大农区比较，现代化程度较高，但存在一些需改进的问题。一是规模化养猪场、公司加农户合作经济组织与农户散养等多种养殖方式共存；二是畜产品质量存在安全隐患，违法使用禁用药品和滥用兽药的现象时有发生；三是饲料缺口较大，尤其是蛋白质饲料短缺；四是养猪业的发展与环境保护的矛盾突出。在扶持和规划当地养猪业时，要充分考虑以上制约因素，才能使当地养猪业健康、持续发展。

1. 庭院式生产为主，生产水平不高　家庭养猪是我国养猪业的主要经营形式，家庭养猪提供的猪肉占全国猪肉总产量的80%以上，由此可见我国养猪生产仍处于千家万户分散经营的状态，具备一定科技含量的养猪业仅占13%～15%。虽然家庭养猪具有投资低、种养结合和生态养殖的特点，但是家庭养猪人畜同院，疫病不好控制。因此，我国的养猪技术与发达国家相比存在较大差距，导致我国养猪生产的主体仍未摆脱粗放生产、高耗低效、劣质低价的樊篱。

2. 服务体系不完善 在传统畜牧业向现代化畜牧业转化过程中，建立社会化服务体系是解决农户的小规模分散生产与大市场、畜牧业专业化生产与社会化服务滞后的矛盾的有效方法。现阶段影响我国养猪业发展的因素表现在以下几个方面：市场信息不灵，销售渠道不畅，新技术应用难，生产成本高；畜牧业区域布局相似，专业化程度低，经营规模小，信息、技术、资金、物资、销售等社会化服务滞后；畜牧业产销矛盾异常突出，多年来畜牧业产销脱节、部门分割的情况依然存在，一些大中型加工企业缺乏活力，畜产品档次低，系列开发、精细加工跟不上；一些地方对畜牧业的重视程度不够或保护、支持的力度不够，投入不足，在一定程度上制约了畜牧业的发展。

3. 加工转化能力较低，产业利润空间小 近年来我国肉类加工企业在加工能力、技术水平和引进技术方面有了较大的发展。但是从总体水平而言，由于我国畜产品深加工企业相对较少且发展滞后，技术含量低，其加工能力和水平与我国人口众多和猪肉产量大的状况极不相称，表现在加工转化率低(3%～4%)、加工品种少(7 大类 1 500 个品种)和技术落后，加工质量差。因此，养猪业仍以生产销售初级产品为主，对初级产品缺乏深加工增值的手段，产业链条短，产品附加值低，因而产业利润空间小，影响了我国养猪业的进一步发展。

4. 缺乏安全意识，使用违禁饲料添加剂、滥用兽药现象严重 20 世纪 90 年代频频发生的食品安全事件，引起了人们对食品安全的恐慌，人们对食品安全性提出了更高的要求，食品的安全性正日益成为国际贸易甚至农产品进入国内大城市的绿色屏障。由于我国养猪业技术力量弱、生产水平低，猪场不得不长期依靠大量使用抗生素控制疾病，小部分生产者安全意识和社会公德观念淡薄，

在饲料中非法使用激素和违禁药物的情况时有发生，造成了药物残留、激素超标，危害人体健康的一系列问题，

二、城郊安全优质猪肉生产

随着我国人民生活水平的提高，人们越来越关注健康，越来越关注食品的质量与安全。因此，在发展我国城郊养殖业的同时，应更加重视养殖业生产的动物性食品质量的提高。目前，我国城郊养猪业应生产更多高质量的安全优质猪肉，这是我国城郊养猪业今后的发展方向，也是我国城郊养猪业发展的必由之路。

（一）城郊安全优质猪肉生产的定义

安全优质猪肉就是我们通常所说的绿色、无公害猪肉。它包括品质和安全两个方面。品质指的是与鲜肉或加工品的外观、适口性、营养性等有关的理化特性的综合，如肉的风味、嫩度、多汁性、口感、色泽等。而安全即是鲜肉、冷冻肉及肉制品的卫生指标，如肉品当中的药物残留量、微生物指标等。它的生产是按照特定的猪肉生产方式进行，是经专门机构认定、许可使用绿色食品标志或无公害食品标志商品的无污染猪肉产品的生产过程。特定的生产方式通常是按照安全、优质、无公害猪肉生产标准生产、加工，对产品实施从“土地到餐桌”的全过程质量控制。

（二）城郊安全优质猪肉生产的原则和标准

所谓优质无公害猪肉产品，就是指养猪业生产的无污染、无残留或低污染、低残留，对人体健康无损害的猪肉产品。无公害猪肉产品一般可以划分为三大类。

第一类，在无任何污染的自然条件下生产的猪肉产品；

第二类，自然条件下，通过添加对人体无害的生物制剂而生产

的猪肉产品；

第三类，在生产过程中，通过添加副作用小、残留量低的非人用药品和添加剂而生产的符合无公害食品要求的猪肉产品。

优质无公害猪肉标准，规定了无公害猪肉的定义、技术要求、检验方法、标志、包装、贮存和运输。

无公害猪肉标准适用于来自非疫区的无公害生猪，屠宰后经兽医检疫合格的猪肉。

无公害猪肉的生产要求严格按照国家和行业标准进行，其中的标准包括：GB 191 包装贮运图示标志，GB 2707 猪肉卫生标准，GB 4789.2 食品卫生微生物学检验　菌落总数测定，GB 4789.3 食品卫生微生物学检验　大肠菌群测定，GB 4789.4 食品卫生微生物学检验　沙门氏菌测定，GB 4789.17 食品卫生微生物学检验　肉与肉制品检验，GB/T 5009.11 食品中总砷的测定方法，GB/T 5009.12 食品中铅的测定方法，GB/T 5009.15 食品中镉的测定方法，GB/T 5009.17 食品中总汞的测定方法，GB/T 5009.19 食品中六六六、滴滴涕残留量的测定方法，GB/T 5009.44 肉与肉制品卫生标准的分析方法，GB/T 6388 运输包装收发货标志，GB 7718 食品标签通用标准，GB 12694 肉类加工厂卫生规范，GB/T 14962 食品中铬的测定方法，GB/T 17236 生猪屠宰操作规程，GB/T 17996 生猪屠宰产品品质检验规程，NY 467 畜禽屠宰卫生检疫规范，NY/T 468 动物组织中盐酸克伦特罗的测定　气相色谱-质谱法，NY/T 5033 无公害食品　生猪饲养管理准则等。

1. 无公害猪肉技术要求

（1）原料　活猪必须来自按 NY/T 5033 规定组织生产的养猪场，并经当地动物防疫监督机构检验合格。

（2）屠宰加工　生猪屠宰按 GB/T 17236 和 NY 467 规定进行，屠宰加工过程中的卫生要求按 GB 12694 执行。

(3)感官指标 感官指标应符合 GB 2707 的规定。

(4) 理化指标 理化指标应符合表 2-1 的规定。

表 2-1 无公害猪肉理化指标

项 目	指 标
解冻失水率,%	≤8
挥发性盐基氮,毫克/100克	≤15
汞(以 Hg 计),毫克/千克	≤0.05
铅(以 Pb 计),毫克/千克	≤0.50
砷(以 As 计),毫克/千克	≤0.50
镉(以 Cd 计),毫克/千克	≤0.10
铬(以 Cr 计),毫克/千克	≤1.0
六六六,毫克/千克	≤0.10
滴滴涕,毫克/千克	≤0.10
金霉素,毫克/千克	≤0.10
土霉素,毫克/千克	≤0.10
氯霉素	不得检出
磺胺类(以磺胺类总量计),毫克/千克	≤0.10
伊维菌素(脂肪中),毫克/千克	≤0.02
盐酸克伦特罗	不得检出

(5)微生物指标 微生物指标应符合表 2-2 的规定。

表 2-2 无公害猪肉微生物指标

项 目	指 标
菌落总数,个/克	$\leqslant 1\times10^6$
大肠菌群,群/100 克	$\leqslant 1\times10^4$
沙门氏菌	不得检出
致病大肠埃希氏菌	不得检出

2. 无公害猪肉检验方法

(1)感官检验　按 GB/T 5009.44 规定方法检验。

(2)理化指标检验　解冻失水率按“无公害食品猪肉标准”附录 A 规定方法测定。挥发性盐基氮按 GB/T 5009.44 规定方法测定。汞按 GB/T 5009.17 规定方法测定。铅按 GB/T 5009.12 规定方法测定。砷按 GB/T 5009.11 规定方法测定。镉按 GB/T 5009.15 规定方法测定。铬按 GB/T 14962 规定方法测定。六六六、滴滴涕按 GB/T 5009.19 规定方法测定。金霉素按“无公害食品猪肉标准”附录 B 规定方法测定。土霉素按“无公害食品猪肉标准”附录 C 规定方法测定。氯霉素按“无公害食品猪肉标准”附录 D 规定方法测定。磺胺类按“无公害食品猪肉标准”附录 E 规定方法测定。伊维菌素按“无公害食品猪肉标准”附录 F 规定方法测定。盐酸克伦特罗按 NY/T 468 规定方法测定。微生物检验中菌落总数按 GB 4789.2 规定方法检验。大肠菌群按 GB 4789.3 规定方法检验。沙门氏菌按 GB 4789.4 规定方法检验。

3. 无公害猪肉标志、包装、贮存、运输

(1)标志　内包装(销售包装)标志应按 GB 7718 的规定执行,外包装的标志应按 GB 191 和 GB/T 6388 的规定执行。

(2)包装　包装材料应符合相应的国家食品卫生标准。

(3)贮存　产品应贮存在通风良好的场所,不得与有毒、有害、有异味、易挥发、易腐蚀的物品同处贮存。

(4)运输　应使用符合食品卫生要求的专用冷藏车(船),不得与有对产品发生不良影响的物品混装。

三、城郊养猪生产规划

(一)猪场规划和布局

1. 场址的选择　猪场场址选择与猪场总体布局是关系到猪场防疫卫生、猪舍小气候环境、人和畜健康的首要问题。猪场建设的首要任务是场址的选定,只有这样才能根据猪场的生产流程,确定所需设备和猪舍类型,进行合理的规划与布局,因地制宜,尽量做到完善和合理。预选猪场地址时,应对拟选场址的地理位置、地形地貌、水文气象、生态条件和社会环境做一个全面的调查,并在此基础上对2～3个候选场址进行技术分析,从中选定一个最佳场址。场址选择应考虑的因素主要包括以下几点。

(1)地形地势的选择　猪场地形要求要有足够的面积,而且开阔整齐,不要过于狭长或边角太多,以免影响建筑物的合理布局。如拉长生产作业线,造成场区卫生防疫和生产联系不便。此外,应该有足够面积,面积不足会造成建筑物拥挤,给饲养管理、改善场区与猪舍环境及防疫、防火等造成不便。猪场生产区面积一般可按繁殖母猪每头45～50平方米或上市商品育肥猪每头3～4平方米考虑,猪场生活区和隔离区另行考虑。考虑到未来的发展,还应该留有余地。建场土地面积依猪场的任务、性质、规模和场地的具体情况而定。通常,对于年出栏万头育肥猪的大型商品猪场而言,其占地面积以30 000平方米为宜。

由于地势以及方位不同,因而小气候也不同,直接影响猪场的温、湿度状况。理想的猪场要求地势较高、地面干燥、排水良好、背风向阳、略带缓坡,特别不能选择沼泽地、低洼地、四面有山或小丘的盆地或山谷风口。若猪场建在山区,应选择较为平坦、背风向阳的坡地;这种场地具有良好的排水性能、阳光充足并能减弱冬季寒风的侵害。坡度不宜太大，以2%～5%为宜，以免造成场内运输不便。地形比较平坦的坡地，每100米距离高差保持在1～3米内比较好，这不仅不会受到山洪雨水的冲击与淹没，也便于场内污水排出，保持场内干燥；如坡度过大，建筑施工不便，也会因雨水常年冲刷而使场区坎坷不平。一般来说，低洼潮湿的场地，不利于猪的体温调节和肢蹄健康，而有利于病原微生物和寄生虫的生存，并严重影响建筑物的使用寿命。南方的山谷地或者山坳里，畜禽舍内排出的污浊气体有时会长时间笼罩着该地区，造成空气污染，这类地形不宜作为猪场场地。在我国的大部分地区，猪场不应该建在山坡的北坡上。

(2)土质的选择　土质是土壤的物理、化学和生物学特性的总称。猪场场地的土质状况对于生猪生产有着重要的影响。土壤一般分为粘土、沙土和砂壤土。选择地下水位较低的地势及砂壤土较好。因为砂壤土排水性强、透气性好，毛细管作用弱，吸湿性和导热性小，质地均匀耐压，易渗水、热容量大，可抑制微生物、寄生虫和蚊蝇的滋生，并可使场区昼夜温差变化较小。但是在实际生产中，土壤类型的地区性特点较强，因而供选择的余地比较小。

猪场选址时，还应注意的原则是避免与农民争地，尽量少占耕地，不过分强调土壤种类和物理特性，而应着重考虑土壤的化学和生物学特性，具体而言就是对场地的卫生状况、地方病和疫情进行充分细致的调查和研究，以决定取舍。

(3)水源水质的选择　猪场的用水量是比较大的，包括猪场的未来发展用水、防火用水、员工的生活用水、猪只饮用水及饲养管理用水(如清洗和调制饲料、冲洗猪舍、清洗机具和用具等)。因此，猪场必须要有一个可靠和安全的水源。

①水量充足　能够满足猪场中的各类用水。各类猪每头每天的总需水量与饮用量分别为：种公猪40升和10升，空怀及妊娠母猪40升和12升，泌乳母猪75升和20升，断奶仔猪5升和2升，

生长猪15升和6升，育肥猪25升和6升。这些参数供选择水源时参考。

②水质良好　不经处理就能符合饮水标准的水最为理想。

③便于防护　保证水源的水质处于良好状态，不受周围环境污染的威胁。

④取用经济方便　设备投资合适，处理技术简便易行。

水质主要指水中病原微生物和有害物质的含量状况。一般而言，自来水主要考虑管道口径是否能够保证猪场的各类用水量；地面水主要考虑有无工厂、农业生产和畜牧场污水杂物排入，最好在塘、河、湖边设一个岸边沙滤井，对水源做必要的渗透性过滤处理。地下深井的水应该请卫生防疫站进行水质分析，以保证猪场员工和猪群的安全和健康。

(4)社会联系的要求　猪场地理位置的选择还应该综合平衡交通和防疫之间的矛盾。为避免引起环境污染纠纷，猪场宜选在当地夏季主风向的下风向，地势低于居民点污水排出口，绝不能选在化工厂、屠宰场等容易造成环境污染企业的下风向或附近。养猪场所用的饲料、生产所获得的产品、生产而带来的粪污和废弃物的运输量很大，只有交通方便才能保证饲料的就近及时的供应、产品的就近销售及粪污和废弃物的就地转化和消纳，从而降低生产成本和防止环境污染，但交通干线又往往是造成疫病传播的途径。因此，选择场址时既要求交通方便，又要求与交通干线保持适当的距离。

通常而言，猪场距公路主干道应不少于300～500米。猪场与村镇居民点、工厂及其他禽畜场间应避免相互污染。与居民点间的距离，一般猪场应不少于300米，大型猪场(如万头规模)则应不少于1000米。此外，还应考虑电力和其他能源的供应。合理而科学地选择场址，对组织猪场安全、高效的生产具有重大的意义。

2. 猪场的合理布局

（1）场地分区及要求　场地的分区应根据建设规模、地形、水源和主导风向等自然条件进行合理规划设计。规划设计的原则是紧凑整齐，有效利用土地，符合生产管理和防疫、防火要求，同时保持各区域间联系方便，便于流水作业，缩短水电和车辆运输线路以减少资金投入。通常，大中型猪场的布局可以划分为4个功能区，即管理区、生活区、生产区和隔离区。为便于防疫和安全生产，应根据当地全年主风向与地势，顺序安排以上各区，即生活区→管理区→生产区→隔离区。

①生活区　生活区一般应该设置文化娱乐室、学术交流中心、职工食堂、职工宿舍和洗澡间等。此区应设在猪场大门外面，位于生产区的上风向，以保证良好的卫生条件，避免生产区臭气、尘埃和污水的污染，同时便于与外界联系。

②管理区　管理区一般应该设置行政办公室、技术办公室、来客接待室、会议室、饲料加工调配车间、饲料仓库、水电供应设施、车库、杂品库、消毒池、更衣消毒间及洗澡间等。从防疫角度而言，管理区应该建在生产区大门外，并与生产区隔离而自成一院。该区与日常饲养工作关系密切，与生产区距离不宜远。饲料库应靠近进场区道路处，并在外侧墙上设卸料窗，场外运料车辆不许进生产区，饲料由卸料窗入料库；消毒、更衣、洗澡间应设在场大门一侧，进生产区人员一律经消毒、洗澡、更衣后方可入内。

③生产区　包括各类猪舍、生产设施和水塔，也是猪场的最主要区域和主体部分。为了防疫卫生，该区应该独立，执行封闭式管理。严禁外来车辆进入生产区，也禁止生产区车辆外出。各猪舍由料库内门领料，用场内小车运送。在靠围墙处设装猪台，售猪时由装猪台装车，避免外来车辆进场。

猪舍是猪场生产区的核心，生产区的猪舍必须根据各类猪群的生物学特性，按照工厂化的生产流程来布局。大型猪场商品猪生产线的排列顺序应该为：种猪舍、配种室（人工授精室）、妊娠母猪、泌乳母猪舍（产房）、保育舍、育成舍和肥育舍。肥育舍应该建在距猪场进出口较近的地方，设计一个独立通道连接到出猪台。种猪舍和母猪舍应该设在离猪场进出口较远的地方，以减少猪感染疫病的机会。公猪舍与母猪舍隔一定距离建设，且建于母猪舍上风向。为了配种方便，人工授精室可以设在公猪舍与母猪舍之间或公猪舍一端。饲料加工厂和饲料仓库可设在生产区一侧（靠管理区一侧），饲料仓库应该设在靠近猪场大门口的地方，以适应同场外运输联系频繁的需要。

卫生防疫室和消毒池应该设在生产区进出口处。规定进入生产区的人员应该坚持洗手、消毒、更衣、换鞋，车辆须通过消毒池后方可进入生产区。生产区的道路分净道和污道，两道要避免交叉。

④隔离区　隔离区通常设置兽医技术室、病猪隔离舍、尸体处理设施、粪污处理及贮存设施等。该区是卫生防疫和环境保护的重点，应设在整个猪场的下风或偏风方向、地势低处，以避免疫病传播和环境污染。病猪隔离舍通常需要与健康猪舍保持在200米以上的距离，尸体处理设施应距健康猪舍300米以上，病死的猪尸体必须做无害化处理。猪场的污水污物排放必须达到国家规定的排污标准。

(2)场内道路和排水及要求　道路和排水是猪场总体布局中的一个重要部分，直接关系着猪场生产和防疫效果。猪场的道路均应该分设净道和污道，两者互不交叉。净道的作用在于运送饲料等，污道则专门用于运送粪污、病猪和死猪等。此外，猪场场内道路要求能够防水防滑；生产区内不设直通场外的道路，而管理区和隔离区应分别设置通向场外的道路，以利于卫生防疫。

猪场场区排水设施是为排除雨水和雪水而设计的。通常在道路一侧或两侧设明沟排水，也可设暗沟排水，需要注意的是场区排水管道不与舍内排水系统的管道通用，以防止杂物堵塞管道而影响舍内排污。同时，防止雨季来临时，污水池因水满而溢出，导致周围环境的污染。

(3)场区绿化及要求　猪场场区绿化的形式包括植树和种草，对改善场区内的小气候有重要意义。除了美化环境以外，绿化更重要的作用体现在可以吸尘灭菌、降低噪声、净化空气、防疫隔离和防暑防寒。猪场场区绿化的具体措施可按冬季主风的上风向来设防风林，在猪场周围设隔离树林，猪舍之间、道路两旁进行遮阳绿化，场区裸露地面上可种花草。场区绿化植树时，还需要考虑树干高低和树冠大小，以防止夏季阻碍通风量和冬季遮挡阳光。

(二)猪场建筑和设备

1. 猪场建筑及要求

(1)猪舍建筑及要求

①猪舍类型的选择　猪舍类型的选择是建立在猪行为学、猪生长环境客观需要和投资成本等理论基础之上。场家可以根据每类猪舍的各自特色及优势与劣势，选择适合自己猪场所在地区、气候和规模的类型。猪舍按屋顶形式、墙壁结构与窗户以及猪栏排列等分为多种类型。

按墙壁结构与窗户的设置方式，猪舍可分为开放式、半开放式和密闭式。密闭式猪舍又可分为有窗式和无窗式。开放式猪舍三面设墙，一面无墙，通风采光好，其结构简单，造价低，但受外界影响大，较难解决冬季防寒。半开放式猪舍三面设墙，一面设半截墙，其保温性能略优于开放式，冬季若在半截墙以上挂草帘并覆盖塑料薄膜，能明显提高其保温性能。有窗式猪舍四面设墙，南北墙设窗，窗的大小、数量和结构可依当地气候条件而定。寒冷地区，猪舍的南窗大、北窗小，这样利于保温。为解决夏季有效通风，夏季炎热的地区，还可在两纵墙设窗，或在屋顶设风管、通风屋脊等。有窗式猪舍保温隔热性能较好，可根据季节启闭窗扇，调节通风量和保温隔热。无窗式猪舍与外界自然环境隔热程度较高，墙上只设应急窗，仅供停电应急时用，不做采光和通风用，舍内的通风、光照和舍温全靠人工设备调控，能够较好地给猪只提供适宜的环境条件，有利于猪的生长发育，提高生产率。但这种猪舍土建、设备投资大，维修费高，在外界气候较好时，仍需要人工调控通风和采光，耗能高，规模猪场对环境条件要求较高的猪舍(母猪产房和仔猪保育舍)等经常采用这种猪舍。

按猪栏排列的方式，猪舍可分为单列式、双列式和多列式。单列式的猪舍内，猪栏排成一列，靠北墙设饲喂走道，舍外可以设置也可以不设置运动场。单列式猪舍跨度较小，结构简单，建筑材料要求低，省劳力、省材料，造价较低，但建筑面积利用率低，送料、给水、清粪采用机械化很不经济，这种猪舍适合于养种猪。在双列式猪舍内，猪栏排成两列，中间设一走道，两边设清粪通道。这种猪舍建设面积利用率较高，管理方便，保温性能好，便于使用机械化设备。但北侧猪栏采光较差，舍内易潮湿。多列式猪舍中，猪栏排成 3 列或 4 列。这种猪舍建筑面积利用率很高，猪栏相对集中，容纳猪只数目多，运输线短，管理方便，冬季保温性能好；缺点也很明显，如采光差，舍内阴暗潮湿，通风不良。这种猪舍必须辅以更多的机械化设备投资，人工控制其通风、光照及温、湿度等生产参数，以保证猪只健康成长。多列式猪舍的跨度多在 10 米以上。

②不同猪舍的要求

公猪舍：公猪舍通常都采用带运动场的单列式猪舍，给公猪设运动场的目的在于保证公猪充足的运动，防止公猪体况过肥，保证健康，提高精液品质和延长公猪使用年限等。同母猪和育肥猪栏相比，公猪栏一般比较宽，面积一般为 7～9 平方米，隔栏高度为 1.2～1.4 米，公猪栏运动场也较大。种公猪均采用单圈饲喂，但配种栏的设置形式多种多样，可以专门设置配种栏，也可以不设置而直接利用公猪栏或母猪栏进行配种。

空怀母猪舍与妊娠母猪舍：空怀母猪舍与妊娠母猪舍的设置形式较多，可以灵活地选用单列式（带运动场）、双列式和多列式等其中的任何一种。空怀母猪和妊娠母猪可以群体饲养（群养），也可以单栏饲养（单养）。群养时，空怀母猪一般每栏4～5头，妊娠母猪一般每栏2～4头。采用群养方式的优点和缺点均比较明显，如节约栏舍，提高了猪舍的利用率；空怀母猪之间可相互诱导发情，但发情不易检查；妊娠母猪群养易发生因争抢饲料、相互咬架而导致死胎和流产。空怀母猪和妊娠母猪单栏饲养（隔栏定位饲养）时，发情鉴定比较方便，配种方便，有利于妊娠母猪的保胎和定量饲喂；缺点体现在母猪运动不足，母猪受胎率和产仔数有降低趋势，肢蹄病增多，影响母猪的使用年限。群养的妊娠母猪饲喂时可以采用隔栏定位采食，猪只在小隔栏采食，在大隔栏内自由活动，保证其妊娠期间有一定活动量，可以减少母猪肢蹄病和难产，延长母猪使用年限。

哺乳母猪舍：哺乳母猪舍常设计为双列式三走道结构。由于哺乳母猪舍供母猪分娩、哺育仔猪用，因此其设计既要满足母猪需要，又要兼顾仔猪健康生长的要求。分娩母猪适宜温度为16℃～18℃，但新生仔猪由于体温调节功能发育不全而非常怕冷，适宜温度为29℃～32℃，温度低时常通过挤靠母猪或扎堆相互取暖，这样常出现被母猪踩死、压死的现象。根据这一特点，哺乳母猪舍的分娩栏应设置母猪限位区和仔猪活动栏两部分。通常中间部位为母猪限位区，其宽度一般为0.6～0.65米，两侧为仔猪栏。在仔猪活动栏内设置仔猪补饲槽和仔猪保温箱，保温箱可以采用加热地板、红外保温灯或热风器等给仔猪局部供暖。

仔猪保育舍：经过一定日龄的哺乳后，仔猪就要实行断奶，断奶后仔猪需要转入专门的仔猪保育舍。仔猪保育舍多采用地面或网上群养，每圈8～12头，仔猪断奶后转入仔猪保育舍一般应原窝饲养在一起，每窝占1圈，这样可以缓解因认识陌生伙伴、重新建立群内的优胜序列而引起的群殴性应激。

由于断奶仔猪体温调节能力差，怕冷，机体抵抗力、免疫力差，非常容易感染疾病。因此，仔猪保育舍应能给仔猪提供一个温暖、清洁的环境。还需注意的是，仔猪保育舍及泌乳母猪舍在冬季一般需有供暖设备，才能保证仔猪较适宜的生活环境温度。

育肥猪舍：通常为减少猪群的周转次数，经常把育成和育肥两个阶段合并成一个阶段来组织进行饲养。生长育肥猪多采用地面群养，每栏 8～10 头，每头猪的饲养面积和采食宽度分别为 0.8～1 平方米和 35～40 厘米。

由于生长育肥猪身体各项功能发育趋于完善，对不良环境具有较强的抵抗能力，对环境条件的要求不像仔猪那么严格，因此，可采用多种形式的圈舍来饲养。

(2)围墙　一般用砖砌成，高为 1.8～2 米，以防止人、畜随意进入猪场。

(3)消毒设施　一般猪场都设有消毒间，大门口设有消毒池，以对人员、车辆进入猪场时进行消毒。

(4)办公用房　用于猪场办公和职工休息，可视猪场规模和需要建造。

(5)饲料库　用于贮存猪的饲料，可视猪场规模和需要建造。

2. 猪场设备及要求

(1)猪栏　为便于控制环境，有效利用猪舍面积，提高猪场的管理效率，工厂化猪场均采用固定栏式饲养，其猪栏一般包括公猪栏、配种栏、妊娠栏、分娩栏、保育栏和生长育肥栏等。由于生产目的、管理技术和建设投资规模等不同，各栏舍结构规格、形式可以有所不同。

①公猪栏和配种栏　用于饲养种公猪和完成配种任务。一般有实墙式或栅栏式。公猪栏和配种栏的大小，一般为 3 米×3 米或 3×4 米。配种时将公、母猪同时驱赶到配种栏中进行配种，配

种完成后将公、母猪赶回各自的栏舍。也有不设配种栏的，公猪栏同时也是配种栏。尤其是近年来人工授精技术的推广应用，已不必再设配种栏，而改为采精室或人工授精室。

②母猪栏　繁殖母猪的饲养方式包括大栏分组群饲、小栏单体饲养和大小栏相结合群养3种方式。其中小栏单体限位饲养的猪栏结构有实墙体、栏栅式和综合式3种，它们的共同优点体现在占地面积少，便于观察母猪发情和及时配种，母猪不争食、不打架，避免互相干扰，减少机械性流产；但缺点也很明显，表现为投资大，母猪运动场地小，不利于延长繁殖母猪的使用寿命。为取长补短和福利化养猪，最好建成大小栏结合式猪栏。

母猪大栏的栏长和栏宽规格一般根据舍内栏架的布置来决定，但栏高一般较为固定，为0.9～1米。单体栏一般长2米、宽0.65米、高为1米。栏栅结构可以是金属或水泥结构，栏门则应该采用金属结构。

③分娩栏　分娩栏是母猪分娩、哺乳仔猪的场所，为适应这一特定阶段需要，均采用单体栏，在分娩栏的中间设置母猪限位区域，是母猪分娩和仔猪哺乳的地方，两侧是仔猪采食、饮水、取暖和活动的地方。母猪限位区域一般采用圆钢管和铝合金材料制成，后部安装漏缝地板以清除粪便和污物，两侧是仔猪活动栏，用于隔离仔猪。分娩栏规格不是固定不变的，它与入住的母猪品种和体型有关，一般而言，长2.2～2.3米、宽1.7～2米、高1米，母猪限位栏宽0.6～0.65米，设计中多采用0.6米；母猪限位栅栏的离地高度为0.3米。

④仔猪保育栏　目前，我国许多猪场采用高床网上平养的保育栏，主要由用金属编织的漏缝地板网、围栏、自动食槽、连接卡和支架等组成。金属编织网通过支架设在粪尿沟上或实体水泥地面上，围栏由连接卡固定在金属漏缝地板网上，相邻两栏在间隔处设有一个双面自动饲料槽，供两栏仔猪自由采食，每栏安装一个自动

饮水器。网上饲养仔猪，粪尿随时通过漏缝地板落入粪沟中，保持网床上干燥、清洁，使仔猪避免粪便污染，减少疾病发生，大大提高了仔猪的成活率。

⑤生长猪栏与育肥猪栏　生长猪栏与育肥猪栏也包括实墙体、栅栏式和综合式三种结构。常采用的有两种：一是采用全金属栅栏和全水泥漏缝地板条，栅栏架安装在钢筋混凝土板条地面上，相邻两栏在间隔栏处设置一个双面自动饲料槽，供两栏内的猪只自由采食，每栏安装一个自动饮水器供猪自由饮水；另一种是采用水泥隔墙及金属大栏门，水泥地面，后部安装 0.8～1 米宽的水泥漏缝地板，下面设置粪尿沟。

(2)供水设备　猪场供水系统包括水的提取、贮存、调节和输送分配等几个部分，即水井提取、水塔贮存和输送管道布置等。供水方式包括自流式供水和压力式供水。工厂化猪场的供水一般都是压力式供水，其供水系统主要包括供水管路、过滤器、减压阀和自动饮水器等。

猪必须能够随时饮用足够量的清洁水，而自动饮水器可以保证猪只能够随时自由地饮用到足够量的清洁水。猪用自动饮水器的种类包括鸭嘴式、乳头式和杯式等，相比较而言，鸭嘴式自动饮水器更能有效保持水质清洁卫生，因此应该选用该种自动饮水器。

(3)饲喂设备　饲槽是养猪场的必需设备。限制饲喂的猪只(包括公猪、母猪和分娩母猪)的饲槽常称为限制饲槽，一般采用水泥制作的饲槽；不限制采食的保育仔猪、生长猪和育肥猪的饲槽常称为不限量饲槽或自动饲槽，即在饲槽顶部配备饲料贮存箱，贮存一定量的饲料，随着猪只的吃食，饲料在重力的作用下不断落入饲槽内。自动饲槽多采用钢板自动落料饲槽。钢板自动落料槽不仅能保证饲料清洁卫生，而且还可以减少饲料浪费，满足猪的自由采食，保证猪只最大生长，可以隔较长时间加一次料，大大减少了喂饲工作量，提高了劳动生产率，同时也便于实现机械化、自动化喂饲。

(4)供热保温设备　猪舍供暖可采用集中供暖和局部供暖两种方式来完成。集中供暖由一套供热设备，如锅炉、燃烧器或电热器等，通过煤、油、煤气和电能等燃烧产热加热水或空气，再通过管道将热量输送到猪舍内的散热器，从而提高和保持舍内适宜的温度。局部供暖保温设备主要布置在分娩舍和保育舍。

(5)通风降温设备　工厂化猪舍安装通风降温设备的目的在于排出猪舍内的有害气体，降低舍内的温度和湿度。换气量多少应根据舍内的二氧化碳含量或水汽含量来计算。是否需要机械通风，可依据实际情况来确定。对于面积小、跨度不大且门窗较多的猪场，可全部利用自然通风以节约能源。但是，如果猪舍空间大、跨度大、猪群饲养密度高，特别是采用水冲清粪的全部漏缝地板猪场，一定要采用机械装置来加强通风。

(6)清洁设备　凡进场人员都必须更换场内工作服方可进入，而且工作服应在场内清洗、消毒，更衣间需要设置更衣柜、热水器、淋浴间、洗衣机和紫外线灯、冲洗消毒设施等。原则上保证场内车辆不出场，场外车辆不进场。必须进场的车辆，应设置进场车辆清洗消毒池、车身冲洗喷淋机等设备对车辆进行全面消毒。装猪台、饲料或原料仓、集粪池等设施必须设计在围墙边。

目前，国内外最常用的环境清洁消毒设备，一种是地面冲洗喷雾消毒机，另一种是火焰消毒器。地面冲洗喷雾消毒机是工厂化猪场较好的清洗消毒设备，其主要优点是：清洗消毒效果彻底，可靠耐用；耗水耗药低；既可冲洗又可喷雾；便于携带，操作方便；效率高，省劳力。火焰消毒器是利用煤油高温雾化、剧烈燃烧产生高温火焰对舍内的猪栏、饲槽等设备及建筑物表面进行瞬间高温加热，达到杀灭细菌、病毒、虫卵等消毒净化目的。同药物消毒相比，火焰消毒具有两大优点：一是杀菌率高，多在95％以上，而药物消毒平均杀菌率只有84％；二是无残留，而药物消毒残留较多。

(三)粪尿污水处理方法与环境保护

环境保护在当前已被世界各国所关注,特别是我国经济高速发展的今天,城市化进程的加快使得环保问题尤为突出。猪场养殖园区的环境保护主要指两个方面:一方面是保护猪场养殖园区环境,防止猪场养殖园区受到外界的污染;另一方面是防止猪场养殖园区对周围环境造成污染。环境保护已经成为我国畜牧业生产面临的重大难题,成为制约我国畜牧业生产发展的主要的限制性因素。对于生猪生产而言,保护环境、避免污染,不仅是猪只本身最佳生长所必需,也是无公害食品生产的必需条件。

1. 猪场养殖园区对环境的污染　形成猪场环境污染的核心问题有两个:一个是猪粪尿的污染,一个是空气的污染。猪粪尿污染不是有毒污染,主要是有机富营养化污染。

目前,我国城郊工厂化养猪集约化程度高,规模大,粪便及污水排放量也随之大大增加。猪只的排污量很大(表 2-3,表 2-4)。对于一个 10 万头猪场而言,其日产鲜粪可以达到 80 吨、产生污水 260 吨,每小时向大气中排放 159 千克氨气、14.5 千克硫化氢、25.9 千克饲料粉尘,随风可传播 4.5～5 千米远。如此大量的污染物质如果处理不当,就会对大气、水和土壤造成严重的污染。猪场环境污染问题已经引起我国各级政府及有关部门的高度关注。

表 2-3　不同体重猪的排污量

体　重 (千克)	排污量相对于体重的比例 (%)	粪尿排出量 (千克/头·日)
40～60	24±3	10～14
60～80	23±2	16～18
80～100	21±2	18～20

续表 2-3

体　重 （千克）	排污量相对于体重的比例 （%）	粪尿排出量 （千克/头·日）
100～120	19±1	20～22
120～140	16±1	21～22
140～160	14±1	21～23
160～180	13±1	22～24

引自郭亮主编《无公害猪肉生产与质量管理》

表 2-4　万头猪场在喂给中等营养水平条件的氮磷排出量

（单位：吨/年）

摄入排出量	氮	磷
总摄入量	164(153～248)	40(27～44)
总排出量	107(100～161)	31(20～33)
从粪中排出量	31(29～47)	29(18～31)
从尿中排出量	76(71～114)	2(1～3)

引自郭亮主编《无公害猪肉生产与质量管理》

猪场对环境的污染是全方位的、立体式的。猪粪尿中大量的有机物质可以迅速腐败发酵，产生硫化氢、氨、粪臭素等恶臭物质，这些物质和猪舍的粉尘、微生物一起污染着大气；经污染的气体随风向四周扩散，危害着猪群和人类的健康。猪场的粪便污水如果不经处理或处理不当，任意排放，将污染土壤、地表水和地下水。其排放的污水可以使水体富营养化、变黑变臭。猪场的病原微生物、寄生虫、残留的药物或添加剂、消毒药等也会随降水或污水流入水体和土壤发生污染（表 2-5）；水或土壤中含有大量的病原微生物、寄生虫和各种有害物质，还对人和其他生物构成极大的威胁。

表 2-5 猪场污水成分分析

成 分	含量(毫克/升)	成 分	含量(毫克/升)
化学耗氧量(COD)	>10000	铜(Cu)	722
生物耗氧量(BOD)	>6000	锌(Zn)	2567
悬浮物(SS)	7000	铁(Fe)	5567
氮(N)	829	锰(Mn)	764
磷(P_2O_5)	546	硼(B)	26.7
钾(K_2O)	349	钼(Mo)	2.05

引自郭亮主编《无公害猪肉生产与质量管理》

2. 养殖园区猪粪尿的处理方法 城郊农村规模化猪场的粪尿处理系统由给水系统、排水系统和清粪系统以及粪尿的处理设备等部分构成。

(1) 猪场养殖园区的供水系统设计 在养猪生产中,合理设计养殖园区的给水系统是保证养殖园区日常管理中充足水量的供给和方便用水的必要保证。养殖园区中猪饮用、调制饲料、清洗圈舍、猪只淋浴刷洗等,都需要用大量的水;此外,还要解决养殖户的生活用水以及突发事故用水。

城郊农村养殖园区一般采用集中式和分散式两种给水方式。集中式给水用取水设备从水源取水,经净化消毒处理后,进入贮水设备,再经水管网配送到各用水点。其特点表现在取用方便、卫生、节约劳力,但投资大、耗能多。分散式给水是各用水点直接由水源取水,显然使用不方便,费劳力,不卫生,水质和水量均不能保证。因此,除小规模养猪户外,一般不宜采用分散式给水,工厂化养猪场均应采用集中式给水。

猪舍外水管的配置可依据猪舍排列和走向来进行,舍内则根据猪栏的分布及饲养管理的需求合理设置。舍外水管应埋置在冻土层以下,舍内可以浅埋。气候严寒地区还应设置回水装置,以防水管冻裂。

猪只饮水器有水槽和自动饮水器两种。水槽供水存在诸多缺点：由于猪只踩踏，尤其夏季天热，猪爱在其中滚浴，会污染弄脏饮水。采用水槽供水即便天天刷洗也不卫生，而且常会造成舍内潮湿，因此不提倡用水槽供水。目前较多采用自动饮水器。无公害生猪饲养提倡猪用饮水器为鸭嘴式，不提倡采用乳头式和杯式饮水器。由于猪只喜欢在潮湿地方排粪尿，因此猪的饮水器一般设在排粪区或粪尿沟附近的地方。采用自动饮水器供水时，水压不宜过大，以避免形成喷射现象而浪费水资源和溅湿猪舍地面。舍内除供猪只饮用的饮水器或水龙头外，还应每隔 20～30 米在适当位置设清洗圈舍和冲刷用具的水龙头。此外，猪舍值班室和饲料间也应该分别设水龙头。

(2)猪场养殖园区的排水和清粪系统设计　猪场排水和清粪系统是猪舍保持清洁、卫生和干燥的重要保证。前面已经提到养猪产生的粪尿量相当大，因而每个猪场的排污任务相当艰巨和重要。必须配置有效合理的排水和清粪系统，才能保证养猪业的可持续性发展。猪舍排水系统一般与清粪系统结合，猪舍清粪方式有多种，包括手工清粪、刮板清粪和水冲清粪等几种形式。

手工清粪在地面设置粪尿沟和排粪区，排粪区地面保持 1°～3°坡度，便于尿和污水顺坡流入粪尿沟，粪尿沟上设铁箅子，实行粪尿分离，以防止猪粪落入。粪尿沟内每隔一定距离设沉淀池，尿和污水由地下排出管排出舍外。猪粪则用手推车人工清除送到贮粪场。通到舍外的污水可直接排入猪舍外的化粪池，或由地下排到检查井，再通过地下支管和干管排入全场的污水池。定期或不定期清除沉淀池和检查井内的沉淀物。需要注意的是，猪场排雨水的地下排水系统绝不能与舍外排尿和污水的管道共用，以免加大污水处理量。同时，还要防止雨天尿和污水溢出地面，造成环境污染。手工清粪使固态粪污的肥效损失少，含水量低，便于高温堆肥或其他方式的处理利用。排到舍外的污水量比较小，也便于处理。

水冲清粪要求猪舍地面全部或部分采用漏缝地板，借助猪的踩踏，粪便落入地板下面的粪沟。水冲清粪在粪沟一端设置翻斗水箱或带下水管的普通水箱，将沟内粪便冲出，流入舍外粪井或粪池。采用水冲清粪方式，舍内潮湿，空气卫生条件较差，同时耗水量大，污水和稀粪量较大，另外还需要配备专门配套的粪便处理设备，因而处理工艺复杂，设备投资大，但是比较节约劳力。建议大型工厂化猪场可以考虑采用此种工艺。

(3) 猪场养殖园区的液粪和污水的处理方法　城郊农村构建工厂化猪场时，必须同时考虑粪尿处理问题，因此必须把粪尿处理系统纳入猪场建设计划。粪尿处理方法很多，但目前尚难找出某一种单一处理方法能达到所要求的结果。因此应该根据猪场具体条件，综合考虑投资、日常运行费用和操作是否方便等因素，确定最佳的粪便处理系统，把几种方法综合起来运用。液粪和污水的处理方法按其原理可分为四种。

第一种是物理处理法，将污水中的悬浮物、油类以及固体物质分离出来，包括固液分离法、沉淀法、过滤法等；第二种是化学处理法，通过化学反应，使污水中的物质发生化学变化而改变其性质的处理方法，包括中和法、絮凝沉淀法和氧化还原法等；第三种是物理化学处理法，包括吸附法、离子交换法、反渗透法、电渗析法等；第四种是生物处理法，利用微生物的代谢作用分解污水中的有机物而达到净化的目的。生物处理法是目前提倡的、同时也是未来废污处理发展的主要方向。根据微生物呼吸的需氧状况，生物处理法可以分为好氧处理和厌氧处理两大类。

好氧处理是在有氧气的条件下，耗氧细菌大量繁殖形成黏性细菌絮体或附在物体上的黏液层，通过分解、吸附和表面作用来处理污水。活性污泥法是一个典型的好氧处理法。活性污泥是由无数细菌、真菌、原生动物和其他微生物与吸附的有机及无机物组成的絮状体，利用它的吸附和氧化作用可以达到处理污水中的有机物的效果。需要构建的设施包括曝气池和曝气设备。生物膜法是另一个典型的好氧处理。它通过生长在物料(如滤料、石料等)表面上的生物膜对污水进行处理，处理设备包括生物滤池、生物转盘和生物接触池等。

厌氧处理是厌氧菌和兼性菌在无游离氧的条件下分解有机物，使污水净化的方法，如化粪池和沼气池等。

以上四种方法在液粪和污水处理过程中是综合应用的。在我国现阶段养猪生产中，由于资金条件等多种因素限制，液粪污水处理非常简单，很多猪场只是经过预处理和好氧生物处理两级，就排入鱼塘或用于灌溉。随着我国经济飞速发展和城市化进程的加快，环境保护意识和法规的完善，液粪和污水处理与利用工作必将得到进一步加强。

3. 猪场养殖园区粪尿的利用 猪场粪尿污水合理处理利用，既可防止环境污染，又能变废为宝。目前我国对猪场粪尿利用主要在两个方面：一是用做肥料，二是生产沼气。

猪粪可以改良土壤，进而提高农业农产品的产量，同化肥相比具有肥效持久、成本低廉的优势。干清粪工艺方式获得粪便可以采用鲜粪腐熟堆肥的方法进行无害化处理。腐熟堆肥过程中，温度可达 50℃～70℃，可以杀灭粪中绝大部分微生物、寄生虫卵和杂草种子，处理后的肥料含水量低、无臭味，属于迟效性肥料，使用安全方便。

腐熟堆肥需要满足的条件是：保持好氧环境，水分含量控制在 40％～60％之间，堆肥物料的碳氮比为 20～25∶1。碳不足时，可在每 9 份鲜猪粪中加入 1 份野草或秸秆来补充。操作方法是：在水泥地面或铺有塑料膜地面上，将物料堆成长条状，高 1.5～2 米，宽 1.5～3 米，长度任意。粪堆中间插入草把，用塑料膜或泥巴密封物料堆,1～2 个月即可使用。发达国家通常建造专门的设施来进行堆肥,比如堆肥舍、堆肥槽、堆肥塔或堆肥盘,可以大大提高腐熟速度,同时散发臭味少,生产连续。有的国家把猪粪加工成复合颗粒肥料 或将液粪在贮粪罐里经过搅拌曝气,通过微生物作用,变成腐熟的液状肥料等。

粪便污水中含碳有机物经厌氧微生物(主要是甲烷细菌)等作用产生沼气,沼气中含甲烷 60%～70%,二氧化碳 25%～40%,还有少量的氧、氢 、一氧化碳、硫化氢等气体。沼气可用于照明、燃料和发电等。发酵后的沼渣还可作为肥料,沼液可以排入鱼塘进行生物处理。

沼气发酵的类型包括高温发酵(45℃～55℃)、中温发酵(35℃～40℃)和常温发酵(30℃～35℃)三种。我国普遍采用常温发酵,其适宜条件是:温度 25℃～35℃,酸碱度(pH)6.5～7.5,碳氮比 25～30∶1,足够的有机物,一般每立方米沼气池中加入 1.6～1.8 千克的固态原料为宜。发酵池的容积以每头猪 0.15 立方米为宜。常温发酵效率低,沼液和沼渣需经进一步处理,否则造成二次污染。中温或高温发酵,产气效率提高,发酵时间缩短,也可以减轻二次处理的难度和减少二次污染。我国南方地区应用沼气比较广泛。北方地区气温低,使沼气应用受到限制。西北农林科技大学推荐的日光温室、猪舍、厕所和沼气池“四位一体”式沼气池,可以一年四季产气。

四、城郊养猪标准化生产技术

(一)城郊养猪生产模式

目前我国城郊农村养猪生产模式主要有农民副业养猪生产方式,农民专业养猪生产方式,集体和国有大中型规模化养猪生产方式，养殖园区养猪生产方式，公司加农户养猪生产方式，养猪生产、加工、销售一条龙生产方式等。这些生产模式当中，农民副业和专业养猪生产方式仍然是我国城郊农村的主要养猪生产方式。但是这种生产方式存在着很多弊端，比如，猪的品种质量参差不齐，饲养管理技术水平较落后，猪的各种疾病难以控制和经常发生，猪肉质量难以控制和提高，养猪生产水平较低，经济效益难以保证和提高，抵御市场风险的能力不强等。而公司加农户和产、加、销一条龙的生产方式，虽然目前在我国城郊养猪生产中不占主要地位，但却应该成为今后我国城郊养猪生产的发展方向和养猪生产的主体。近年来我国养猪生产的实践已经证明，此种养猪生产模式不仅可以扩大生产规模，利用现代科学技术开展科学的养猪生产，有效地调控和提高养猪生产水平和猪肉质量，增强开拓市场和抵御市场风险的能力，还可以获得更大经济效益，把养猪产业做大做强，带领广大城郊农民走上产业化的道路。使我国城郊养猪业成为高效益、高质量、可持续发展的产业。

（二）猪的品种选择和良种繁育体系的建立

1. 猪的品种选择　由于我国幅员辽阔，各地自然环境条件不同，经济发展状况不同，养猪生产模式不同，养猪生产的科技水平不同，在开展养猪生产中所选择的猪的品种也应不同。

（1）市场需求不同，选择饲养的猪品种不同　随着我国经济的不断发展，养猪生产的经济效益也不断提高。各地区市场需求不同，所选择的猪种也应不一样。如发达地区、大城市郊区的消费者对高质量猪肉产品需求量大，就应选择生长速度快、产肉质量高的优良瘦肉型猪品种，或利用不同品种间的杂交产生的杂种猪开展肉猪生产，如长白猪、大白猪、杜洛克、皮特兰猪以及各种杂交组合配套系猪等。而在经济欠发达地区，人们对猪肉质量要求不高，则应选择适应性好、抗病力强、生长速度中等的我国选育品种，如哈尔滨白猪、嘉兴黑猪、上海白猪、湖北白猪、山西黑猪等，或用我国选育品种与国外优良品种进行杂交生产育肥猪。

(2)地区不同，选择饲养的猪品种不同　不同地区的自然生态条件不同，经济发展速度不同，饲养猪的科技水平不同，选择饲养的猪品种也应不同。我国南方城郊气候温暖，常年有青绿饲料，经济较发达，且常年有供港生猪的任务，适宜饲养生长速度快、肉质质量好、瘦肉率高的国外优良品种，如长白猪、大白猪、杜洛克以及优良的杂交配套系猪；我国北方地区冬季气候寒冷，有半年时间缺乏青绿饲料，适宜饲养抗寒能力强、适应性广的品种。如哈尔滨白猪、三江白猪、北京花猪、山西黑猪等，或用这些品种猪与国外猪种杂交来生产育肥猪。在北京、上海、天津等大城市郊区，由于具有良好的市场需求、较高的饲养管理水平和优良的猪舍环境条件，可以饲养高效率的优良引进品种和优良的杂交配套系猪。

(3)饲养方式和规模不同，选择饲养的猪品种不同　在我国城郊，养猪生产很大部分以农民小规模饲养为主，人力、物力、财力投入少，生产效率低，饲养管理水平不高。所以，大部分地区的城郊农民养猪户就应以饲养适应性强、抗病力强、生产水平中等的猪品种为宜，如我国培育的哈尔滨白猪、三江白猪、北京花猪、山西黑猪、湖北白猪、上海白猪等；养猪专业户由于以养猪为本职工作，投入精力、物力、财力大，饲养水平较高，要求生产效率较高，则以饲养生长速度较快的优良品种为宜，如长白猪、大白猪、杜洛克、皮特兰等，或进行二元和三元杂交。对于那些大规模的国有种猪场、养猪生产联合体等单位，由于猪舍环境较好，饲料营养水平较高，饲养管理水平较好，可以饲养高水平的猪品种，尤其是近年来新引进的优良品种和我国新培育的优良品种为宜，如三江白猪、湖北白猪、长白猪、大白猪、杜洛克、皮特兰等。

2. 统筹规划，建立高效杂交繁育体系　在现代城郊农村养猪生产中，利用不同猪的品种、品系间的杂交产出的杂种猪来提高养猪生产水平，已是普遍采用的一项科学技术。因为经过杂交产出的杂种猪，在其生活力、抗病力、产仔数、泌乳力、仔猪哺育率、断奶窝重、生长速度、饲料利用率、肥育性状等性状表现，都会优于它们的杂交亲本，表现出较大的杂种优势。因而被广泛应用于养猪生产。

猪的经济杂交不仅是一项细致、复杂和技术性很强的工作，而且还需要进行周密的组织，特别是要建立一套完整的纯繁与杂交相结合的繁育体系，才能保证现代化养猪生产取得较高生产水平和获得较大经济效益。

猪的杂交繁育体系，就是将纯种猪的选育提高、优良种猪的繁殖推广和商品肉猪的生产结合起来，建立不同性质、不同用途、不同规模的各类猪场，形成一个统一的生产系统。要建立一个科学而合理的猪杂交繁育体系，其前提条件是，必须根据当地的养猪生产实际，明确使用哪些猪种作为杂交亲本，采用什么样的经济杂交方式，绝对不能盲目。

完整的杂交繁育体系包括以遗传改良为核心工作的原种猪场，以良种扩繁、特别是母本扩繁为中心工作的种猪繁殖场，以商品猪生产为目的的商品猪场。这些猪场养殖猪的品种或品系的种类和数量的多少，是保证某一城市郊区开展猪经济杂交的根本保证。必须经过研究，统筹规划，切实建立起一个合理、高效的杂交繁育体系。

(1)原种猪场　原种猪场的主要任务是对杂交所用的父本和母本纯种猪品种或品系进行选育提高和新品种或品系的培育。原种猪场生产的纯种猪除选留一小部分用来更新本场猪群外，大部分将提供给下一级的种猪繁殖场用于扩繁。原种猪场是整个杂交繁育体系的核心，起着关键性和决定性的作用。原种猪场的规模大小应根据杂交方式来确定。而基础母猪的数量和所占比例的大小是各种规模的繁育体系的关键。如采用二元和三元杂交方式，原种猪场的基础母猪数应占整个地区总基础母猪数的2.5%，而公猪数可按公、母比例1∶10左右确定。

(2)种猪繁殖场　种猪繁殖场主要任务是扩大繁殖来自原种猪场的各纯种品种或品系的猪的数量，为商品猪场提供杂交用的父本和母本猪。种猪繁殖场饲养的为纯种优良品种或品系，采用纯繁的交配方式生产纯种猪。但当商品猪场采用三元或四元杂交方式时，种猪繁殖场还应进行两个品种猪杂交配种，来生产商品猪场杂交用的杂种公、母猪。种猪繁殖场的规模应比原种猪场大，饲养的基础母猪数量在采用二元和三元杂交方式时应占整个繁育体系总母猪数的11%左右，公猪数量可按公、母比例1∶17.5确定。

(3)商品猪场　商品猪场的主要任务就是把来自种猪繁殖场的杂交的父本公猪与计划杂交方式中的母本母猪进行交配，来生产优质商品肉猪。生产中的工作重点应放在商品猪的科学饲养和管理上，争取用最低的成本、最好的生产水平，生产出大量优质猪肉，以满足人民生活需要和获取最大经济效益。商品猪场的产品是商品肉猪，因此其饲养规模应按市场需求确定，而且在整个繁育体系中也是猪场数量最多、规模最大的一部分。其饲养的基础母猪数可占整个繁育体系的86.5%左右，公猪数量可按公、母比例1∶25确定。

在整个杂交繁育体系中，猪的纯种繁育和选育与杂交利用是互相联系的。它们之间互相配合，互相补充，且相互不可替代。只有经过纯种猪的选育提高和扩大繁殖，才能不断为商品猪场提供性能更加优良的杂交用的父本和母本，商品猪场才可能获得更大杂种优势和提高生产水平；同时，商品猪场又可以检验和实现种猪场的选育成果，为种猪场提供可靠的选育依据。二者互相依赖和互相支持，形成一个完整的体系。

目前，我国城郊猪的良种繁育体系已经基本建立。上述繁育体系中的各种猪场的设置应该由某一地区的政府统一做出规划。

一般原种猪场的任务应由国有、集体和个体大中型养猪企业来承担，作为养猪业的龙头，完成优良猪种的培育和良种引进的任务，起到带领地区养猪业快速发展的核心作用。种猪繁殖场的任务应由某一地区的县、乡两级种猪场来完成，这些猪场应分布均匀，具有一定的规模和科技水平，以便很好完成良种猪的扩大繁殖的任务和使农民养猪户（场）就近购买种猪。

（三）建立饲料供应体系，保证饲料质量和安全

近 20 年来，我国饲料工业从无到有，从小到大，目前已成为国民经济中的一个重要行业，2000 年，全国饲料产量 7 429 万吨，为世界第二大饲料生产国。然而，饲料质量存在安全隐患，个别养殖场滥用饲料添加剂现象突出，饲料卫生较差，这对中国畜牧业可持续发展和消费者身体健康构成巨大威胁。在新形势下，如何加强饲料和动物安全，以及如何建立"从农场到餐桌"的质量控制系统，也是城郊养猪业必须认真解决的问题。

城郊养猪生产的饲料供应体系目前已经基本形成，全国大中城市郊区都建成了大中型的饲料生产厂，生产的饲料品种和质量也基本上能够满足城郊养猪生产的需要。但也存在一些问题。如有些饲料生产企业饲料质量不高，有些甚至是滥制的伪劣产品；有些饲料生产企业违法违规使用禁药和禁用的饲料添加剂，影响了生猪的安全质量；有些小规模饲料生产厂饲料生产不规范，没有严格按照国家《关于严禁非法使用兽药的通知》去做，或没有严格按照我国农业部公布的《允许用做饲料药物添加剂和兽药品种及使用规定》执行，没有标明饲料添加剂和适用动物、最低用量、最高用量及停药期、注意事项和配伍禁忌等，或者超量使用添加微量元素（如高铜、高锌等），有些不法厂商甚至使用低劣、变质饲料原料或使用假的饲料原料（在饲料原料中混入木屑、石灰、杂质等），生产假冒伪劣饲料产品，严重影响养猪生产的生产水平和猪肉产品的

质量与安全。为此，应做好以下工作。

1. 加强饲料质量监督和检查　严格禁止和杜绝非法饲料厂商和假冒伪劣产品，严禁在饲料中使用非法添加剂和兽药，保证饲料的质量和安全性。

2. 以市场为导向，合理规划饲料生产厂的布局　保证地区饲料的供应。

3. 鼓励饲料企业合理合法合作兼并　逐渐减少小规模饲料生产厂的数量，把饲料企业做大做强，防止小规模饲料厂生产劣质饲料产品。

4. 加强种植业结构调整步伐　合理规划出专用饲料粮用地和牧草用地，生产出足够数量的高质量的饲料用粮，如饲用高赖氨酸玉米，高油大豆等，以补充饲料原料和蛋白饲料的不足。

5. 农民养殖户和小规模饲养场自配饲料　要科学配制饲料，在保证营养的同时，也要加强法制观念和安全意识，严格执行饲料生产的法律法规，不使用违禁药物和禁用的饲料添加剂。

6. 加速推广使用新型绿色安全的饲料添加剂

(1)微生态制剂　有益微生物以活的形式在猪消化道中竞争抑制病原菌，增强机体的免疫功能，并直接参与胃肠道微生物的平衡，调节胃肠道的功能，产品没有抗药性和药物残留。

(2)酶制剂　酶制剂是微生物体内合成的高效能微生物活性物质，通过外源性酶制剂的使用，促进猪对饲料的消化、吸收，提高饲料利用率，促进生长，并减少饲料中未消化养分的排泄，减轻环境污染。

(3)中草药制剂　国内外已有用中草药组方的饲料添加剂，并取得了一定成效。中草药制剂具有广阔的应用前景。

(4)酸化剂　利用几种特定的有机酸和无机酸制成复合酸化剂，能迅速降低猪肠道中 pH 值，使肠道保持良好的缓冲和生物性能。

(5)糖萜素　是从植物中提取的天然物质,主要成分为三萜类和糖类。作为饲料添加剂,能明显提高畜禽机体的免疫功能,增强抗病能力,从而提高畜禽的成活率,同时降低了防病的用药成本,也改善了肉的品质。

(6)大蒜素　具有诱食、杀菌、促生长、提高饲料利用率、防霉、提高畜产品品质等作用。

(四)强化公共卫生意识,建立生猪生产疫病防控体系

1. 加强猪场的猪群防疫

(1)加强防疫工作重要性的认识　随着人们生活水平的提高,人们对安全优质猪肉概念的理解与重视程度也越来越高。要真正实现这一目标,生产出安全的优质肉,关键还是要提高人们对防疫工作重要性的认识以及人们对防疫工作本身的理解程度。

随着我国集约化养猪业的不断发展,猪群数量与饲养密度不断增加,猪群运动范围相对减小,应激因素增多,所以猪群发病概率相对提高,且猪病的发生与流行还出现了很多新的特点。例如,新病或新的病型不断出现[如猪繁殖与呼吸综合征(PRRS)、猪断奶后多功能衰竭综合征(PMWS 等)],出现温和型或持续型感染(如慢性猪瘟等),多病原的继发或并发感染增加[如猪呼吸道病综合征(PRDC 等)]。我国养猪业在改革开放 20 年里取得了举世瞩目的成就,养殖规模迅速扩大,但猪病造成的损失也很大。据农业部 1993 年的畜禽死亡率调查推算,全国猪的死亡率为 8%～12%。

为此,控制和消灭猪传染病,不仅是兽医工作者的专职,畜牧工作者同样肩负重任。采取综合措施,做好各种猪病的防控工作,可以保护消费者健康,促进养猪业的发展,提高经济效益和社会效益。

健全法制,依法办事,严格执法应该是目前做好防疫工作的重

点。我国目前执行的主要兽医法规有1985年国务院发布的《家畜家禽防疫条例实施细则》、1991年全国人大常委会通过并公布的《中华人民共和国进出口动植物检疫法》以及1997年7月全国人大常委会通过并公布的《中华人民共和国防疫法》。这些法律、法规为加强猪场防疫工作的管理，预防、控制和扑灭猪群疫病，促进养殖业发展，保护消费者的健康提供了有力的保障。

所有从事畜牧兽医工作的人员都要牢固树立"预防为主、养防结合、防重于治"的思想。搞好饲养管理、防疫卫生、预防接种、检疫、隔离、消毒等综合措施，提高猪的抗病能力和健康水平，控制和杜绝传染病的传播，降低猪的发病率和死亡率，提高猪的生产性能，增加经济效益。

(2)从源头抓起，净化猪场环境　任何一个猪场，其场地选择、猪场规划设计、猪群结构及其选购得合理与否，直接影响猪群疾病预防与控制的成本与效果。因此从源头抓起，净化猪场周围环境，是防疫工作的重要举措。

①选择安全的场地　猪场场地的选择是猪场疾病预防与控制的最重要的源头环节，但恰恰是容易为人们所忽视的环节。如果一个猪场能够选择在没有重大疫病流行的地区进行规划与建设，则生产中疾病预防与治疗的成本将大大降低；反之，即使花费很多的人力与物力，也很难将猪群防疫工作做好。所以应该根据有关原则选择合适的场地进行猪场规划设计与建设。既有足够的面积，留有发展余地，又不能浪费土地资源；既要地势高燥、便于排水，又要水源充足，保障生产用水的供应；既要考虑到冬季易保暖，又要考虑夏季易通风；既要交通便利，又要按照无公害饲养的要求，与交通干线、村庄及其他公共设施保持一定距离。特别注意应远离生猪交易市场、生猪屠宰场和肉类加工厂。只有满足这些条件，才能保证周围环境对猪场无公害生产没有影响，使猪群尽量处于健康的状态下。

②进行合理的猪场规划设计　场地选择合适，并不意味着疾病就一定容易防控。猪场整体的规划设计也很重要。

A. 建好围墙。如果猪场规划建设中只考虑美观、通风，不设计围墙，则一旦该地区有传染病爆发就很难控制。因为猪场之间来往的人、狗、猫、老鼠等都可能是疾病传播的媒介，这样在该地区爆发的疫病都很容易传播到场内。所以所有猪场都应该建立围墙，以阻止车辆和其他动物任意进入，减少接触性疫病的传播。

B. 设计好消毒室。有了围墙，人员、车辆的进出控制就在场门口了，所以场门口消毒池与更衣消毒室的建设成了控制和降低各类疫病发生率的一个重要举措。消毒池与更衣消毒室的建设已经在相关章节介绍，其功能主要是对进入生产区的人员、车辆进行消毒以防止外来病原的侵入，以利于猪场的卫生防疫。

(3)把好猪种引进关　猪种引进是任何一个猪场都要做的工作。如果猪场的猪只来自不同的猪源，新猪只的引入将导致新疫病的混合感染，不但威胁到引进的新猪，而且对原有猪群也构成相当大的威胁。所以引进新猪时，首先要调查拟引进的猪源所在场猪群的健康状况，该场是否实施定期的免疫接种计划和防疫措施；其次要向曾经从该场引进过种猪的猪场询问其引种后情况。还应要求该场提供详细确切的疫病发生情况资料。另外，体重35～40千克的猪特别容易染病并且携带各种各样的病原体，所以应尽量避免购进这一体重阶段的幼猪，以减少带入危险疫病。不管从哪里引进的猪，一定要进行隔离，经3～6周健康状况观察与检疫，确认为健康猪群后再与其他猪合群。

(4)加强场内人员管理　场内人员的管理与教育是抓好疫病控制的重要环节。应该教育猪场所有人员懂得疾病控制的原则，要求场内人员不接近其他猪场，避免将肉食带入场内。猪场最好建有自己的食堂，所有员工的肉食品供应尤其是猪肉的供应，应该由场里统一选择自产肉猪屠宰予以提供。因故离场人员回场前一天不能食用外地猪肉制品，且必须在生活区隔离排空后才能进场。因为猪肉及其制品甚至其他肉类都有可能携带各种各样的病原，包括猪瘟病毒、口蹄疫病毒等，在对其进行初加工的过程中排出的废水，甚至是人们消费后排出的大、小便中都可能带有这些病毒。只有做到这一点，疫病的控制才比较有保障。

(5)实行“全进全出”制　“全进全出制”是指在同一栋猪舍或同一个生产区域饲养同一来源、同一生产阶段的猪群，然后同时转群、出售或淘汰。这样做有利于猪舍的消毒、有利于合理免疫程序的实施和疫病的预防。

(6)正确进行免疫接种　当今养猪业发展中，建立不易感猪群是人们不断追求的一个目标，也就是要使猪群对疾病产生抵抗力或免疫力，从而对某些病原体呈现不感染状态。对猪进行免疫接种是使猪群成为不易感猪群，预防某些传染病发生和流行的有效措施。特别是集约化养殖企业和饲养规模较大的农户，一定要根据情况制定合适的免疫程序，平时有计划地给健康猪只进行免疫接种，是预防和控制传染病的重要措施。如果不能保质保量做好免疫接种工作，一旦发生猪传染病，将会造成重大经济损失。

免疫接种就是给猪接种疫(菌)苗。在疫(菌)苗的刺激下，猪机体产生特异性免疫力而具有抵抗某些传染病的能力。所以，认真做好免疫接种工作是平时预防猪传染病的关键措施。对某些猪传染病，如猪瘟、猪肺疫、猪丹毒等，适时进行免疫接种是非常重要的。

疫(菌)苗是由特定的微生物如细菌、病毒等制成的主动免疫制剂。疫(菌)苗分为活疫(菌)苗和灭活疫(菌)苗[死疫(菌)苗]两类。一般而言，接种活疫(菌)苗约经过 7 天，接种灭活苗约经过 14 天，猪才能产生主动免疫而具有免疫力。猪在免疫接种后，在一定时间内不受相应病原体的感染。

要做好免疫接种工作，首先要制定合理的免疫程序。根据疫

(菌)苗的免疫特性,合理地制订包括免疫接种的次数、间隔时间和接种途径的免疫程序。只有按合理的免疫程序进行免疫接种,才能更好地发挥疫(菌)苗的免疫作用,使猪获得坚强的免疫力。目前国际上还没有一个供统一使用的疫(菌)苗免疫程序,实际上也不可能有标准的程序。可以请相关兽医专业人员帮助制订免疫程序。制订一个适合某地区、某场的免疫程序要综合考虑以下几个方面的因素。

第一,制订计划要有的放矢。对当地经常发生或受威胁有可能传入的某些传染病,一定要列入计划。如果在当地从未发生过的某些传染病,也没有从别处传入的可能时,可不进行该种传染病的预防接种。

第二,根据猪品种、用途,确定使用疫(菌)苗的种类。

第三,母源抗体水平。免疫过的母猪其后代体内在一定时间内有母源抗体存在。较高的母源抗体可能干扰预防接种的效果。只有随幼龄猪日龄的增加,母源抗体减至一定水平时,适时进行预防接种,才能使之获得可靠的免疫力。

第四,猪的免疫应答能力。幼龄猪的免疫器官尚未发育完全,对疫(菌)苗的免疫应答能力相对较弱,免疫效果可能不好。所以对幼龄猪进行某些疫(菌)苗接种后,通常在较大日龄再次免疫,使之获得坚强的免疫力。

第五,疫(菌)苗的种类。用于预防猪传染病的疫(菌)苗种类很多,在制定适合本地的免疫程序时,应注意选择适当的疫(菌)苗。

2. 合理使用药物预防 使用适当的药物也是预防某些猪传染病(细菌性和寄生虫性疫病)的一项重要措施。通常是在猪的饲料或饮水中加入某些药物。常用的药物有抗生素(如土霉素、红霉素、四环素、庆大霉素、泰乐霉素、林肯霉素等)、磺胺类药物(如磺胺嘧啶、磺胺脒、磺胺甲基嘧啶、磺胺二甲基嘧啶等)、驱虫药(球痢灵、丙硫苯咪唑等)以及喹诺酮类药物(如氟哌酸、环丙沙星、恩诺沙星等)。例如,在仔猪饲料中加入0.1%土霉素,或在饮水中加入100～200毫克/升诺氟沙星或环丙沙星等药物能起到比较好的预防效果。

微生态制剂对于预防猪肠道细菌性腹泻有明显作用,且具有无毒副作用、无残留、不产生耐药菌株等优点。饲料添加剂除了补充猪营养,促进猪生长发育外,还可以提高猪的抗病能力。需要指出的是,在饲料和饮水中加入药物一定要慎重。药物的滥用会造成许多不良后果。如耐药菌株的形成、猪体内正常菌群的失调以及猪产品中药物残留都已引起人们的高度重视,有些国家已经开始立法,禁止在猪饲料中添加药物。

为了趋利避害,在添加药物预防疾病时不可乱加;药物在猪体内及其产品中的残留量不得超过允许量,按规定实行停药期以避免对人体的危害;加入的药物一定要与饲料或饮水充分混匀,因为药物预防剂量都很小,如果不充分混匀,则可能出现因未摄入足量药物而达不到预防效果,有的猪有可能因摄入过量药物而出现中毒。

3. 及时治疗处理病猪 任何养猪场、户都不可能不发生猪病,任何高明的兽医也不可能将所有的病猪都治愈;有的病猪治愈了,但花的代价很高,是劳民伤财;有的烈性传染病,越是治疗,发病的猪就可能越多,这也是得不偿失的。由于有些人员重治轻防,往往将猪场办成了病猪的疗养院和福利院。为此,南京农业大学吴增坚教授提出了猪病的“五不治”,即:无法治愈的病猪不治,治疗费用高的病猪不治,治疗费时费工的病猪不治,治愈后经济价值不高的病猪不治,传染性强、危害大的病猪不治。实践证明,猪场执行这一新举措之后,带来的好处很多。猪群的健康状况明显提高,整个猪群得到明显优化;烈性传染病被有效控制了,医药费用下降了;经济效益提高了。更主要的是向安全生产迈进了一大步。

4. 正确处理病死猪

(1)猪场一旦发病,要在治疗的同时做好隔离工作 防止疫病在猪群中传播。

(2)对病死猪尸体进行无害化处理 如深埋、焚烧等。绝不能随地丢弃或用作肉猪食用,以防传染病的扩散传播和危及人身健康与安全。

(五)规划建设好养殖园区

我国城郊农村发展养猪业,在相当一段时间里还将采取国有、集体和股份制与家庭所有等的饲养方式。为了消除猪肉产品的安全隐患、提高市场的信誉度和当地的生态安全,对家庭养殖户要统一规划,建立养殖园区。这是当今我国城郊农村发展养猪生产新的尝试。

养殖园区要建在离村居、学校、企业和交通要道 500 米以外的地方。有条件的地区要进山进岭。养殖园区要设有围墙,严格门卫制度,养殖人员进入进出要实行消毒。严禁无关人员进入,实行封闭式管理,以适应养猪防疫的需要。

养殖园区建设可实行“四统、两分”的原则,即统一规划布局、统一设计、统一管理、统一防疫,分户建设、分户经营。一般是有养殖经验和有意扩大养殖规模的养猪户进驻养殖园区。

养殖园区与传统的散养比较,饲养密度大,养猪数量多,要做好消毒工作,要把防疫制度落到实处,不能有侥幸心理,严防猪的疫病的发生和传播。同时,要做好养殖园区粪尿污水和病死猪的无害化处理,因为病死猪及其污染物是猪的疫病的重要传染源,也是对周围生态环境造成污染的原因。提倡养殖园区采用“种植、养殖、沼气、有机肥料”的生态链养殖方式,养猪产生的粪、尿、污水可以用来生产沼气和提供有机肥料。

建立养殖园区实质是按市场的需要组织生产的一种方式,是我国畜牧业由农户散养向规模化、产业化发展的中间过程。

(六)扶持龙头企业,建立生猪生产营销体系

目前在我国城郊农村养猪生产中已逐渐形成了少量养猪龙头企业。这些龙头企业一般不仅养猪生产规模大,而且还具有较高的科技水平和资金实力。不仅自己经营养猪生产,还与广大农民养猪专业户签订合作合同,实行公司加农户的生产经营。不仅饲养生产大量商品育肥猪,还进行优良品种猪的选育和扩繁,生产优良种用猪。这些龙头企业占据着城郊养猪企业的上游(种猪生产),具有资金优势、技术优势和资源优势,还可以带动和促进某一地区农民养猪生产的发展,建立肉猪生产营销体系。因此,在我国广大城郊农村养猪生产中,大力扶持或引入龙头企业,大力推行公司加农户(农场)的经营模式,采取有效组织方式,协调和引导龙头企业与基地农户通过契约、股份合作等方式结成利益共同体,通过生猪产业化经营机制的创新,把我国城郊农村养猪业提高到一个新的层次和更高生产水平,促使我国城郊养猪生产向稳定、持续、高水平、高质量方向发展。

目前我国养猪业产业化的典型龙头企业的基本形式,概括起来有以下几种。

1. 买断型　即龙头企业与养殖户双方不签订合同,自由买卖,价格随行就市。除此之外,农户与龙头企业之间没有任何经济联系和经济约束。收购农产品这一经济联系,是通过纯粹的市场活动进行的。这种买断型的利益关系,在一定程度上解决了农产品“卖难”问题,对农业生产有一定的促进作用。

(1)双汇连锁店成功拓展市场　双汇集团是以肉类加工为主的大型食品集团,目前总资产 63 亿元,在全国十几个省、直辖市建有 20 多家现代化的肉类加工基地,年屠宰生猪能力 1 500 万头,年销售冷鲜肉及肉制品 180 多万吨,是目前我国最大的肉类加工

基地，也是最大的生猪销纳基地。资源和市场两大优势为双汇发展提供了有利的条件，其先后投资 40 多亿元，分三期在河南省漯河和全国建设了功能齐全、主业突出、辅业配套的双汇工业园，开发了 200 多种冷鲜肉和 600 多种高、低温肉类制品，达到年产 90 万吨的冷鲜肉和 90 万吨肉制品生产规模。双汇集团依托工业优势带动农业，拉长产业链，形成了饲料业、养殖业、屠宰业、肉制品加工业、化工包装业、连锁商业、物流配送等完善的产业群。

1998 年 12 月，“双汇实业”以 5 000 万 A 股股票在深交所成功上市；1999 年 12 月，漯河双汇商业连锁有限公司成立；2001 年 5 月，肉制品车间通过对日出口注册。

双汇集团通过股票上市扩大融资渠道；通过在全国建立 200 家连锁店，扩大销售渠道；通过与日本企业合作，增加了出口的机会。一系列措施，保证了双汇集团的龙头带动能力。之后，双汇开始在生猪产业前端入手，提高生猪质量。

从基地建设方面来看，双汇的基地建设仍然是比较松散的买卖关系。

(2)新五丰生猪出口拉动产业规范　湖南省新五丰集团是养猪产业龙头企业中不多的上市企业之一，因具有供港生猪配额优势，成为生猪龙头企业。新五丰集团与基地农户的利益机制属于买断型与服务型的结合。在基地建设与生猪质量控制方面总结出一套管理经验。

第一，安全检测。包括对防疫及违禁药物使用情况的综合监控。一是成立了由 8 位技术人员组成的专门安全监控队伍，实施动态监控。在各养殖基地巡回检查，帮助加强安全防疫，督促执行安全制度，发现问题，及时采取对策，把动态监控落到实处。二是严格遵守湖南省出入境检验检疫局的监控，按照香港新法例规定的“7＋10”（“7”指盐酸克伦特罗等 7 种禁止使用的化学物；“10”指氨苄青霉素、金霉素等 10 种准许使用但有残留量限制的兽药及化学药物)进行药物检测。并且从2003年1月31日启动“7+19”药物检测。每批生猪出口前都由省出入境检验检疫局进行尿检,发现阳性,一律停止出口。三是把饲料供应作为安全生产的关键环节,对预混料、饲料原料、兽药、疫(菌)苗、添加剂等,通过统一选择供应商、统一定价、统一签约、统一付款、统一管理的“五统一”方法,供应到点,达到了控制标准、降低成本、确保安全的目的。四是在深圳设立检测站,每年投资200余万元,进行出境前再次尿检,把安全隐患清除在产品应市之前。公司从货源到终端产品全套的安全检测监控体系,确保了产品的安全、健康、无公害。

第二,公司共投资7 000多万元在广东省惠州市博罗县和湖南省浏阳市永安镇建设了两个国内一流的5万头规模养猪场作为示范基地和研发中心,通过实践,形成了一整套先进、科学的生产技术质量标准体系和操作程序。他们将这些成熟的标准和办法推广到各基地和农户,使100余个注册猪场、基地农户的生产得到了管理和标准上的统一。如人工授精技术、“全进全出”管理、早期断奶技术、最佳转群时间、抗体检测等。

第三,优化管理,实行精细化管理。粗放的管理是农业企业尤其是畜牧养殖业发展的最大瓶颈。新五丰公司采用高起点、高品质的策略,大力推行精细规范管理。经过两年左右时间,公司探索总结出了一套企业管理模式。根据行业特点设置一级、二级、三级考核架构,将考核的触角延伸到企业的每一个角落,精细到每一个环节,责任分解到每个员工,把养殖业管理中生产指标、生产成本、生产绩效量化到岗位和员工。每年年底,公司召开省内出口生猪工作会议,详细地向各基地讲解管理方法,签订生产经营管理考核方案。每个季度,派出管理和技术人员,深入猪场,协助落实措施,解疑答难,让各基地、农户真正从新的管理模式中受益。如博罗养殖基地,年出栏生猪5万头,运用这一管理模式,年创利达到了900万元。

公司以实用技术为切入点，组建了专业技术服务队伍，帮助农民搞好规模养殖。公司将湖南省的养殖基地划分为4个片区，每区都有技术服务人员上门服务，传授养殖技术，进行疾病诊断，讲解操作要领，提出改进措施等，及时解决各养殖基地和农户的技术难题。公司每年还组织2～3次全省养殖技术大型推介会，邀请专家给养殖户讲授先进的养猪技术和理念；组织基地、农户之间进行技术交流，把农户请到公司现场观摩学习，使得农户的养殖技术水平不断提高、养殖观念不断转变。长沙县金井镇从1户养殖发展到80多户养殖，年提供优质商品出口猪1万头左右。近两年来，公司所带动的农户人均年增收在2 000元以上。

第四，对农户设置激励机制。公司在全省养殖基地中设立了“良比奖”。对在出口中良比在省内排在前10名的猪场分别给予5 000～100 000元的奖励。公司每半年评选1次最佳质量奖、最高卖价奖、最佳经营场长奖、最佳农户奖等，激励基地和农户提高产品质量。

2. 服务型　即龙头企业为农户提供产前、产后、产中服务。双方签订合同，确定农户提供农产品的数量、质量、价格，龙头企业为农户提供服务的项目，一般是提供种苗、防疫、贮藏、运输、供料等服务项目，龙头企业或只收成本费不收服务费，或成本费、服务费都不收，计入生产成本并转入农产品收购价格中。双方的经济责任明确，经济联系紧密，互为对方负责，并在一定时期内保持稳定。龙头企业通过开展服务，对农户利益给以补偿。农户在农业产业化经营中得到龙头企业在资金、物资、技术等方面的扶持，不再是单纯的原料生产者，地位发生了变化。这种利益分配机制，不仅充分调动了农民的积极性，而且解决生产经营中的实际问题，对促进农业产业化经营效果明显。

北京市鹏程公司属于加工型的龙头企业，在其产业化发展中加工优势促进了生猪优质优价的市场良性循环，带动了养殖业的发展。

产业链建立顺序对于走一体化经营的企业非常重要，鹏程食品公司及其种猪场之所以能够在养猪业上获得较好的市场份额，是因为鹏程食品的信誉在全国已经成了品牌。目前鹏程公司日屠宰生猪达到6 000头，占到北京市生鲜猪肉消费量的40%，靠的主要是基地生猪供应。对于基地的管理，鹏程有专门的派出机构负责，对种猪、饲料、用药严格把关。生猪收购环节检查所有相关证明，屠宰过程不同环节都有检验，如果出现问题能够及时发现，白条肉都可以追踪溯源。鹏程食品公司是以食品加工业为龙头的企业，生鲜肉和熟食的市场优势能够作为带动农户的坚强后盾。企业的发展，项目的发展都需要市场的肯定，特别是一体化经营，资金需要量大，承担更多市场风险。所以终端市场运作成功与否是关键因素。目前鹏程公司已经在四川达州和陕西汉中分别建立了现代化大型屠宰厂，有力地带动了周边地区养猪业的发展。

鹏程集团与基地农户的利益机制属于“买断型”与“服务型”的结合。鹏程集团在东北、华北建有大型生猪基地，对于基地管理，鹏程派遣专门技术人员服务，但是对种猪、饲料和兽药，不强迫基地购买，只对饲养过程做技术指导。在生猪收购时，也不强迫农户一定要将生猪卖给鹏程，但是鹏程的生猪收购价格公道，“优质优价”，并且结款及时，所以饲养优质猪农户愿意卖给鹏程。鹏程集团以“优质优价”的市场原理，解决了复杂的利益机制，并且减少了很多管理上的问题。

3. 保护型　即龙头企业对农户的农产品以保护价收购。保护价格以市场价格制定，当市场价低于保护价时，龙头企业按合同规定，以保护价收购农户的农产品。龙头企业通过收购合同与农户进行交易活动，相互之间的经济联系在一个生产年度内保持稳定。合同由双方协商签订，但龙头企业居主导地位。这种利益分配机制，不仅解决了农产品“卖难”问题，而且解决了市场竞争中农民利益保护的问题。双方有了经济约束,并在农产品的生产、收购环节上互相负责。农民有了固定的龙头企业,龙头企业建立了可靠的原料基地,保护价政策虽然没有从根本上改变农民提供原料的地位,但使其可能遇到的市场风险有了承担者,充分调动了农民参加农业产业化经营的积极性。

说到“公司加农户”的产业化经营,广东华农温氏集团堪称我国的典范了。与鹏程公司、双汇集团不同的是,温氏集团是从养殖业起步的,最早是养鸡,养猪产业化经营是从 1997 年起步,2000 年以后步入快速发展阶段。作为龙头企业,他们与农户之间的利益分配采用的是:集团养种猪,在小猪 15 千克左右卖给签约农户,签约农户一般自己有育肥猪舍,农户在销售育肥猪前按照 200 元/头(根据地区不同有些浮动)左右的价格交纳“周转金”,公司根据每批猪头数提供疫(菌)苗与饲料。整个养殖全过程有公司技术人员服务,包括防疫和技术管理支持。猪养到 100 千克左右由公司收购销售,核算账目,按年初所定价格计算收入,减去所耗的成本后即为农户所得。农民不管价格变动,价格再低也由公司承受,农民按合同价格结算。事实上这种方式还没有将农户的投入进行财务评价,更没有将农户联合起来算为产权,而是一种比较松散的市场买卖关系。优势主要体现在公司能够将生猪销往更广阔的市场,解决了农户生猪销路的问题。

4. 合作型 即实行合作制或股份合作制。农民以资金、土地、设备、技术等要素入股,在龙头企业中拥有股份,参与经营管理和监督。双方签订合同,明确农户提供农产品的数量、质量、价格及龙头企业按股份分利的办法。在这种利益分配机制中,龙头企业与农民不仅有严格的经济约束,而且还作为共同的出资方,组成新的企业主体。农民在合作型的产业化经营中起着控股作用,参与管理、决策和监督,由农民民主选举董事会,确保农民利益得到充分反映和体现,形成了“资金共享、利益共享、积累共有、风险共担”的利益共同体。这种利益分配机制，对调动农民积极性，促进农业产业化经营，有着明显的作用。

铁骑力士公司采取“公司加园区加农户”方式，全面控制饲养。在公司统一规划组织建设的园区内，农户按统一技术要求、统一的防疫规范、用统一的饲料、统一的猪种，最终由公司统一屠宰加工、按统一品牌销售。这是四川铁骑力士公司的产业化经营策略。

将农户集中到园区内统一管理，农户与公司之间的关系更加紧密。而优势更加明显的体现在因农户的投入，从而大大降低了公司的资金负担，将至少需要 4 个亿的项目，降低到 6 千万元便可以运作。

园区内生产责任到户，农户既是老板又是饲养人员，养殖责任心强，管理到位。比同样一个万头猪场，管理、技术、财务人员少 5 个人，而成活率可以高出 3%～5%，其他生产指标也可提高。对于农户来讲，不用担心标准化猪舍设计与建筑问题，不用担心品种、饲料、兽医和饲养技术问题。

公司不用担心农户分散而难于管理。在园区内白天搞生产晚上搞培训与技术讲座，技术指导都非常方便。1 个万头的商品猪生产园区，1 个兽医，1 个配种员，1 个行政管理人员，就可完成服务和管理工作。

对公司来讲，种猪按计划生产，不用销售投入；饲料按计划生产，没有中间环节，没有推销成本；生猪出栏直接到食品加工厂，不通过中间商；药品直接从厂家采购，可以享受到优惠价格。对农户来讲，公司实行保价收购，不愁销，并且有公司定价收购，不承担市场风险。一个农户养 30 头母猪，出栏 600 头左右肥猪，根据管理水平不同，可赢利 6 万～9 万元，平均可以赢利 7 万元。

在资金利用上，每个单元达到 30 头能繁母猪的农户能享受公司提供的 10 万元担保贷款。另外，园区内的农户实行资金互助，投入高峰期的农户可以向有余额的农户借钱，通过互助组，农户可以获得贷款，赊钱的农户可以收取利息。

很多人担心园区的生物安全问题。实际上只要按照种猪场的消毒防疫标准操作，园区的安全是有保障的。比如人员不可以随便出入，人员、车辆出入要消毒，原料进厂对农药残留、重金属、化学污染进行检测，饲料生产中不能添加抗生素和生长激素，生产环境达到卫生标准；不能使用禁用药物进行治疗。用药后有2个月的停药期，治疗过的个体必须进行记录和标识等。

铁骑力士公司与农户之间的利益机制属于"服务型"与"合作型"的结合。让农户投资养猪，资金主要用于种猪、饲料、兽药、圈舍租金；同时，将农户集中到园区内统一管理。而优势更加明显的体现在因农户投入而大大降低了公司的资金负担。农户自愿投资进入园区，也许从利益分配上没有达到产权的高度，但是却减少了与协作单位之间的摩擦。

5. 返利型　即龙头企业拿出一部分加工、流通环节利润返还给农户。双方签订合同，确定农户提供农产品的数量、质量、价格以及龙头企业的返利标准。农产品的收购价格，或为市场价或为保护价。龙头企业对农户的农产品按合同规定全部收购；年终结算时，按农户提供农产品数量合理返还利润；有的还拿出一部分利润返哺农业，用于农产品基地建设。企业、农户双方建立了严格的经济约束机制和紧密的经济联系，并保持较长期的稳定。农户对龙头企业的经营效益格外关心，在农产品生产、贮藏、销售环节对龙头企业高度负责；龙头企业对农户还注意在技术、资金等方面给予扶持。这种利益分配机制，使农民改变了单纯提供原料的地位，分享了加工流通环节的利润，农业获得了平均利润，充分调动了农民的积极性，有力地促进了农业产业化经营的发展。

我国龙头企业与养殖户之间的利益分配机制，主要有以上五种形式。目前，实行买断型的是多数，实行保护型和服务型的有一部分，而实行返利型和合作型的只是极少一部分。这表明，我国多数地方农业产业化经营的利益分配机制，还处于一种随意性、非规范性特点比较突出的阶段。往往是龙头企业的意见起主导作用，农民被动接受；内容、项目不完善，条款设置不合理，分配办法不健全；多数为口头协议，没有形成合同、契约类法律文书。因此，无法得到制度与法律的有效保护。这是一些地方农业产业化经营发展不快、质量不高、企农关系不顺，甚至中途夭折的一个重要原因。

农业产业化经营中的利益分配机制，实际上是龙头企业与养殖户之间的利益协调机制。利益分配机制的实施，在龙头企业和农户之间有一个复杂的协调过程。随着农业产业化经营的发展，迫切需要一个中介组织参与，代表农民同龙头企业对话，协调企农利益关系，把利益分配机制纳入规范化、制度化的轨道，使农业产业化经营的模式为“企业加中介组织加农户”。当前，应大力培育中介组织，使之成为利益分配机制运作的载体。从国内外的经验看，这个中介组织应是一种合作性质的或由农民选举组成，或由农民自愿组成专业协会、专业合作社等。其主要职责是协调龙头企业与农户间的利益关系，依据企业要求组织标准化饲养，依法维护农户的权益。企业与农户确定利益分配机制，一定要发扬民主，经过充分协商讨论，龙头企业要认真听取农民的意见。经双方讨论同意后在自愿、平等、互利的前提下，签订合同，形成法律文书，并由公证部门公证；各利益主体都要增强履约意识，严格按合同办事，对违约的要进行处罚。另外，当地政府要运用法律和政策加强对这类经济合同的管理，认真处理经济纠纷，维护合同的严肃性，保护利益主体的正当权益。

（王占赫　陈俊杰）

第三章　城郊农村如何发展养牛生产

一、城郊养牛业现状和存在问题

(一)城郊奶牛业现状和存在的问题

我国奶牛业起步较晚,而且主要集中在的大中城市。1949 年新中国成立时,我国只有 12 万头荷斯坦奶牛和杂种奶牛,大部分集中在大中城市,如上海、广州、天津和北京等。改革开放以后,我国许多省、直辖市制定了一系列鼓励发展奶牛业的优惠政策,使奶牛业获得了长足发展。据统计,2004 年全国奶牛存栏 1 062.8 万头,其中良种荷斯坦奶牛约占 1/3,奶类总产量 2 368.83 万吨,其中牛奶产量为 2 288.1 万吨,分别比 2000 年增长 117%,158%和 177%,平均年增长率分别为 23%,32%和 35%。另外,我国的大中城市还先后实施了多期联合国和欧盟的奶类援助项目,在较大程度上推动和促进了我国大中城市郊区奶牛业和乳品加工业的发展。2004 年鲜乳品年均人消费量北京、天津和上海分别为 47.06 千克,27.21 千克和 33.1 千克。因此,今后在很长一段时期,我国奶牛业发展的重点是在大中城市的郊区,这样就形成了所谓的城郊型奶牛业。在我国奶牛生产发展的过程中,应该充分发挥城郊型奶牛业的作用,这样会使我国的奶牛业发展得更迅速,更有效率。

1. 我国城郊奶牛业现状

(1)基础好,具有明显的技术优势　我国的城郊型奶牛业由于发展较早,因而基础较好,具有明显的规模优势和技术优势。例如,北京、上海、天津和哈尔滨市,都建有奶牛研究所或乳品研究所,也建立了奶牛育种中心,在奶牛的饲养、繁殖、育种和疾病防治方面,都进行过大量的研究,目前还为农区和牧区奶牛业提供冷冻精液和技术指导。可以说,我国城郊型奶牛业是我国奶牛业的中坚或骨干力量。

(2) 产量高,具有明显的经济效益　北京市的绿荷奶牛公司普遍饲喂苜蓿干草和全株青贮玉米,2002 年该公司 16 000 头成母牛平均单产牛奶高达 8 700 千克。

(3)种质好,可向全国推广良种母牛　我国城郊型奶牛业几十年来一直进行着选种选配和不断的留优去劣,同时定期地从美国和加拿大等国引进良种公牛、胚胎和精液,使后代的生产性能有明显提高。

(4) 疾病少,“两病”控制好　许多大城市的奶牛,每年进行两次“两病”(结核病和布鲁氏菌病)的检疫。由于这两种奶牛疾病属人兽共患病,会严重影响牛奶的食品安全,凡发现阳性者坚决予以扑杀和淘汰。

2. 城郊奶牛业存在的问题

(1)地域小,不可能进一步发展　我国许多大中城市由于农村城镇化建设的需要,城郊区的耕地面积呈大幅度减少的趋势;而且奶牛的粪尿难以处理而极易造成污染,环境保护的压力也限制了城郊型奶牛业的进一步发展。不仅如此,例如北京市在 2008 年将举办奥运会,上海市在 2010 年将举办世博会,环保的压力更使这两个城市的畜牧业有逐渐向远郊转移的需要。因此,我国大中城市的奶牛业尽管基础较好,但不可能大幅度地发展。

(2)饲草少,需要其他地区供应　现代奶牛的高产奶量,是建立在优质饲草供应的基础上,但优质饲草靠其他地区供应,特别在我国南方地区,不仅增加了运输成本,而且质量也得不到保证,仅就饲草一项而言,也限制了城郊型奶牛业的发展。

(3)成本高,经济效益将逐渐降低　城郊型奶牛业,由于劳动力成本、饲草成本和环保成本等的日益增加,必将导致经济效益与奶制品市场竞争力(风味、口感、色泽等)的下降。

综上所述,我国城郊型奶牛业曾经是我国奶牛业的基础,但由于农区和牧区奶牛业的发展,以及城郊型奶牛业本身的局限性,其数量和所占的比重将逐渐减少。然而,在我国奶牛业生产的发展过程中,城郊型奶牛业仍然应该进一步发挥种源、科技及推广服务等重要作用,以迅速提高我国奶牛业的生产水平。

(二)城郊肉牛业现状和存在的问题

1. 城郊肉牛业现状　自1992年以来在全国范围内实施的秸秆养牛示范工程,极大地促进了我国城郊肉牛业的发展,使我国肉牛生产成为当时畜牧业中发展最快的行业。2004年,我国出栏肉牛4 301万头,出栏率为36.4%,牛肉总产量达到674.4万吨,占当年肉类总产量的9.3%,每头出栏牛的胴体重平均达到140.3千克,人均牛肉占有量达到4.5千克。

经过近十几年的发展,我国肉牛生产已初具规模,为现代肉牛业的发展奠定了基础。我国有9 700万头黄牛和许多优良地方品种牛,是发展现代肉牛业的资源基础;曾经引入过28个国外著名肉用品种和肉乳兼用品种,其中大部分做过系统的杂交效果试验,取得了大量有价值的数据与经验。建成了一批具有一定屠宰能力、采用国外先进屠宰标准和工艺设备的肉牛屠宰加工企业,出现了大批有一定规模的肉牛育肥企业和育肥牛场,以肉牛屠宰加工企业为龙头的肉牛产业化体系开始形成。

2. 城郊肉牛业存在问题　虽然我国城郊肉牛生产近年来获得了迅速发展,取得了令世人瞩目的成果,但我国城郊的肉牛业基本还处在刚刚起步的阶段,生产水平较低,与先进国家相比仍有很大的差距。

(1) 改良的肉用品种饲养规模小　合适的肉牛品种是发展肉牛业的重要基础。虽然我国有 1.38 亿头牛的巨大饲养量，但是绝大多数是地方品种，经过改良的肉牛品种饲养规模偏小。我国地方黄牛体格小、生长速度慢、成熟晚、屠宰率低，不符合现代肉牛生产的要求，这是我国城郊肉牛生产水平较低的重要原因之一。

(2)尚未建立健全肉牛生产的产业化组织，缺乏对肉牛产业的组织和整体调控能力　发展产业一体化经营，是我国城郊肉牛业发展的必由之路。我们通常所说的“公司加农户”的经营方式，仅仅是肉牛产业化的一个微观产业组织，这种微观组织只有通过宏观的产业组织才能充分发挥其职能。

(3)没有建立起自己肉牛胴体分级和肉质评定标准，屠宰加工条件差，产品档次低，无法与国际接轨　牛胴体的不同部位肉的性状不同，烹调方法与用途也不同；不同国家、不同民族对牛肉的肥度要求也不同。由于我国目前尚未建立相应的肉牛胴体分级和肉质评定标准，因而也就不能根据不同的标准有目的地生产不同档次的牛肉产品，无法满足不同消费群体的不同需求，更无法与国际牛肉市场接轨，降低了牛肉生产的经济效益，也妨碍了我国牛肉进入国际市场。

(4)进一步提高消费者对优质、安全牛肉的认知程度　安全、优质牛肉具有经验品、信任品的特性，但在外观特征上难以与普通牛肉相区分，而销售价格却比普通牛肉高得多，所以公共事业有义务加强安全、优质产品（包括牛肉）的宣传，提高消费者的认知程度，这样消费者才能认识到安全、优质牛肉的内在价值和意义，接受和确信其真实性，从而激励安全、优质牛肉的生产，提高牛肉的竞争力；同时，更好地保障人民的健康，提高生活质量。

二、城郊安全优质牛肉和牛奶生产标准概述

牛肉和牛奶的质量包括品质和安全两个方面。品质指的是与鲜肉、鲜奶或加工品的外观、适口性、营养性等有关的理化特性的综合，如肉的风味、嫩度、多汁性、口感、色泽等。而安全又是肉品、奶品的卫生指标，如肉品、乳产品当中的药残量、微生物指标等。当前，消费者对牛肉和牛奶及其产品的要求一般是以安全为第一位，与此同时，也十分重视牛奶和牛肉及其产品的品质。因此，只有既安全又品质优良的牛肉和牛奶及其产品才能满足消费者的要求，占领市场，进而获得更大的经济效益、社会效益和生态效益。

（一）城郊安全优质牛肉和牛奶标准化生产

农业标准化是指以农业为对象的标准化活动。标准化养牛的内涵主要有：牛的品种，牛奶、牛肉及其产品的质量、等级、安全、卫生要求、包装、运输、生产技术等。

标准化养牛是提高牛品种及其产品质量的有力保证，也是养牛业集约化、规模化生产、外贸出口的重要技术保障。质量标准工作对于规范奶业和牛肉市场，引导养牛生产，提升产品档次和质量安全具有重要意义。

标准化养牛是牛奶及牛肉产品进入市场的通行证。随着市场农业进程的快速发展，国际、国内市场对奶产品及其肉产品的质量要求不断提高，乳及牛肉制品正朝着优质化、安全化和品种多样化方向发展，特别是我国加入世界贸易组织（WTO）后，全球经济一体化，国际与国内市场趋于一致。由于国际市场对乳产品及牛肉的质量标准的要求正由生产型标准向贸易型标准转变，因此我国牛奶产品及牛肉产品的生产只有努力采用国际通用标准和国外先

进标准来指导和规范，其品种和产品才能打入国际市场，提高产品的市场竞争力。

(二) 国内外安全优质牛肉和牛奶生产相关质量标准的制定与实施

市场准入制是指某种产品必须得到有关方面的考察、检验，经评定认可取得“资格证”后方可进入当地市场。如世界通行的ISO 9000系列质量标准体系。值得借鉴的是“绿色标志”认证制度，这是进入国际市场的通行证。例如美国的“EPA”标志，日本的“生态标准制度”，法国的“NF环境”等等。欧美等发达国家近年来十分重视养殖安全问题。美国、日本先后实施饲料和食品安全计划，修订饲料安全法。1999年国际动物卫生组织(OIE)制定出版的《国际动物卫生法典》、国际食品法典委员会(CAC)制定的有关技术法规与标准，都是为了适应经济、市场全球化的要求。操作规范(GMP)是一个生产企业注册的基本要求，达不到要求的不得生产；危害分析及关键点控制(HACCP)管理是对生产全过程实行的事前、预防性控制体系，其实质是监控企业加工每一步骤进行危害分析，确定关键控制点，加以重点分析、重点监控。目前，欧盟国家针对“二噁英”、“疯牛病”、“口蹄疫”的危害，正开始实施“从农场到餐桌”的全流程质量追踪监控模式，其基本原则就是对畜禽产品生产过程中的饲料、养殖、屠宰、加工、运输、存贮、上市等每一个生产环节，均实行合格证体系，以确保其生产过程的安全。

随着我国加入世界贸易组织和全球经济一体化的实现，我国政府有关部门制定并实施了一系列新的规范、标准，包括产品标准、生产规程标准、测定方法标准、饲养标准、饲料卫生标准等，对指导和加强畜牧业生产，保证畜产品安全优质起到了积极作用。如2001年10月1日批准实施的新版《饲料卫生标准》，对于有害物质在饲料中允许含量的规定。2002年4月国家公布出口畜禽

《禁用药物名录》和《允许使用药物名录》。为推动“无公害食品行动计划”的实施，农业部制定了 75 项行业标准，于 2001 年 10 月 1 日起实施。标准详细规定了无公害食品生鲜牛乳、奶牛饲养兽医防疫准则、牛奶加工技术规范、肉牛饲养饲料使用标准、肉牛饲养兽医防疫准则等等。上述法规、条例、标准的出台是我国奶牛及肉牛养殖业、饲料业与环保工作在法制建设中的重要里程碑，它落实了各级政府职能部门对奶牛及肉牛养殖业、饲料业、加工业以及产品管理的职能范围全面的规定。

三、城郊养牛生产规划

城郊现代养牛场已发展到区域化布局、规模化饲养、标准化生产、产业化经营的新阶段，特别是现代科学技术在育种、营养、饲养、环境控制及保护、经营管理以及牛舍建筑设计等各个领域的广泛应用，又促进了牛场建设技术快速发展。现代化牛场已经成为生产安全、优质、高效产品的基础条件。因此，无论从场址选择、场区布局，还是畜舍建筑、环境保护等各个方面，从理论到实践都与传统养殖业有很大区别。

(一)场址选择和牛场规划布局

1. 场址选择要符合用地要求　选址要符合当地城郊建设发展规划的用地要求，避免与周围单位相互制约，相互影响。以上海城郊为例，在制定的养牛业发展规划中，根据不同地域条件，已明确划分为禁止养牛区、控制养牛区、适度养牛区和异地养牛区。并要求在控制养牛区内逐步取消散养牛户，引导家庭养殖向养殖小区集中，实行舍饲，禁止放牧饲养，以减少对环境的污染。所以在选择场址时必须首先掌握本地区城乡发展规划和畜牧业布局有关要求，以保证养牛场能够相对长期稳定生产。

2. 场址选择须符合卫生防疫和环保要求，并通过环境影响评价　要把养牛场放到社会大环境里去考虑卫生防疫和环境保护问题。一方面，养牛场必须能有效防止外界病原侵入，以免爆发疫病。一般在平原地区，新建场址距铁路、高速公路、交通干线不少于 1 000 米；距一般道路不少于 500 米；距其他畜牧场、兽医机构、肉类屠宰加工厂、居民区不少于 1 500 米，并且应位于居民区及公共建筑群常年主导风向的下风向处。另一方面，加强牛场粪、尿等废弃物的无害化处理，并且要通过养牛场建设环境影响评价。选择场址参照肉牛日排粪量 8 千克，尿及污水 12 升；奶牛日排粪量 10 千克，尿及污水 15 升来估算。

3. 场址选择应满足生产工艺要求，并控制适度规模　选择场址时，对于种牛场、集约化示范养牛场、养牛小区和农户饲养等不同类型的饲养模式对场址的不同要求应区别对待。如养殖小区、养殖专业户应由村镇统一规划，在不影响居民正常生活的前提下合理调配建造畜舍棚圈用地，尽量做到生产与生活互不干扰。而对于机械化挤奶站，既要便于各家各户的牛群出入，又要保证鲜奶运输顺畅，所以应建在养殖专业户集中、地势较高、四周开阔、交通便利、水电可靠、无污染的地方。

建筑面积是一个养殖单位建设的各个建(构)筑物的面积总和。占地面积是一个养殖单位占用的土地总面积。种牛场和商品示范场的占地面积和建筑面积不应超出表 3-1 的规定。各种养殖小区依存栏牛数计算，建筑面积按表 3-1 的 60％左右计算，占地面积按表 3-1 的 40％左右计算。饲养专业户或散养农户牛舍建筑面积以每头奶牛不少于 6 平方米，每头肉牛不少于 4 平方米计算。

表 3-1　种牛场场区总占地面积估算值

畜　种	群　别	占地面积（米²/头）	建筑面积（米²/头）
肉　牛	基础母牛	60～80	16～20
奶　牛	基础母牛	130～150	28～30

选择场址时应控制适度规模。城郊养牛场的饲养规模越大，防疫和控制疾病的难度也随之增大，但在实际生产中，商品牛适宜饲养规模可参考表 3-2。

表 3-2　商品牛饲养单元生产规模　（单位：头）

畜　种	商品场	养殖小区	养殖专业户
肉　牛	3000～10000	3000～5000	20～50
奶　牛	500～1000	200～500	10～30

4. 牛场规划布局　牛场布局除考虑各种功能区的分区规划外，还要考虑道路、活动场（运动场）等与各功能区间的相互位置关系。根据功能不同，牛场一般由生产区、生活管理区、隔离区、饲草饲料贮藏加工区及饲草料种植地等构成。对上述各功能区进行分区规划时，应根据各区之间的相互功能关系并结合场地地形和主风向，从人、畜保健的角度出发，建立最佳生产联系和卫生防疫条件。在具体规划时，一般要求生产区和管理区以及生产区和隔离区之间最好保持 300 米以上的距离，牛场一般可在各区之间种植饲草或青贮作物，以提高土地资源的利用率。

(二)牛场建筑与设备

1. 奶牛场的建筑与设备

(1) 牛场性质和规模 奶牛场一般都承担向外供应鲜奶和良种牛双重任务,但各场的侧重点不同,有的以供奶为主,有的则着重于选育良种。至于牛群规模,大奶牛场可饲养数千头,小的可饲养数十头。农村的个体饲养户,一般仅养几头,超过10头者较少。

(2)饲养阶段的划分 奶牛根据年龄和生理特点,可以分为犊牛、青年牛、后备牛、成年牛。犊牛为0～6月龄的小牛,它们又可细分为0～1月龄群,2～4月龄群,5～6月龄群;青年牛为7～15月龄;后备牛为16～24月龄;2岁以后为成年牛。成年牛又可根据繁殖阶段进一步划分为妊娠期、泌乳期、干奶期。

(3)牛群的组成和周转 奶牛场因其性质和规模不同,牛群的组成和周转也不相同。一般来说,牛场中成年基础母牛应占60%,犊牛大致占12%～15%,青年牛和后备牛各占8%～12%。牛群的周转,按犊牛、青年牛、后备牛、成年牛依次进行。

(4)饲养管理方式 根据饲养管理方式的不同,牛舍可以分为拴系牛舍和散放牛舍两种。

散放牛舍的特点是牛可以自由出入牛舍,不受约束。牛舍主要供牛休息、避雨和遮阳,地面铺有垫草,冬季逐日增添,待春季天暖时一次性清理出去。舍外有运动场,且有青贮饲槽、干草架、饮水槽或饮水器。每天定时把牛赶到挤奶间去挤奶和饲喂精饲料。这种方式的优点是建筑投资少,劳动生产效率高;缺点是管理粗放,乳房炎发生率高,牛的产奶量低,垫草消耗量大。

有的散放牛舍内设有牛床隔栏,以保证牛在躺卧时都有一定的地方,而且比较整齐,排粪的位置也比较固定,乳房炎发生率低,管理上比没有隔栏的要方便许多。这种牛舍的建筑造价虽然比较高一些，但是值得提倡。

拴系牛舍内设有固定的牛床和颈枷，牛在一定时间内被放入牛舍后，立即被拴系起来。这种牛舍的建筑造价显然较高，但是便于对牛进行精细管理，可以获得较高的产奶量和繁殖率，所以得到普遍采用。颈枷有硬的和软的（链条或皮带）两种，见图3-1，图3-2。

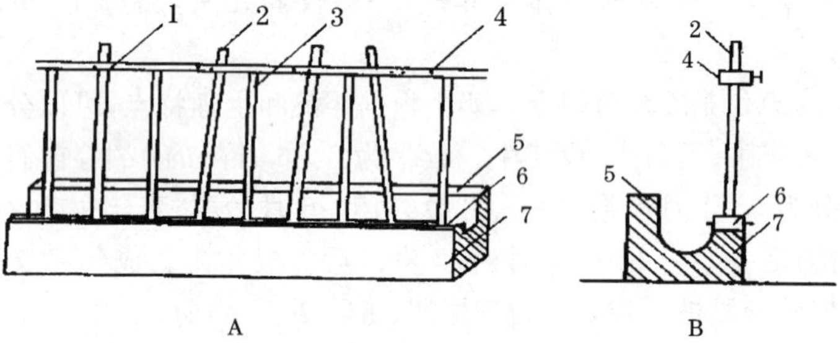

图 3-1　自锁式颈枷示意图

A. 正面图　B. 剖面图

1. 锁栓　2. 活动枷杆　3. 固定枷杆　4. 上横杆

5. 饲槽后壁　6. 下横杆　7. 饲槽前壁

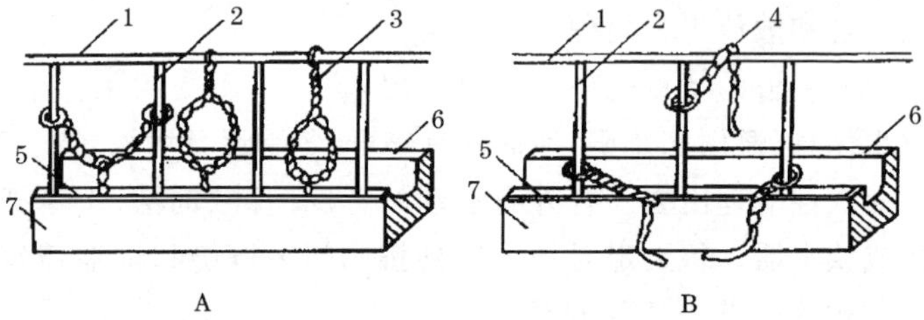

图 3-2　铁链式和皮带式颈枷示意图

A. 铁链式颈枷　B. 皮带式颈枷

1. 上横杆　2. 竖杆　3. 铁链　4. 皮带　5. 下横杆

6. 饲槽后壁　7. 饲槽前壁

拴系式牛舍的饲槽,常用的有高槽和低槽两种。高槽的槽底高出地面,低槽的槽底与地面相同。后者因操作方便,采用者较多。至于喂料的方式,因为对奶牛要加强个别饲养以提高产奶量,所以一般都用人工饲喂,不提倡使用送料机械。

各类牛的饲槽规格,见表 3-3。

表 3-3　各类牛的饲槽规格　(单位:厘米)

牛　别	顶部宽	底部宽	前　高	后　高
成年牛	60	40	25～30	60～70
青年牛及后备牛	50～60	30～40	25	60～70
犊　牛	40～50	30～35	15	35

舍内的粪尿沟,一般用明沟,以便随时清扫,防止堵塞。

(5)奶牛舍的类型　从房舍的样式上看,可以有半开放式、开放式、封闭式。按屋顶形式又可分为双坡式、钟楼式、半钟楼式等。

舍内的牛床可以排为一列或两列。多列者因牛舍跨度太大,现已很少采用。舍内的通道,可根据需要设置,最好是将饲喂通道和清粪通道分开,免得互相影响和传播疾病。较大规模的牛舍,一般都采用双列式,且两列牛床以尾部相对较好,即牛舍纵向的中央为工作和清粪通道(同时供牛出入牛舍之用);中央通道两侧为牛床,牛在牛床上时,尾部向着中央通道,头部向外,光线好,空气新鲜;紧靠两侧纵墙是两条饲喂通道,专供饲喂之用。

(6)辅助建筑

①挤奶厅　挤奶厅是奶牛场集中进行挤奶和处理鲜奶的场所。在挤奶厅内应当设有占泌乳牛头数 8%～10%的牛位。厅内设有挤奶机、计量器、牛奶冷却及输送设备等。常见的挤奶台的形式有以下几种(图 3-3)。

A. 串列式。牛床可以为单列或双列,工作人员在深约 0.6 米

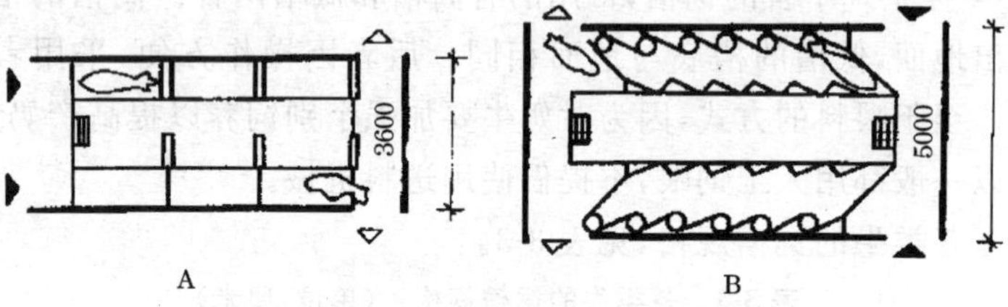

图 3-3 挤奶台的类型 （单位:毫米）

A. 串列式 B. 斜列式

的地坑中操作,勿需弯腰,比较方便。

B. 斜列式。又称鱼骨刺式,牛床的排列同操作坑呈一定的角度,既节省了地面,又使牛的后躯更加接近操作坑,给挤奶人员以更大的方便。

② 人工授精室 目前各奶牛场一般都不饲养公牛,而是从公牛站选购冷冻精液给母牛输精。人工授精室的用途,就是保存冷冻精液和给母牛输精,要求环境僻静,便于进行严格的消毒和防疫。

③青贮窖或青贮塔 奶牛场需要的青贮饲料数量很大,需要有专门的设备进行调制和贮存。青贮窖的造价比较低,也容易建造,而且使用的效果很好,故被广泛采用。相反,青贮塔的造价较高,修建的技术要求也比较高,所以只是在土地比较狭窄或地下水位高而不适于挖青贮窖的牛场里采用。

④饲料库或饲料车间 奶牛场的饲料如果是由外面的专业饲料厂供应,则本厂只需设置仓库即可,其面积按每牛 0.4～0.5 平方米计算;如果全部由本场生产和调制,则需建立专门的饲料工厂。

2. 舍饲 400 头奶牛场设计举例

(1)工艺设计

①性质和规模 本场以向外供应鲜奶和幼牛为主,奶牛的品

种为荷斯坦牛，场内不饲养公牛，存栏各种年龄段的母牛共计400头，其中基础母牛占65%～70%。牛全部舍饲，饲料为青贮料、干草和精料。牛粪经沼气发酵后做肥料用。

②饲养阶段的划分　按照牛的年龄和饲养管理特点，将牛群划分为犊牛群、青年牛和后备牛群、成年牛群。

③主要生产指标　全场计划饲养成年母牛268头，其中80%产奶，平均每头的年产奶量为6 000千克；全场每年向外提供犊牛、青年牛及后备牛、成年牛180头左右。

④饲养管理方式　全部舍饲。牛舍外边设运动场，挤奶在挤奶厅中进行。

⑤牛群结构及建筑物　牛群结构及建筑物的安排见表3-4。

表3-4　牛群结构和建筑物安排

牛　别	头　数	牛舍面积定额（米^2/头）	共需牛舍面积（平方米）	运动场面积（平方米）	牛舍栋数
成年牛	268	8	2144	3216	3
青年牛和后备牛	80	6.6～7.0	544	948	1
犊　牛	20	4.5	234	468	1
分娩牛	33	9.5	314	500	1
病　牛	8	18	144	200	1

(2)牛舍建筑设计

①成年奶牛舍　成年奶牛268头，建3栋牛舍，每栋平均饲养90头。舍内设两列牛床，对尾式；挤奶在挤奶厅中进行。牛舍的设计见图3-4。

②青年牛和后备牛舍　青年牛舍和后备牛舍比较简单，舍内只需设置牛床、饲槽就可以了，然后根据需要设置通道。牛舍一般

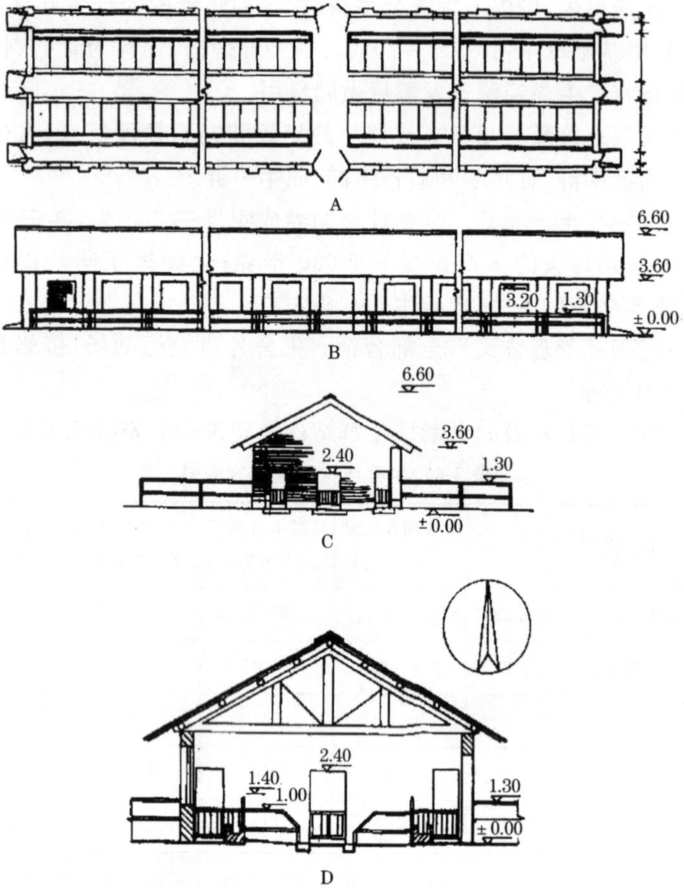

图 3-4　成年母牛舍设计　(单位:米)

A. 平面图　B. 立面图　C. 侧立面图　D. 剖面图

可采用开放式或半开放式,粗放管理时也可考虑采用散放饲养。

③产房和犊牛舍　全场平均每月的分娩牛头数为 20 头,每牛在产房停留约 20 天(产前、产后各 10 天),故设 20 个床位可以够用,牛床比一般的要宽、长一些。犊牛舍内设 10 个犊牛栏,犊牛在

栏内饲养10天左右即转入群饲犊牛栏中饲养。产房和犊牛舍的设计见图3-5。

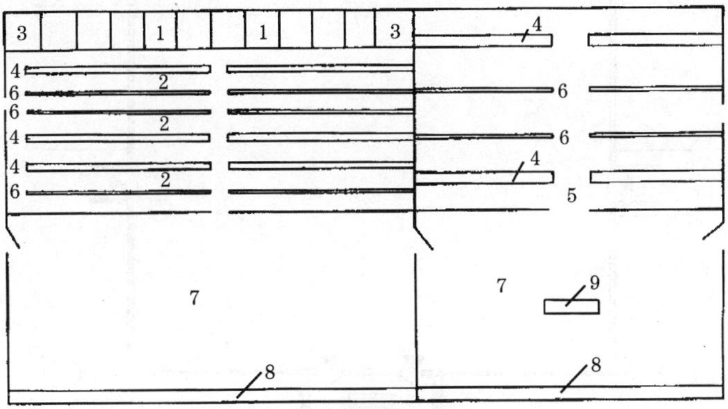

图3-5　产房和犊牛舍

1. 个体犊牛栏　2. 群饲犊牛栏　3. 工具室　4. 饲槽　5. 产房
6. 粪尿沟　7. 运动场　8. 粗饲料槽　9. 饮水池

(3)辅助性房舍

①挤奶厅　采用斜列式(鱼骨式)挤奶台,每次容纳12头牛,每牛挤奶时间为5～6分钟,1个人1小时可挤(用机械)40～50头。厅内建筑面积250平方米,候挤场约100平方米。具体设计见图3-6。

②饲料调制间　饲料调制间的设计需根据本场所需的饲料种类、数量以及机械的选型来决定,这里仅提供一个简单图案(图3-7),供参考。

③青贮塔和青贮窖　场内地面较狭窄或地下水位较高时,可以建造青贮塔;一般情况下以窖式比较经济。青贮窖的形式有多种,可根据场内情况选择(图3-8)。

④人工授精室　人工授精室的任务是保存冷冻精液,进行精液解冻、品质检查和给母牛输精。具体设计参阅图3-9。

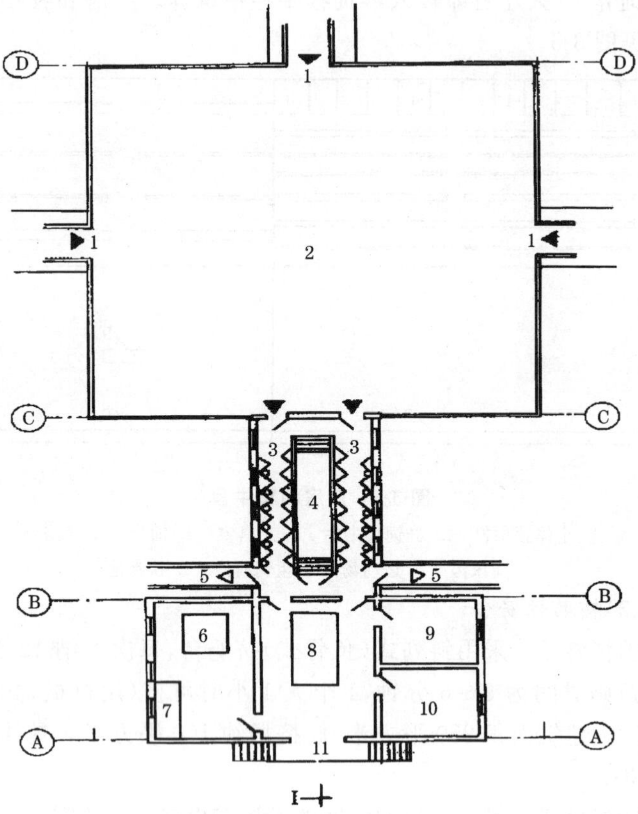

图 3-6　挤奶厅

1. 进道　2. 候挤场　3. 斜列式牛栏　4. 操作坑　5. 出道　6. 空气压缩机　7. 配电柜　8. 贮奶罐　9. 更衣室　10. 工作间　11. 装车台

(4)全场总平面布局　本场的场地由北向南略有坡度;当地的主风为西南风。总平面布局见图 3-10。

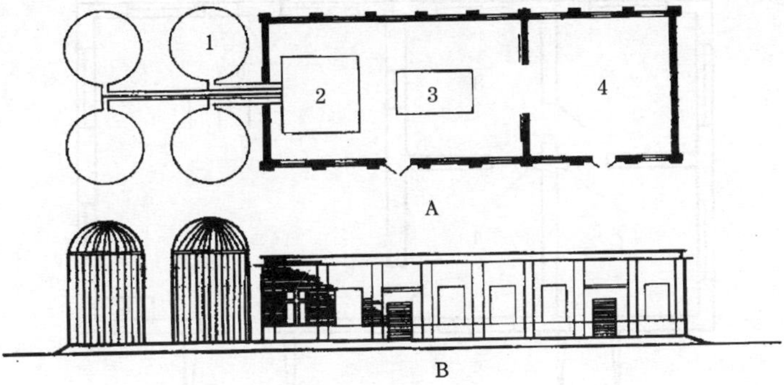

图 3-7　饲料调制间

A. 平面图　B. 立面图

1. 料塔　2. 粉碎机械　3. 调配机械　4. 成品库

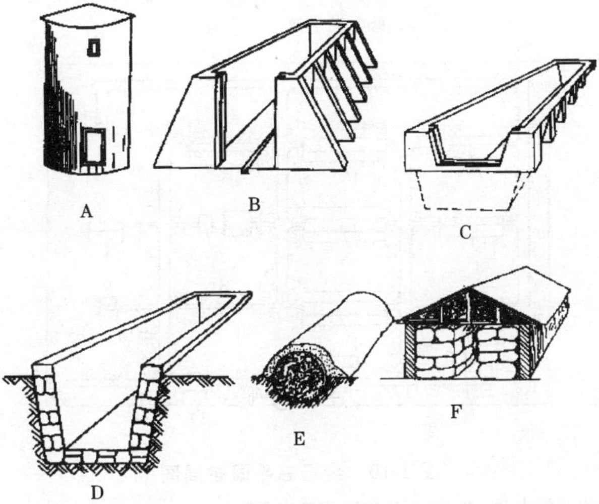

图 3-8　青贮塔和青贮窖

A. 青贮塔　B. 地上青贮窖　C. 半地下青贮窖

D. 地下青贮窖　E. 地沟式塑料薄膜青贮　F. 室内袋装堆贮

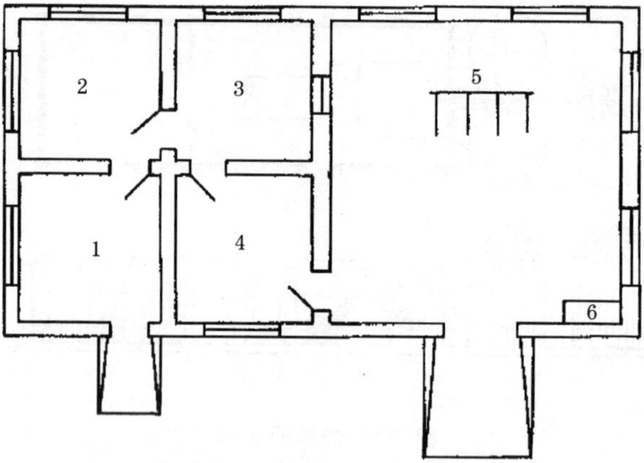

图 3-9　人工授精室平面示意图

1. 更衣消毒室　2. 精液贮藏室　3. 精液解冻检查室　4. 清洗间
5. 母牛保定架　6. 洗手池

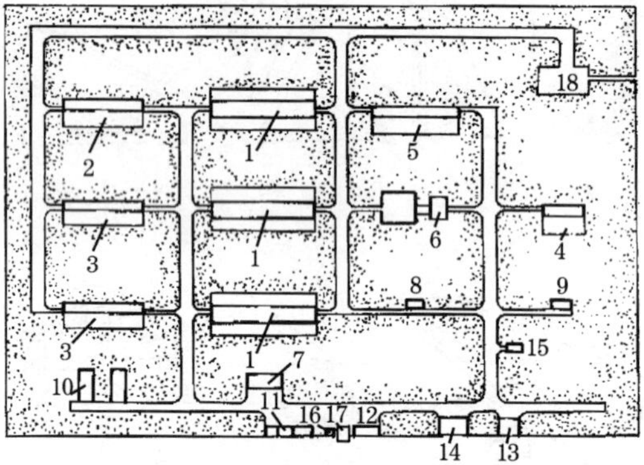

图 3-10　全场总平面布局图

1. 成年奶牛舍　2. 犊牛舍　3. 青年牛和后备牛舍　4. 病牛舍　5. 产房
6. 挤奶厅　7. 饲料调制间　8. 人工授精室　9. 兽医室　10. 青贮窖
11. 车库、水电房和维修房　12. 办公室　13. 食堂　14. 宿舍　15. 厕所
16. 门卫　17. 车辆消毒池　18. 粪场

3. 肉牛场生产工艺与牛舍设计

(1)生产工艺

①性质和规模　肉牛场就其性质看,可以分为原种场、繁殖场和商品场。原种场的任务是承担父本品种和母本品种的选育提高,为繁殖场和商品场提供优良的纯种种牛。一般来讲,父本种牛的要求很高,而且社会的需求量不大,所以种牛个体十分优秀。母本品种的选育,重点是在适应性和繁殖能力上,要求较低,而且社会的需求量比较大,所以在个体的选择上不如父本那么严格。繁殖场的主要任务是繁殖供杂交用的纯种母牛,向商品场及饲养户提供母本种牛。商品场的任务是繁殖和饲养杂交牛,经肥育后,向市场提供商品肉牛。有的商品场将断奶后的小牛转移到远处饲草资源比较丰富的地方进行“异地肥育”,收效良好。就肉牛的总体来讲,商品场的牛头数占肉牛总头数的85%左右,繁殖场的牛头数占10%～13%,原种场的牛头数仅占肉牛总数的2%左右。至于一个具体牛场的规模,则视各种条件而定,少则几十头,多则数百头至数千头。

②饲养阶段的划分　肉牛场的种牛,也可以分为犊牛、青年牛、后备牛、成年牛。而商品肉牛,则在断奶后即根据需要进行犊牛肥育或青年牛肥育。

③犊牛的肥育方式

A. 犊牛肥育。

0～8周龄短期肥育:犊牛出生后人工哺乳,后期加喂精饲料,体重达到45～120千克时上市。

0～12月龄强度肥育:犊牛人工哺乳,4～5月龄断奶,此后用青饲料和精饲料肥育,拴系以限制其活动,12月龄上市。

B. 青年牛肥育。即对0～12月龄强度肥育的犊牛延长饲养期,在体重达到400～500千克时上市。

C. 成年牛肥育。是将淘汰的役用牛、奶牛和种牛经过驱虫后，进行2～3个月的肥育后上市。

④饲养方式

A. 全放牧饲养。此法仅适用于牧草条件好的牛场。在放牧地的高燥处设置简易牛棚、饮水槽和补饲槽。

B. 半舍饲。即在充分利用牧草资源的情况下，归牧后补饲干草、青贮饲料和精饲料。

C. 舍饲。饲养管理工作全在场内进行，不外出放牧。此法适用于没有放牧条件的牛场；具有放牧条件的牛场，在对牛进行后期催肥时，也应采用舍饲方法，以提高效果。

(2)牛舍设计　肉牛舍一般比较简单，多为开放式或半开放式，北方有些牛场采用塑料大棚亦可收到良好的效果。肉牛的排尿量比奶牛少，因此舍内一般不设粪尿沟，而是采用厚垫草方式。舍内仅有饲槽和走道，对已经进入肥育期的牛采用拴系饲养，以提高肥育效果，其他牛则散放饲养，任其自由活动。

(三)牛场生态环境保护

为从根本上解决城郊规模化养殖中的生态环保问题，应认真考虑以下三个方面：首先，需根据当地的环境容量来确定养殖规模、布局与生产方式以及废弃物的消纳措施；其次，养牛生产过程中需加强减废与废弃物管理；再次，实行农牧结合生态化处理利用技术。因此政策法规上，应根据养殖项目的养分排泄量(主要是氮和磷)、当地的环境容量以及利用养分的配套设施来核准养殖规模。

养牛场向城郊集中、规模过大是形成养牛业污染的主要根源。采取工程技术手段治理，因增加投资和成本，一般养殖场(户)在经济上难以承受。而农牧结合、牛粪便用作肥料，既可避免污染环境，又可充分利用资源，提高环境、生态及经济效益。然而人们在利用牛粪污的同时，也要注意土地资源等环境因素对牛粪污的承受能力。

农牧结合是实现循环经济的基础。循环经济把生态工业、资源综合利用、生态设计和可持续消费等融为一体,运用生态学规律来指导人类社会的经济活动,实际上是一种生态经济。而农牧结合为实现循环经济提供了良好的基础。

农牧结合是解决养牛污染的有效途径。我国城郊新建规模化养牛场也要尽量选建在周围有足够的农田、菜地、鱼塘等地区,实现农牧结合,化污为肥、回归自然,这是一种充分利用资源,减少粪便污染的有效途径。

四、城郊养牛标准化生产技术

(一)城郊养牛饲养方式

1. 城郊奶牛饲养方式

(1)放牧饲养　由于各地的自然环境条件不同,奶牛的放牧饲养方式各有差异。例如,有的终年露天放牧;有的夜宿棚舍或补饲;有的半放牧半舍饲;有的根据季节进行放牧和舍饲等。

(2)拴系式舍饲　也称颈枷式舍饲。颈枷有直杆式和链条式,后者可分上下固定链或横向固定链等。拴系的奶牛固定于某一床位采食。这种饲养方式便于集中管理牛群,节省场地,可针对不同奶牛区别饲喂,奶牛活动较少,此法花费的人工较多。

(3)散栏式舍饲　将牛群用围栏圈于较宽敞的牛舍区域内,其中分别设有采食区、休息(牛床)区和挤奶区等。也可将挤奶区设在附近的另一间挤奶厅内,2～4 幢牛舍合用一间挤奶厅。挤奶厅与牛舍之间用栏杆引导,待挤奶牛或挤完奶的牛进或出。这种方式可使牛较少受到束缚,减少人员工作量,可大幅度提高劳动生产率,挤奶厅内挤奶便于提高生奶质量。散栏式舍饲的管理较拴系式舍饲复杂些，需要精细管理，做到区别饲喂。

(4)饲喂、挤奶自动化系统　人们运用现代科学技术，已建成自动化饲喂及机器人挤奶系统。该系统能自动识别母牛，并掌握母牛的各种资料；自动饲喂机器能根据个体母牛的营养需要分批分发精饲料；机器人挤奶系统能自动为母牛清洗乳房、套乳杯、挤奶，自动计量泌乳量、脱乳杯，并报告牛乳的温度、导电率等，让养牛者掌握某牛的产奶量、奶的品质和奶牛的健康及发情等状况。

2. 城郊肉牛饲养方式　目前我国肉牛生产的饲养方式主要是“异地肥育”，即产牛区(架子牛)→农区肥育(舍饲)→出售(活牛或屠宰加工)。通常从牛的传统产区购买断奶犊牛和架子牛到农作物种植区采取舍饲肥育。例如，由内蒙古购买架子牛，到石家庄城郊一带肥育，由山西购买架子牛到天津市城郊一带肥育。也有采取农户养母牛、犊牛、架子牛，企业办肥育场，组织技术服务和产品销售的公司加农户模式。肥育期由3个月至7～8个月不等，采用拴系或围栏形式饲养，饲料为由玉米、饼粕、麸皮为主的混合精料，加氨化秸秆或青贮玉米秸或酒槽等粗饲料。销售途径有运往深圳或港澳地区的活牛，有运至河北大厂或京郊等地大型肉牛屠宰场屠宰、分割加工，还有一部分直接在农村屠宰、贩运销售。据农业部统计，2004年全国牛肉总产量达到676万吨，比上年度增长4.62%。这是一个还需完善和进一步规范的生产体系。今后应考虑以肥育牛场为中心，一方面带动农户，建立和扩大牛源基地；另一方面面向市场，扩大与深化加工产业，形成集团经营。

(二)品种选择和良种繁育体系的建立

2004年在全国存栏奶牛10 628万头中，只有1/3为纯种荷斯坦牛，除分布在北京、上海、天津等地的总数不超过10万头荷斯坦牛产奶水平接近欧美发达国家外，大部分城郊成年荷斯坦奶牛的年产奶量只有5 000～6 000千克，乳脂率、乳蛋白含量等指标方面也落后于发达国家。

针对上述的差距和问题，结合我国奶业中长期发展目标，我国奶牛繁育科技发展的优先领域和重点，是要扎扎实实地做好奶牛群体遗传改良的基础工作，建立健全奶牛良种繁育体系，尤其是建立我国荷斯坦奶牛遗传评估体系，把我国荷斯坦奶牛选育成遗传素质稳定、良种覆盖率大、生产性能高、体质健壮、体型外貌良好、适应性强、利用年限长的奶牛群体。

奶牛繁殖普遍采用冷冻精液人工授精。据1996年统计，全国共有种公牛站（含冻精改良站）79个。种公牛站一般奶用种公牛和肉用种公牛兼养。其中以饲养中国荷斯坦种公牛为主且较有影响的有北京市奶牛育种中心、黑龙江家畜繁育指导站和上海奶牛育种中心等。国家十分重视冷冻精液质量，农业部分别在北京、南京设立了牛冷冻精液质量监督检验测试中心，对各种公牛站生产的冷冻精液进行质量监测。全国各地奶牛场的配种繁育均采用冷冻精液人工授精，即采用“AI”繁育体系，个别地区已开始应用胚胎生物工程技术。

（三）推广饲料调制新技术，建立饲料加工供应体系

1. 提倡使用全混合日粮 全混合日粮（TMR）是以散放牛舍饲养方式为基础研究开发的新技术，近年来在美国、加拿大、日本和我国部分奶牛场等迅速推广应用。所谓“TMR”就是根据牛群营养需要的粗蛋白质、能量、粗纤维、矿物质和维生素等，把揉切短的粗料、精料和各种预混料添加剂进行充分混合，将水分调整为45%左右而得的营养较平衡的日粮。使用TMR饲养技术易于控制日粮的营养水平，提高干物质的采食量；防止过量采食精料，防止饲料突变，保持瘤胃内环境稳定，防止代谢病；有利于纤维素的降解，提高牛奶产量和质量。一般认为可使产奶量增加5%～8%，乳脂率增加0.1%～0.2%。有报道表明可提高平均产奶量

5.7%,全乳期平均每头产奶量增加450千克;增加奶牛饲喂次数,提高营养物质利用率,减少奶牛代谢病的发生,提高劳动生产率。

2. 提倡使用蒸汽压片饲料 蒸汽压片调制处理是目前最理想的饲用谷物加工技术,与其他加工方法比较,蒸汽压片谷物可以提高淀粉利用率,明显提高饲料的利用率,提高产奶牛和生长育肥肉牛的生长和生产性能。因此,非常有必要在我国发展并推广此项技术。

蒋洪茂(2004)用蒸汽压片做饲喂育肥牛的试验表明,使用玉米蒸汽压片代替玉米粉,可以明显地节省饲料成本,减少饲料费用,增加效益,对大型养殖场效益的增加尤为可观。

谷物子实(玉米、小麦、大麦、高粱、稻谷等)作为能量饲料,对其经过蒸汽压片处理可以显著提高其消化率,这实质上就是淀粉凝胶糊化的过程,通过凝胶糊化来破坏淀粉紧密结合的氢键,同时改变蛋白质结构,有利于机体对淀粉和蛋白质消化和吸收。孟庆翔(2004)研究表明:饲喂密度适宜的蒸汽压片谷物可以提高肉牛的增重速度和饲料转化效率,提高泌乳母牛的产奶量、乳蛋白率。

谷物蒸汽压片技术的推广应用,将带来我国反刍动物养殖行业对谷物饲料加工的一次新的革命。利用蒸汽压片技术生产饲料,可以有效消除饲料中有害微生物的不利作用,改变动物对饲料养分的消化部位和养分在体内的分配比例,改善牛肉和牛奶等畜产品的品质;并能有效地提高谷物饲料淀粉的糊化度和有机物质消化率,显著降低由于粪便量过多所造成的环境污染,有利于养牛业健康、环保和可持续发展,也为未来绿色养牛饲料的推广提供保障。

3. 提倡用高油玉米取代普通玉米 目前在肉牛育肥中使用的玉米品种较多,由于玉米品种自身基质和产地自然条件等的差别,不同品种玉米的质量有较大差异(表3-5)。同等重量的普通玉米和高油4号玉米相比,每千克代谢能相差2.8117兆焦。如果育肥1头肉牛需要1000千克玉米时，普通玉米要比高油4号玉米多用168千克(1000×2.8117÷16.7234)。按现时(2004年10月)价，168千克玉米价值为228元。仅由于1种饲料品种的不同就导致228元的差异。因此，在养牛中使用能量饲料品种时应比较其营养价值后再选用。

表3-5　不同品种玉米的营养成分

玉米品种	含油量(%)	粗蛋白质(%)	赖氨酸(%)	代谢能(兆焦/千克)	胡萝卜素(毫克/千克)
普通玉米	4.30	8.60	0.24	16.7234	26.3
高油1号	6.00	9.60	0.26	17.6648	26.7
高油2号	8.50	8.90	0.25	18.0916	28.5
高油3号	11.30	10.30	0.28	18.7527	34.0
高油4号	13.00	11.40	0.30	19.5351	31.5

4. 提倡饲喂阴离子盐、纤维素酶等新型安全饲料添加剂　在代谢紊乱发病率高的奶牛群中，饲喂阴离子是减少产褥热、胎衣不下和真胃变位的主要防治措施。孟庆翔等(2004)的试验结果表明，产前饲喂阴离子盐使奶牛胎衣不下的发病率降低31.2个百分点，奶牛产后前4个泌乳月平均产奶量提高3.8千克。

饲用纤维素酶制剂是粗酶制品，主要来自真菌、细菌、放线菌等。纤维素酶的多酶复合物中除含有纤维素酶外，还含有半纤维素酶、果胶酶、淀粉酶、蛋白酶等。研究结果表明，给产奶牛每天饲喂15克酶制剂，可使产奶量提高7%～14%，乳蛋白含量没有改变，但乳脂率略有下降。

5. 建立完善饲料加工供应体系　建立完善的饲料生产加工、供应服务体系，有利于提高养牛业经济效益并促进养牛规模化养殖的发展。

(1)精饲料加工　目前生产牛用饲料加工厂众多,但普遍存在规模小、技术水平低、养牛产业链条脱节等问题。牛用精饲料供给整体上来看是短缺的,缺乏国内外最先进水平的饲料生产加工厂和国内外一流的养牛精饲料产品。随着我国城郊养牛的集约化产业化发展和养牛户传统饲养方式转变,将对牛用精饲料提出量和质上更高的要求。饲料生产加工企业的经营者应是独立的法人,对企业行使独立的经营权,使企业成为真正的产权清晰、责任明确、独立经营、自我发展的现代企业。在经营中要结合养牛产业化的发展,走联合和集团化发展的路子。

(2)粗饲料加工　提高养牛粗饲料加工供应水平应从以下几方面着手:一是大力发展秸秆养牛,推广秸秆青贮、氨化和微贮技术,提高秸秆利用率;二是调整饲料作物种植结构,增加高产饲料作物如青贮玉米、苜蓿等的种植面积,提高优质粗饲料的生物产量。

(四)强化公共卫生安全意识,建立养牛生产疫病防控体系

养牛生产疫病防控体系包括平时的预防措施和发生疫病时的扑灭措施。平时的预防措施主要是坚持犊牛自繁自养的原则,防止牛病的传入;加强饲养管理,增强牛体的抗病能力;拟定和执行定期预防接种和补种计划;定期消毒、杀虫、灭鼠,进行粪便无害化处理,搞好环境卫生;加强动物检疫,以便及时发现并消灭传染源和病原体;进行疫情的监测、分析和预报工作,以便有计划地进行牛病的净化、控制和消灭工作。

发现牛病时的扑灭措施包括及时发现、诊断和上报疫情,并通知邻近单位和地区做好预防工作;迅速隔离病牛,污染的地方随时消毒,对重要疫病如口蹄疫等应采取封锁等综合性扑灭措施;用疫(菌)苗进行紧急接种,对病牛进行合理的治疗;对病死和扑杀的牛

的尸体进行无害化处理。因此，养牛疫病的防制工作是一项长久的、艰巨的、复杂的系统工程。只有相关部门、相关学科密切合作，协调一致，采取综合防制措施，才能有效地控制或消灭危害严重的人兽共患病。

1. 日常的预防措施

第一，奶牛场应将生产区与生活区分开。生产区门口应设置消毒池和消毒室（内设紫外线灯等消毒设施），消毒池内应常年保持2%～4%氢氧化钠溶液等消毒药。

第二，严格控制非生产人员进入生产区，必须进入时应更换工作服及鞋帽，经消毒室消毒后才能进入。

第三，生产区不准解剖尸体，不准养狗、猪及其他畜禽，定期灭蚊蝇。

第四，每年春、秋季各进行一次结核病、布鲁氏菌病、副结核病的检疫。检出阳性或有可疑反应的牛要及时按规定处理。检疫结束后，要及时对牛舍内外及用具等彻底进行一次大消毒。

第五，每年春、秋各进行一次疥癣等体表寄生虫的检查，6～9月份，焦虫病流行区要定期检查并做好灭蜱工作，10月份对牛群进行一次肝片吸虫等的预防驱虫工作，春季对犊牛群进行球虫的普查和驱虫工作。

第六，新引进的牛必须持有法定单位的检疫证明书，并严格执行隔离检疫制度，确认健康后方可入群。

第七，饲养人员每年应至少进行一次体格检查，如发现患有危害人、牛的传染病者，应及时调离，以防传播。

2. 发生疫情时的紧急防制措施

第一，尽快做出确切诊断，迅速向有关上级部门报告疫情。

第二，迅速隔离病牛，对危害较重的传染病应及时划区封锁，建立封锁带，出入人员和车辆要严格消毒，同时严格消毒被污染的环境。解除封锁的条件是在最后一头病牛痊愈或屠宰后两个潜伏期内再无新病例出现，经过全面大消毒，报上级主管部门批准，方可解除封锁。

第三，对病牛及封锁区内的牛只实行合理的综合防制措施，包括疫（菌）苗的紧急接种、抗生素疗法、高免血清的特异性疗法、化学疗法、增强体质和生理功能的辅助疗法等。

第四，病死牛尸体要严格按照防疫条例进行无害化处理。

（五）引入龙头企业，建立养牛加工营销服务体系

1. 中介组织加养牛户模式 分散的养牛户，抵御市场风险的能力小。因此，养牛户应建立中介组织（如养牛生产合作协会），向养牛户提供销售等服务。

2. 龙头企业带动型组织模式 产业化经营是解决小生产与大市场矛盾、提高生产效益和经济效益的有效途径。通过区域布局，对环境要求和技术条件要求较高的种牛场以及犊牛培育等，结合良种工程，由经济实力强、技术力量雄厚的龙头企业来经营，注重优良品种的生产和供应及先进技术的示范推广；而将对技术要求相对较低的育成牛、成年母牛等生产基地建立在广大农村，发展农村养殖专业户，按标准化、专业化模式生产。同时，企业可发挥其市场销售优势，收购农户的畜产品，统一加工，统一销售，形成相对稳定的货源基地和加工规模。通过加大科技投入，不断开发新产品，来提高产品质量，强化市场销售，拉长产业链条，增加产品附加值，提高综合效益。

从目前发达国家的经验来看，养牛业社会化服务的主体各有侧重，如法国和丹麦是以合作社的服务为主；加拿大和澳大利亚则政府对农牧业的干预作用较大，国家组织的服务发挥了十分重要的作用；而日本则主要是通过半官半民的农协向农牧民提供各种服务。

一般来讲，我国各级政府农业部门主要负责养牛业政策的制

定，养牛业服务活动的组织和宏观调控，承担投资大、收效慢的畜牧业基础设施建设，以及从事生产资料供应、协调畜产品产供销活动、养牛信贷、保险、补贴、科研、教育、实用技术推广和信息咨询等项服务活动。

（鲁　琳　郭玉琴）

第四章　城郊农村如何发展养禽生产

一、城郊养禽业现状和存在的问题

在我国城郊农村，随着工农业生产的迅速发展，城乡经济体制改革的不断深入，以及对外开放政策的贯彻执行，城乡经济结构不断调整，养禽事业有了迅猛发展。我国城郊农村养禽业的发展也走在了全国的前列。很多城郊农村的农民都成了养鸡专业户，饲养着几千只，甚至几万只的蛋鸡和肉鸡。每年可以生产几万千克、十几万千克的鸡蛋，或者几千只、几万只的肉鸡。有些农民甚至成为了具有相当规模的“养鸡大王”。他们大量投资兴建较大规模的养鸡场，形成了从育雏、育成到产蛋的全部现代化养鸡生产工艺流程，采用了先进的养鸡机械化、自动化设备，以及先进的养鸡科学技术，大大提高了养鸡生产水平，促进了城郊养鸡业的发展。同时，这些养鸡专业户和大规模养鸡场的农民也获得了较大的经济效益，成了农民中首先富裕起来的农民先进分子。就目前我国城郊农村养鸡业的现状而言，分散的养鸡生产方式正逐渐被专业化、规模化的养鸡生产方式所代替。但由于我国各地城市经济发展的不平衡性，各地城郊养鸡生产水平也不一致。

(一)城郊养禽业现状

1. 我国城郊肉鸡业生产现状　在我国，肉鸡业是20世纪80年代后期开始发展起来的一个新兴产业。我国肉鸡业的发展，主要得益于产业化经营的运作，使我国传统的规模小、品种落后、饲养周期长、效益差的养鸡业得以彻底改变。在新的产业化经营格局下，龙头企业负责提供雏鸡、饲料和防疫治病等技术服务，农户则负责饲养，待肉鸡养成后，由龙头企业负责统一收购、加工和销售。这种合同关系确定以后，成功地解决了我国肉鸡业原有的小生产与大市场之间的矛盾，产业规模和技术水平得到大幅度提升。

我国肉鸡生产的基本特点表现为：一是现代化肉鸡生产所需的良种繁育、商品生产、产品加工及市场销售等环节基本形成，具备了比较良好的发展基础；二是商品生产的组织形式形成了规模化生产、适度规模的专业化生产和千家万户的分散饲养的三大生产群体，其中前两种模式的出栏肉鸡产量已占到总产量的 40%以上；三是一部分生产出口产品的企业，其生产水平达到或接近世界先进水平，尤其是在禽肉的精细分割产品市场上，我国占有很大的优势。

2000 年我国禽肉产量达到 1 207.5 万吨，比 1980 年的 65 万吨增长 17.5 倍，比 1990 年 322.9 万吨增长 2.7 倍；禽肉产量占肉类总产量的比重由 1980 年的 5.1%和 1990 年的 11.3%上升到 2000 年的 19.7%。20 世纪 90 年代以来，我国已成为世界上仅次于美国的第二大禽肉生产大国。我国禽肉产量占世界总产量的比重已由 1980 年的 2.5%和 1990 年的 7.9%上升到 2000 年的 18.2%。2003 年我国出栏家禽 89 亿只，比 2002 年增长 6.7%；禽肉产量为 1 312 万吨，比 2002 年增长 5%；年末存栏 50.6 亿只，比 2002 年增长 6.8%。

我国禽肉生产主要由水禽（鸭、鹅）生产和鸡肉（快大型肉鸡、黄羽肉鸡、淘汰蛋鸡）生产两大部分组成。这里我们所说的“肉鸡业”，是指快大型肉鸡和黄羽肉鸡的生产、屠宰加工与销售。快大型肉鸡就是采用引进专门化的肉鸡杂交配套组合所生产的白羽肉鸡，其生长速度快、饲料转化率高，但肉质不如黄羽肉鸡。黄羽肉鸡是我国自己培育成功的专门化的肉鸡杂交配套组合，其中包含了我国“土种鸡”的血液，其肉质鲜美，生长速度不如快大型肉鸡快、饲料转化率也稍有逊色，但其售价在我国南方、港澳地区和东南亚市场要远远高于快大型肉鸡。在2000年我国禽肉总产量(1 207.5万吨)中，水禽(鸭、鹅)肉约占30%，鸡肉占70%。在鸡肉中，快大型肉鸡约占总产量的63%，黄羽肉鸡占16%，淘汰蛋鸡占21%。

在我国，禽肉生产相对比较集中，主要集中在华东、华北、东北地区以及南方的部分省、自治区。其中快大型肉鸡生产主要集中在黄河以北地区，黄羽肉鸡主要集中在黄河以南地区，水禽生产则集中在长江流域及其以南地区。到2000年，山东省禽肉产量达167.6万吨，居全国首位；其次是广东省109.2万吨、江苏省96.5万吨、四川省87.9万吨、吉林省81.5万吨、辽宁省76.4万吨、河北省73.9万吨、安徽省69.2万吨、广西壮族自治区55.9万吨、河南省55万吨。2003年各地出栏家禽最多的是河北省为48亿只、新疆维吾尔自治区30亿只、山东省24.5亿只、辽宁省19.9亿只、内蒙古自治区和河南省都为18.4亿只。

2. 我国城郊蛋鸡业生产现状 改革开放20多年来，我国的蛋鸡业得到了突飞猛进的发展，禽蛋的产量连续17年雄踞世界第一，平均年增长率超过了10%。据联合国粮农组织(FAO)统计资料，2001年我国禽蛋产量为2 033.5万吨，占世界总产量的41.3%，其中鸡蛋产量1 988万吨，占世界鸡蛋总产量的37.9%，人均占有15.6千克。据我国农业统计年鉴的资料，2003年我国年末存栏家禽50.6亿只，比2002年增长6.8%；禽蛋产量为2 606.7万吨，比2002年增长5.8%，比2001年分别增长573.2万吨和28.19%。

现阶段我国城郊蛋鸡业发展的模式有以下几种。

(1)规模养鸡场(公司)模式 这类模式具有一定程度的集约化、规模化，多集中在城郊地带，由一些有实力的公司、个人兴办或在20世纪80年代由政府“菜篮子工程”——国有和集体所有制的大中型机械化养鸡场改制而来。这类饲养场布局合理、设施完善、防疫严格，基本符合《动物防疫法》的要求。

(2)公司加农户模式　这是20世纪90年代以来逐步建立起来的一种饲养模式，多集中在城郊和城乡结合地区向四周辐射。由于农户分散，公司的技术服务不能及时到位，加之设施简陋、疫病复杂以及防疫卫生工作不易实施等原因，使集散地成为传染源，一旦发生疫病将会迅速扩散蔓延。

(3)养鸡小区模式　这是近几年来出现的一种新的饲养模式，是为解决农户分散饲养、疫病难以预防而进行的有益尝试。虽说小区实行“统一供雏、统一防疫、统一供料、统一管理”，但由于饲养者是各家各户，素质参差不齐，违背上述几统一的事情也是屡屡出现。

(4)个体养鸡户模式　主要集中在城乡结合地带。这部分养鸡者缺少技术扶持，防疫意识淡薄，粪便随意堆放，病死鸡随意丢弃和食用，环境污染十分严重，是目前最危险的疫源。

(二)城郊养禽业存在的问题

我们应该看到，我国城郊养禽业生产存在一些不可忽视的问题：城郊养禽业生产水平有待提高；产品质量控制参差不齐，在疫病防治、药物残留、屠宰加工等操作规程等方面与国际标准有较大差距，高质量优质安全禽产品数量较少；品牌意识不强，忽视了中国肉鸡产品在国际市场上的形象确立和形象宣传；城郊养禽业生产竞争激烈，尤其是城郊农民饲养鸡的经济效益不高，一旦遇到市场销售不良或产生疫病时则会严重亏损。总结我国城郊养禽业生产的经验教训和分析存在的问题，将有助于我国城郊养禽业生产的发展。

1. 市场观念不强，市场分析不够　目前，在我国城郊农村，养鸡生产已经成为了很多农民发家致富的重要渠道。经过几年、十几年的养殖和发展，很多农民养鸡生产者已经从小规模生产的专业户发展成饲养几千只、几万只或者更大规模的专业生产者，每年的经济收入也从几千元、几万元上升到十几万元或更多。但是，也有很多养鸡失败者，其中主要原因就是有些农民对市场缺乏深入调查和全面分析，市场观念不强。看到别人养鸡赚钱，就产生快速致富的念头，没有对当时、当地市场调研就快速上马。但当养鸡之后，出现市场价格不好或急剧下滑，造成赔钱甚至严重亏损。因此，广大城郊农村的农民在进行养鸡之前，必须对养鸡市场规律和风险进行充分了解，对产品价格、销售渠道、鸡苗来源、饲料成本、养鸡技术做详细的了解和分析，确定好饲养鸡的品种、数量，饲养和上市的时间。必要时，可与供销商签订购销合同，以确保将养鸡的市场风险降到最小。

2. 鸡的品种不配套，鸡的生产性能不高 我国城郊农村很多农民养鸡生产中，饲养的鸡品种不良或不配套，鸡的生产性能不高，造成很多农民养鸡生产水平不高，生产成本过高，经济效益不大。尤其是经济不发达地区的城郊农村，信息不灵，技术落后，鸡的品种混杂或不配套（即不是优良品种或不是严格的配套杂交体系），有些农民饲养的鸡种来源于非正规优良品种鸡场，造成鸡品种生产性能不高而影响生产。目前，在我国市场上标准品种、改良品种、杂交品种、地方品种等种类繁多，广大农民应根据当地市场需求合理引种和购入鸡苗。引种和购鸡时应到正规大规模种鸡场购买，切不可为图省事、图便宜。尤其是不可听信道听途说和小商贩的宣传，买鸡苗时一定要到场家实地调查，应购买纯种鸡苗或杂交配套鸡苗，且应掌握品种技术资料和生产配套技术材料，以备饲养生产中使用。

3. 农民养鸡疾病多，疫情复杂 在我国城郊农村养鸡生产中，对养鸡造成最大威胁的是鸡的疫病。随着养鸡业的发展和品种引进的增加，鸡的疫病呈现出疾病多、疫情复杂的局面。据调查,我国城郊农村养鸡总体成活率不超过60%,集约化鸡场和养鸡专业户鸡成活率大约80%。一些疫病的流行常使某些地区、村庄鸡只毁灭殆尽或使整个鸡场濒临倒闭。疫病对养鸡业的危害是巨大的,主要表现在以下几个方面:一是造成大批鸡只的死亡;二是造成蛋鸡的死淘率过高;三是造成肉鸡的残次品率较高;四是造成饲料及其他有效资源的浪费,生产成本增高;五是鸡生产能力下降,造成无效饲养;六是市场供求平衡被破坏,应该出栏上市时出不了栏。因此,对鸡病的有效预防和控制在我国城郊农村养鸡生产中仍需要做出极大的努力。

4. 饲料质量差,饲料中滥加抗生素等药物 在我国城郊农村,尤其是小规模鸡场和农民养鸡专业户,以及某些饲料生产场,为了降低饲料成本,往往收购一些低价质量不合格的饲料原料,造成饲料质量低劣,影响鸡的正常生产。有时为了控制疫病,盲目地在饲料中添加各种药物和抗生素,甚至违禁药物,不仅起不到良好的治病作用,还会造成致病细菌产生抗药性和鸡产品中药物的残留,影响和危害人的健康。

5. 禽产品质量差,出口量小 我国养鸡产品基本以国内消费为主。我国肉鸡出口量因受绿色壁垒等因素影响,出口量很少,一直徘徊在30万～40万吨。仅占美国同期出口量的1/6,占世界出口量的7.2%左右。这与我国城郊农村养鸡产品质量不高,生产中滥用抗生素和不规范用药,鸡病预防和治疗不科学不合理,养鸡生产环境卫生质量不达标等有直接关系。

6. 养禽生产成本高 我国城郊农村养鸡生产中,除去劳动力成本低外,其生产成本仍较高。目前我国肉鸡生产总成本比美国高20%,鸡蛋总成本高10%。这与鸡病多、饲料质量差、成活率低、饲养管理水平低直接相关。也是制约我国城郊农村养鸡业发展的重要因素。

二、城郊安全优质禽产品生产

(一)城郊安全优质禽产品生产的意义

食品的安全性问题一直是同人类的生产活动紧密相连,是制约人类健康和社会进步的重要因素之一。如发源于欧洲的“疯牛病”、2003年的“非典”的发生和至今还在严格监控的“高致病性禽流感”在全世界的流行等都与我们的食品安全直接相关。由于食品安全问题时有发生,因而食品安全问题受到了人们前所未有的关注,各国政府、各种国际组织、许多学术机构都在致力于研究和解决食品安全问题。加入世界贸易组织之后,我国的畜禽产品出口不断受阻。复杂而严格的技术法规、质量认证体系、名目繁多的进出口商品包装、标志、检验和卫生、环保等要求,已构成了我国畜禽产品出口的技术壁垒。目前,大多数国家都非常重视进口食品的安全性,对药残指标的限制十分严格,检验手段已从单纯验收产品发展到验收生产基地。而随着消费水平的不断提高,人们的饮食观念已从过去满足于填饱肚子过渡到重视营养和健康。如北京城郊属我国首都的所在区域,该区的食品安全问题就显得尤为重要。我国申办2008年国际奥运会成功了,这是全国人民为之庆幸的事。但当听到农业部一位官员说,考虑到食品安全问题,这次奥运会上的食用牛肉将由国外直接供应时,我们每个畜禽生产者和科研工作者又当如何思考呢?除了经济上的商机损失外,我们为什么做不到让外国人相信中国的食品安全呢?因此,北京等城市郊区发展畜禽养殖业,生产安全优质的禽产品具有非常重要的意义。

(二)城郊安全优质禽产品的生产原则和标准

1. 城郊安全优质禽产品生产原则　要获得安全优质的禽产品,需要对生产的全过程进行控制,在生产的各个环节上都要按照国家的有关法律和法规进行。具体应做到禽产品必须源于健康的活家禽群体;不使用违禁药物,注意检测饲料、水和环境中的有毒有害物质含量,保证禽产品符合国家有关无公害食品和绿色食品的安全标准;禽产品的加工、销售过程中要严格按照食品卫生标准执行。

2. 城郊安全优质禽产品生产标准　要生产安全优质的禽产品应做到产品符合国家卫生标准,具有高的分级档次;同时,也符合无公害禽产品标准。

(1)禽产品的卫生标准与分级标准

①鲜蛋的卫生标准与等级标准　根据国家标准总局发布的国家卫生标准(GB 2748—81)规定,新鲜蛋的感官指标和理化指标如下。

A. 感官指标。

鲜鸡蛋——蛋壳清洁完整。灯光透视时整个蛋呈微红色,蛋黄不见或略见阴影。打开后蛋黄凸起、完整,并带有韧性;蛋白澄清透明,稀稠分明。

冷藏鲜鸡蛋——经冷藏后其品质应符合鲜鸡蛋标准。

化学贮存蛋——经化学方法(石灰水、泡花碱等)贮存,其品质符合鲜鸡蛋的标准。

B. 理化指标。每千克鲜蛋中汞的含量不得超过0.05毫克。

②我国的禽肉和肥肝的标准与分级

A. 鲜鸡肉标准。具体见表4-1。

表 4-1 鲜鸡肉卫生标准

感官指标	一级鲜度	二级鲜度
眼 球	眼球饱满	眼球皱缩凹陷，晶体稍浑浊
色 泽	皮肤有光泽，因品种不同呈淡黄、淡红、灰白或灰黑等色，肌肉切面发光	皮肤色泽转暗，肌肉切面有光泽
粘 度	外表微干或微湿润，不粘手	外表干燥或粘手，新切面湿润
弹 性	指压后的凹陷立刻恢复	指压后的凹陷恢复慢，且不能完全恢复
气 味	具有鲜鸡肉正常气味	无其他异味，惟腹腔内有轻度不快味
煮沸后肉汤	透明澄清，脂肪团聚于表面，具特有香味	稍有浑浊，脂肪呈小滴浮于表面，香味差或无鲜味
挥发性盐基氮（毫克/100克）	少于或等于15	少于或等于25
汞（毫克/千克）	少于或等于0.05	少于或等于0.05

注：鲜鸡肉是指活鸡屠宰加工后经兽医卫生检验符合市场鲜销而未经冷冻的鸡肉。资料来源：杨山主编《家禽生产学》，中国农业出版社，1995年10月

B. 我国鲜肥肝标准。本标准适用于鲜肥肝的品质鉴定和检验，具体见表4-2，表4-3，表4-4。

表 4-2 感官指标分级

等 级	色 泽	弹 性	气 味	损 征
特 级	淡黄、米黄或浅粉，肝表有光泽、色度均匀	指压后凹陷很快恢复	有鲜肝正常气味	肝体完整，无血斑、血肿，胆汁绿斑

续表 4-2

等　级	色　泽	弹　性	气　味	损　征
一　级	淡黄、米黄或浅粉	指压后凹陷很快恢复	有鲜肝正常气味	容许肝体切除一小部分，血斑直径 20 毫米者不超过两块，无血肿、无胆汁绿斑
二　级	淡黄、米黄、黄色或浅粉	指压后凹陷较快恢复	无异味	容许肝体切除一小部分，容许有血斑、无血肿，无胆汁绿斑
三　级	淡黄、米黄、黄色、浅粉或浅红	指压后凹陷恢复较慢	无异味	容许肝体切除一部分，容许有血斑、血肿，无胆汁绿斑

引自杨山主编《家禽生产学》(1995 年 10 月)

表 4-3　理化指标分级

项　目	指　标(%)			
	特　级	一　级	二　级	三　级
粗蛋白质	6～10	6～10	6～10	6～10
粗脂肪	大于 45	大于 45	41～45	35～40
水　分	小于 40	小于 40	40～45	46～50
油脂渗出率	小于 20	20～25	不要求	不要求

引自杨山主编《家禽生产学》(1995 年 10 月)

表 4-4　综合评定等级

等　级	重　量(克)	感官指标	理化指标
特　级	400～1150	符合特级要求	符合特级要求
一　级	400～1150 或 1150 以上	符合一级要求	符合一级要求

续表 4-4

等　级	重　量(克)	感官指标	理化指标
二　级	300～399	符合二级要求	符合二级要求
三　级	200～299	符合三级要求	符合三级要求

引自杨山主编《家禽生产学》(1995 年 10 月)

注：1. 卫生指标应符合 GB—2724 要求。样品理化指标的均值应符合表列指标要求

2. 重量达标而感官指标或理化指标达不到者，按感官指标或理化指标达到的最低级别评定

鲜肥肝系指来自非疫区，屠宰前经兽医卫生检验健康无病肥育的活鸭、鹅屠宰后取出检验合格的新鲜肥肝。

色泽系指鲜肝的颜色与光泽。

弹性系指经指压后鲜肝凹陷处恢复的大约时间与程度。

气味系指肥肝散发出的气味。

损征系指肥肝不完整，或有血斑、血肿、胆汁绿斑等。

粗蛋白系指肥肝中复蛋白、单蛋白、氨基酸等各种含氮化合物。以测出含氮量乘以 6.25 计值。

粗脂肪系指肥肝中的中性脂肪、脂肪酸、色素等各种醚浸出物，以浸出物的总量计值。

油脂渗出率系指肥肝放在 100℃烘箱中，经 24 小时后渗出油脂的百分率。

样品系指每批抽检的肥肝。

肝样系指从抽检的肥肝中切取用于检验的小样品。

(2)禽产品的无公害标准

①无公害禽肉标准　改革开发以来，我国肉禽业发展迅速，为严格控制禽肉产品的质量，我国制定了食品鸡肉的无公害标准(表 4-5，表 4-6)。

表 4-5 无公害食品鸡肉理化指标

项 目	指 标
解冻失水率,%	≤8
挥发性盐基氮,毫克/100 克	≤15
汞(Hg),毫克/千克	≤0.05
铅(Pb),毫克/千克	≤0.5
砷(As),毫克/千克	≤0.5
六六六(BHC),毫克/千克	≤0.1
滴滴涕(DDT),毫克/千克	≤0.1
金霉素,毫克/千克	≤1
土霉素,毫克/千克	≤0.1
磺胺类(以磺胺类总量计),毫克/千克	≤0.1
呋喃唑酮,毫克/千克	≤0.1
氯羟吡啶(克球酚),毫克/千克	≤0.01

(引自中华人民共和国农业行业标准 NY 5034—2001)

表 4-6 无公害食品鸡肉微生物指标

项 目	指 标
菌落总数,个/克	5×10^5
大肠菌群,群/100 克	5×10^5
沙门氏菌	不得检出

(引自中华人民共和国农业行业标准 NY 5034—2001)

为保证无公害禽肉产品的安全生产,下列药物在肉禽饲养过程中禁止使用或只能阶段性使用。

禁止使用的药物:克球粉(主要有效成分为二氯二甲基吡啶酚,又名可爱丹、克球多、克球酚、氯羟吡啶、氯甲吡啶醇、氯吡醇、氯吡多、氯吡可、广虫灵、乐百克、三字牌球虫粉、球落)、尼卡巴嗪(又名球虫净、球净,主要成分为双硝苯脲、二甲嘧啶醇)、螺旋霉素、灭霍灵、喹乙醇(又名快育灵、倍育灵、喹酰胺醇)、甲砜霉素、恶喹酸(喹恶酸)、氨丙啉(安保乐、鸡宝-20和富力宝等药物中也含有氨丙啉)、磺胺喹恶啉(SQ)、磺胺二甲基嘧啶(SM_2)、磺胺嘧啶(SD)、磺胺间甲氨嘧啶(又名制菌磺)、磺胺-5-甲氧嘧啶(又名球虫宁)、甲酚、苯酚类消毒剂、人工合成激素。

阶段性使用的药物:30日龄内可用的磺胺类药物(30日龄后禁止使用)是磺胺二甲氧嘧啶(SDM)、复方敌菌净、磺胺二甲基嘧啶(SM_2)、复方新诺明;送宰前14天禁止用的药物是青霉素、卡那霉素、氯霉素、链霉素、庆大霉素、新霉素;送宰前14～7天根据病情可继续选用的药物为土霉素、强力霉素、北里霉素、四环素、红霉素、痢特灵、金霉素、环乐霉素、快育灵、百病消、氟哌酸、禽菌灵、痢菌净、环丙沙星、大蒜素,其药量按技术指导进行。但宰前7天必须停止使用一切药物。

②无公害禽蛋标准

A. 农药残留。我国对于禽蛋制品内含有六六六和滴滴涕残留量给出了明确的限量。禽蛋(去壳)中六六六和滴滴涕的限量都不超过1毫克/千克,全蛋中六六六和滴滴涕的限量为0.1～0.5毫克/千克。国外对超过限量的产品均进行销毁。

B. 有害元素残留。世界卫生组织规定禽蛋中有关元素污染的限量是铅≤0.1毫克/千克、汞≤0.001毫克/千克、砷≤0.05毫克/千克、镉≤0.01毫克/千克。我国对鲜蛋内有害元素的限量是汞≤0.05毫克/千克。我国还规定鲜蛋内放射性物质的限量是锶^{80}≤3×10^{-8}居里/千克、锶^{90}≤6×10^{-10}居里/千克、碘^{131}≤5×10^{-9}居里/千克、铯^{137}≤9×10^{-9}居里/千克、镭^{226}≤3×10^{-10}居里/千克,天然钍≤0.9毫克/千克,天然铀≤0.4毫克/千克。

C. 抗生素和磺胺类药物的残留。试验已经表明,给产蛋鸡每千克体重喂链霉素22毫克、土霉素44毫克后,分别在蛋中残留96～120天和72～96天。因此,有些国家强调使用抗生素和磺胺类药物期间所产的蛋不能提供食用，休药期为3～10天，并强调畜禽使用人用药物的同型异构体，所产的蛋才能食用。我国在这方面虽然还没有做出严格的规定，但从无公害食品安全的角度考虑，我们应该按照国外的标准严格要求自己。

三、城郊养禽生产规划

（一）养禽场规划和布局

通过良好的建筑和配套设施配备，防止病原微生物进入动物养殖场是生物安全的重要组成部分。将动物限制饲养于一个安全可控的空间内，并在其周围设立围栏或隔离墙，防止其他动物和人员的进入，减少传染病传入的机会，减少动物疾病的发生，可使动物充分发挥其自身的生产性能，保证动物性产品的质量安全。同时，也减少了人兽共患病的发生机会，保证了人的健康。在进行养禽场规划时，从防疫角度上通常要考虑具体地区的生态环境、周围各场区的关系和兽医综合性服务等问题。养禽场的设置应合理利用地势、气候条件、风向及天然隔离屏障等。新建的家禽饲养场都应尽可能按照“全进全出”制的要求进行整体规划和设计。养禽场的规划和布局包括场址选择、功能区划分、房舍建筑和周围环境控制等。

1. 场址选择　从保护人和动物安全出发，养禽场远离居民区、集贸市场、交通要道以及其他动物生产场所和相关设施等。家禽场宜设在城市远郊区，离市区最少15～20千米，与附近的居民点、旅游点以及化工厂、化肥厂、玻璃厂、造纸厂、制革厂、畜产品加工厂、屠宰场等要有相当的距离，以防止有害化学物质污染、病原感染与噪声干扰等，使之有一个安全的生物环境。从长远考虑，家禽场应建在离城市较远、地价便宜、较易设防且交通便利的地方。

选择的场址地势要高燥、背风向阳，朝南或东南方向；场区地面应开阔、平坦并有一定的坡度，以利于禽场布局、光照、通风和和污水排放。不宜在低洼潮湿之处建场，潮湿环境易使病原微生物孳生繁殖，禽群易发生疫病。如场内地势低洼，大雨后积水不易排除，造成舍外积水向舍内粪沟倒灌，或粪池、渗井的粪水向外四溢，造成大面积环境污染。养殖场的场址应位于居民区的下风处，地势尽量低于居民区，以防止养殖场对周围环境的污染。

2. 场区布局 家禽养殖场应按照生产环节合理划分不同的功能区，规模化养禽场通常分为相互隔离的三个功能区，即管理区、生产区和疫病处理区。布局时应从人和动物保健的角度出发，建立最佳的生产联系和兽医卫生防疫条件，并根据地势和主风向，合理安排各个功能区的位置。

(1)管理区 主要进行经营管理、职工生活福利等活动，在场外运输的车辆和外来人员只能在此区活动。由于该区与外界联系频繁，应在其大门处设立消毒池、门卫室和消毒更衣室等。除饲料库外，车库和其他仓库应设在管理区。

(2)生产区 是养殖场的核心，该区的规划与布局要根据生产规模确定。生产规模较大的综合性养禽场，其内部不同类型、不同日龄段家禽分开隔离饲养，相邻禽舍间应有足够的安全距离，根据生产的特点和环节确定各建筑物之间的最佳生产联系，不能混杂交错配置，并尽量将各个生产环节安排在不同的地方。如种禽场、商品禽场、饲料生产车间、屠宰加工车间等需要尽可能地分散布置，以便于对人员、动物、设备、运输甚至气流方向等进行严格的生物安全控制。场区内要求道路直而线路短，运送饲料、动物及其产品的道路不能与除粪道通用或交叉。饲料库是生产区的重要组成部分，其位置应安排在生产区与管理区的交界处，这样既方便饲料由场外运入，又可避免外面车辆进入生产区。贮粪场或粪尿处理场应设置在与饲料调制间相反的一侧，并使之到各个圈舍的总距离最短。

(3)患病动物处理区　应设在全场下风向和地势最低处，并与生产区保持一定的卫生间距，周围应有天然的或人工的隔离屏障，如深沟、围墙、栅栏或浓密的乔、灌木混合林等。该区应设单独的通道与出入口。处理病死动物尸体的尸坑或焚尸炉应该严密防护和隔离，以防止病原体的扩散和传播。

3. 房舍建筑　禽舍的设计和建筑应注意相对密闭性，便于对温度、湿度、通风、光照、气流大小及方向等影响动物生产性能和传染病防制的因素进行控制和调节，同时要求建筑物应具有防鸟、防鼠和防虫的功能，确保家禽的生产环境不受外界因素的影响。

4. 周围环境及隔离　养殖场的场界要划分明确，四周应建有较高的围墙或坚固的防疫沟，防止不必要的人员进入。

场内各区之间，特别是生产区周围应依据具体条件建立隔离设施。生产区与患病动物处理区以及管理区之间的距离至少应相隔 300 米，各区之间还应根据条件建立隔离网、隔离墙、防疫沟等隔离设施，防止外界的野生动物、各种驯养动物和无关人员进入生产区，同时防止生活区、管理区的生活污水和地面水流入生产区。

为了防疫的需要，生产区应设置一个专供生产人员及车辆出入的大门，一个只供进出动物及其产品的运输通道和一个专门进行粪便收集和外运的通道。在养殖场大门及各区入口处、各圈舍入口处，均应设有相应的消毒设施，如车辆消毒池、脚踏消毒槽、喷雾消毒室和更衣间等。

禽场及禽舍周围应保持良好的环境卫生，经常地进行清洗和消毒，以减少和杀灭养禽场舍周围的病原微生物。定期检测水源中矿物质、细菌和化学污染成分的含量。

(二)养禽场建筑和设备

1. 禽舍　禽舍的类型可以分为开放式、封闭式以及开放和封闭结合式三种类型。

(1)开放式禽舍　开放式禽舍受自然环境的影响,空气流通靠自然通风,光照是自然光照加人工补充光照。散养家禽通常采用在禽舍的南北两侧或南面一侧设置运动场,白天家禽在运动场自由运动,晚上休息和采食则在舍内。冬季为了保温,通常在运动场上方用塑料薄膜搭建保温棚,饲养肉鸭通常采用这种方式。

无论蛋鸡还是肉鸡,普遍使用完全舍饲的方式。因此,开放式禽舍一般不带运动场。开放式禽舍主要有两种形式:一是有窗禽舍,根据天气变化开闭窗户,调节空气流通量,控制禽舍温度;二是卷帘简易禽舍,用卷帘布做维护墙,靠卷起和放下卷帘布调节禽舍内的温度和通风。开放式禽舍的优点是造价低,节省能源。缺点是受外界环境的影响较大,尤其是光照的影响最大,不能很好地控制鸡的性成熟。

(2) 封闭式禽舍　封闭式禽舍的通风完全靠风机进行,自然光照不到禽舍内部,禽舍内的采光是根据需要人工加光,舍内温度靠加热升温或通风降温。养鸭和养鹅的集约化饲养程度明显比养鸡低。因此,封闭式禽舍主要用于养鸡。封闭式禽舍主要满足以下几方面要求:遮光,天气寒冷时对鸡供暖,天气炎热时对鸡降温,降低禽舍内的湿度,降低禽舍内的有毒气体浓度,对封闭禽舍提供足够的流通空气。

由于封闭禽舍内的环境条件能够人为控制,受外界环境的影响小,可以使禽舍的内部条件尽量维持在接近鸡的最适需要的水平,能够满足鸡的最佳生长、减少应激的需要,能够充分发挥鸡的生产性能。环境控制禽舍的缺点是投资大,光照全靠人工补光,完全机械通风,耗能多。

(3) 开放和封闭结合式　这种禽舍结合了开放和封闭式禽舍的优点,禽舍除安装了透明的窗户之外,还安装了湿垫风机降温系统。在春、秋季节窗户可以打开,进行自然通风和自然光照;夏季和冬季根据天气情况将窗户关闭，采用机械通风和人工光照。夏季使用湿垫降温，加大通风量，冬季减少通风量到最低需要水平，以利于禽舍保温。

2. 养禽场的设备

(1)环境控制设备

①光照设备　光照设备主要是光照自动控制器和光源，光照自动控制器能够按时开灯和关灯。光照自动控制器有石英钟机械控制和电子控制两种。其特点是：A. 开关时间可任意设定，控时准确；B. 光照强度可以调整，光照时间内日光强度不足，自动启动补充光照系统；C. 灯光渐亮和渐暗；D. 停电程序不乱等。

② 通风设备　通风设备的作用是将禽舍内的污浊空气、湿气和多余的热量排出，同时补充新鲜空气。现在一般禽舍通风采用大直径、低转速的轴流风机。目前国产纵向通风的轴流风机的主要技术参数是：流量 31 400 米^3/时，风压 39.2 帕，叶片转速 352 转/分，电机功率 0.75 千瓦，噪声不大于 74 分贝。

③湿垫风机降温系统　湿垫风机降温系统的主要作用是夏季空气通过湿垫进入禽舍，可以降低进入禽舍空气的温度，起到降温的效果。湿垫风机降温系统由纸质波纹多孔湿垫、湿垫冷风机、水循环系统及自动控制装置组成。在夏季空气经过湿垫进入禽舍，可降低舍内温度 5℃～8℃。

④ 热风炉供暖系统　热风炉供暖系统主要由热风炉、鼓风机、有孔管道和调节风门等设备组成。它是以空气为介质，煤为燃料，为空间提供无污染的洁净热空气，用于禽舍的加温。该设备结构简单，热效率高，送热快，成本低。

(2)育雏设备

①层叠式电热育雏笼　在鸡的饲养过程中，育雏阶段非常重要，雏鸡自身温度调节能力很弱，需要一定的温度和湿度，目前国内外普遍使用笼养育雏工艺。9YCH 电热育雏器是目前国内普遍

使用的笼养育雏设备。

②电热育雏器　由加热育雏笼、保温育雏笼和雏鸡运动场三部分组成，每一部分都是独立的整体，可以根据房舍结构和需要进行组合。如采用整舍加热育雏，可单独使用雏鸡运动场；在温度较低的地方，可适当减少运动场，而增加加热和保温育雏笼。电热育雏笼一般为四层，每层高度 330 毫米，每组笼面积为 1 400 毫米×700 毫米，层与层之间是 700 毫米×700 毫米的承粪盘，全笼总高度 1 720 毫米。通常每架笼采用 1 组加热笼，1 组保温笼，4 组运动场的组合方式，外形总规格为高度 1 720 毫米，长度 4 340 毫米，宽度 1 450 毫米。

③电热育雏伞　在网上或地面散养雏鸡时，采用电热育雏伞可以提高雏鸡体质和成活率。电热育雏伞的伞面由隔热材料组成，表层为涂塑尼龙丝伞面，保温性能好，经久耐用。伞顶装有电子控温器，控温范围 0℃～50℃，伞内装有埋入式远红外陶瓷管加热器，同时设有照明灯和开关。电热育雏伞外形尺寸有直径 1.5 米、2 米和 2.5 米三种规格，可分别育雏 300 只、400 只和 500 只。另外还有烧煤气或天然气的育雏伞，使用效果也很好。

(3)笼具设备　鸡笼设备是养鸡设备的主体。它的配置形式和结构参数决定了饲养密度，决定了对清粪、饮水、喂料等设备的选用要求和对环境控制设备的要求。鸡笼设备按组合形式可分为全阶梯式、半阶梯式、层叠式、复合式和平置式(图 4-1)；按几何规格可分为深型笼和浅型笼；按鸡的种类分为蛋鸡笼、肉鸡笼和种鸡笼；按鸡的体重分为轻型蛋鸡笼、中型蛋鸡笼和肉种鸡笼。

①全阶梯式鸡笼　全阶梯式鸡笼为 2～3 层，其优点是：A. 各层笼敞开面积大，通风好，光照均匀；B. 清粪作业比较简单；C. 结构较简单，易维修；D. 机器故障或停电时便于人工操作。其缺点是饲养密度较低，为 10～12 只/米^2。蛋鸡三层全阶梯鸡笼和种鸡两层全阶梯人工授精种鸡笼是我国目前采用最多的鸡笼组

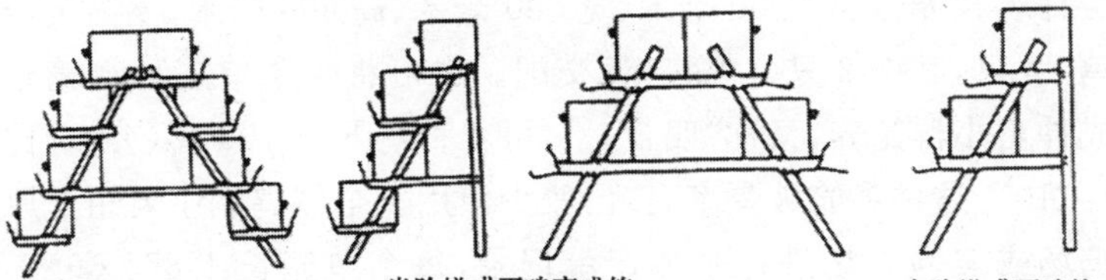

图 4-1　鸡笼形式类型

合形式。

②半阶梯式鸡笼　半阶梯式鸡笼上下层之间部分重叠，上下层重叠部分有挡粪板，按一定角度安装，粪便滑入粪坑。其舍饲密度(15～17 只/米²)较全阶梯式鸡笼高，但是比层叠式鸡笼低。由于挡粪板的阻碍，通风效果比全阶梯式鸡笼稍差。

③层叠式鸡笼　层叠式鸡笼(图 4-2)上下层之间为全重叠，层与层之间有输送带将鸡粪清走。其优点是舍饲密度高，三层为 16～18 只/米²，四层为 18～20 只/米²。层叠式鸡笼的层数可以达到 8 层以上。因此，饲养密度可以大大提高，降低鸡场的占地面积，提高饲养人员的生产效率。但是对禽舍建筑、通风设备和清粪设备的要求较高，我国只有极少数机械化鸡场采用该工艺。

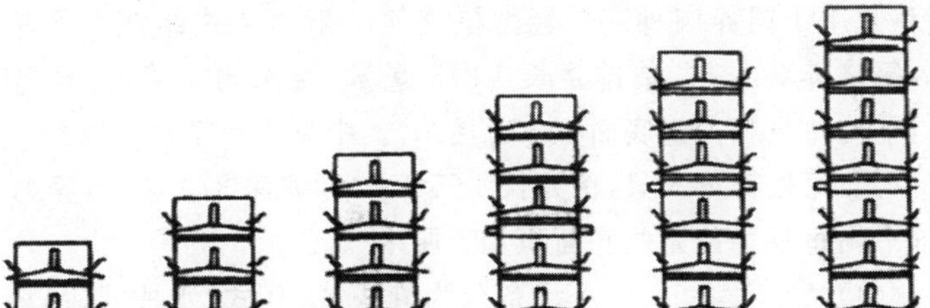

图 4-2　层叠式鸡笼示意图

④种鸡笼　种鸡笼有单层种鸡笼和两层人工授精种鸡笼。单

层种鸡笼笼体长1 900毫米、宽880毫米、高600毫米，笼内饲养种鸡22只，其中2只公鸡，自然交配。也可将4个单层种鸡笼合并成种鸡小群笼养，又称“四合一”，可养种鸡80～100套(公、母比例1∶10)，这种鸡笼破蛋率高，已较少使用。个体鸡笼主要用于原种鸡场或实验鸡场进行个体产蛋记录，每个单笼长1 875毫米、宽400毫米、高320毫米，分为9个小笼，每小笼1只鸡。每组鸡笼由4个单笼(半架2个单笼)组成，可养36只鸡。蛋鸡笼也可以饲养种鸡，但必须实行人工授精。

⑤育成鸡笼　一般育成鸡笼为3～4层，6～8个单笼。每个单排笼规格为1 875毫米×440毫米×330毫米，可饲养8～18周龄的育成鸡20只。

⑥育雏育成一段式鸡笼　在蛋鸡饲养两段制的地区，普遍使用该鸡笼。该鸡笼的特点是鸡可以从1日龄一直饲养到产蛋前(100日龄左右)，减少转群对鸡的应激和劳动强度。鸡笼为三层，雏鸡阶段只使用中间一层，随着鸡的长大，逐渐分散到上下两层。每平方米可饲养育成鸡25只。

⑦产蛋鸡笼　我国目前生产的产蛋鸡笼主要有饲养白壳蛋鸡的轻型蛋鸡笼和饲养褐壳蛋鸡的中型蛋鸡笼，另外有少量重型产蛋鸡笼用于饲养肉种鸡。轻型蛋鸡笼一般由4格组成一个单排笼，每格养鸡4只，单排笼长1 875毫米、笼深325毫米，养鸡16只，平均每只鸡占笼底面积381厘米^2。中型蛋鸡笼由5格组成一个单笼，每格养鸡3只，单笼长1 950毫米、笼深370毫米，养鸡15只，平均每只鸡占笼位底面积481厘米^2。

(4)饮水设备　饮水设备分为乳头式、杯式、水槽式、吊塔式和真空式。雏鸡和散养鸡多用真空式、吊塔式和水槽式，平养鸡现在趋向使用乳头饮水器(图4-3)。乳头饮水器不易传播疾病，耗水量少，可免除刷洗工作，提高工作效率，已逐步取代长流水水槽，但制造精度要求较高，否则，容易漏水。杯式饮水器供水可靠，不易漏水，耗水量少，不易传播疾病，但是鸡在饮水时经常将饲料残渣带进杯内，需要经常清洗。

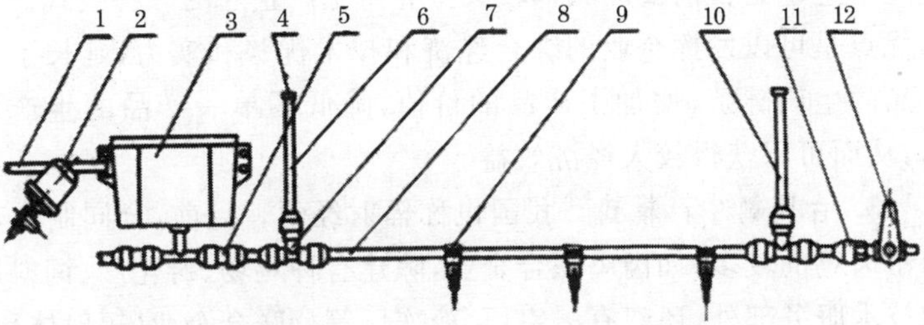

图 4-3　乳头饮水系统示意图

1. 进水软管　2. 过滤器　3. 水箱　4. 管帽　5. 塑料直通　6. 首端水位显示管　7. 塑料三通　8. 供水管　9. 乳头饮水器　10. 尾端水位显示器　11. 阴螺纹直接头　12. 尾段放水球阀

（仿杨　山，李　辉主编《现代化养鸡》，2002）

四、城郊养禽标准化生产技术

（一）城郊养禽生产模式

城郊养禽的生产模式有多种，各种模式都有其自身的特色，城郊养禽户、养禽场可根据情况选择适合自己的生产经营方式。

1. 单一生产模式　在一个家禽生产场内只进行一个项目的生产，或只生产一种禽产品。如孵化厂只经营孵化，蛋鸡场只生产商品鸡蛋，育成鸡场只生产育成鸡，种鸡场只生产种鸡蛋或种雏鸡。这种单一生产模式更加专业化，可以减少疾病的传播，集中精力从事主业的研究和生产，能够获得更大成功机会。这种生产模式比较适用于我国城郊养禽专业户和中小型养禽生产场。

2. 综合生产模式　如一个育种场不仅提供祖代种雏，也出售父母代甚至商品代种蛋或初生雏，有的大型蛋鸡场除生产商品蛋外，其自营的饲料厂也外售饲料等。形成了一个比较综合的生产企业。这也是目前我国城郊较大型养禽生产企业的一种模式。它的优点是可以发挥企业的综合经济和技术优势和实力，延长了其产品的生产链条，增加了产品的价值，降低了单一产品的生产成本，从而可以获得较大经济效益。

3. 合同制生产模式 我国也称辐射经营。目前，合同制生产用于肉鸡的较多，如肉鸡联合企业，除建有种鸡场、孵化厂、饲料厂和技术服务部外，还建有屠宰厂、冷冻厂等。联合企业（辐射体）与养鸡专业户或肉鸡场（辐射对象）签订合同供给后者肉雏、饲料，提供各种防病药物和饲养管理技术指导等。养鸡专业户将出栏的肉鸡卖给联合企业。有的采取利润分成的办法，也是两者先订合同，辐射体负责产前、产中、产后的系列化服务，辐射对象负责提供饲养场地、人员及日常饲养管理。在利润分配上，将肉雏、饲料、运费、燃料等计入成本（不含工人工资）计算毛利，其75%～80%归辐射对象，20%～25%归辐射体。

4. 联合企业内生产 资金与技术力量雄厚的联合企业，特别是企业内部既做养殖生产，又做禽产品深加工，如鸡肉食品厂、蛋品厂等，实行产、供、销一条龙的单位，往往在企业内部自己生产主产品。这些主产品往往是企业的标志性产品，具有很好的质量，很好的知名度和很好的市场，如著名的家禽品种品牌、著名的家禽产品品牌产品等。这些主产品既代表了企业的形象和声誉，又是企业的重要经济收益的来源。

从我国当前情况看，合同制生产对发展家禽业比较有利，一个建有种鸡场、孵化厂、饲料厂和技术服务部的联合企业，可以向专业户提供良种鸡雏、全价配合饲料和疫（菌）苗等，再收购产品，这样可用较少的投资在一个县的范围内推广良种和科学养鸡，使养鸡事业在一个高起点、高水平的基础上发展，并能较快地得到大量产品和取得良好的经济效益。不少养鸡发达国家一开始也是采用这种方式，以后联合企业内部生产才逐渐占上风，这是因为后者可以应用新的技术和装备进行大规模、高效率的生产，并可取得来源稳定的高质量产品。

（二）家禽品种选择和良种繁育体系的建立

1. 家禽品种的选择　以鸡为例，现代鸡种是为适应现代集约化生产的需要而培育出的配套品系杂交鸡。它是利用在生产性能上各具特点的几个品系，按一定模式进行杂交，所得后代用于商品生产。它不仅具备各品系性能的特点，而且具有明显的杂种优势，能达到高产、稳产、整齐规格化的要求。

现代蛋用型鸡种分白壳蛋、褐壳蛋和粉壳蛋（也叫浅褐壳蛋）三种。白壳蛋鸡是用原标准品种白来航鸡选育的高产品系及其配套系。它体型小、开产早、产蛋多、饲料转化率高，在标准饲养管理条件下，22～23 周龄开产，26～27 周龄进入产蛋高峰，产蛋率90％以上，年产蛋量达 280～290 枚，蛋重在 60 克以上，成年鸡体重 1.5～1.8 千克，料蛋比 1∶2.4～2.5。褐壳蛋鸡是用原标准品种中的兼用型品种洛岛红鸡、新汉夏鸡和芦花洛克鸡等选育的高产品系及其配套系。它体型稍大，耗料稍多，产蛋量与白壳蛋鸡相仿，蛋大、平均蛋重 62 克以上，母鸡体重 2～2.2 千克，料蛋比 1∶2.5～2.6。褐壳蛋鸡母系与父系杂交后的商品代公鸡为银白色，母鸡为金黄色，初生时即可按羽色鉴别雌雄。粉壳蛋鸡是白壳、褐壳蛋鸡之间的杂交种，蛋壳浅褐色，由于其生产性能和适应性都较好，近年来饲养量呈上升趋势。当然，消费者对蛋壳颜色的癖爱也是重要因素。

我国从 20 世纪 70 年代至今可以说几乎世界上所有的名牌鸡种均已引进。白壳蛋鸡主要有加拿大的星杂 288、荷兰的海赛克斯白和美国的海兰 W36 等；褐壳蛋鸡则有英国的罗斯褐，法国的伊萨褐、巴布考克 B-380，德国的罗斯褐，美国的海兰褐、迪卡褐和尼克红等；粉壳蛋鸡主要是我国自己育成的北京 939 和奥赛克粉。我国自己培育的蛋用型鸡种还有京白 904、京白 938、北京红鸡、奥赛克红和农大 3 号小型蛋鸡等。不仅如此，近年来，随着生活水平的提高，人们对禽蛋、禽肉提出了更高的要求，为满足这种需求，我国还培育了一些既具有地方风味，生产性能又高的优质黄羽肉鸡和乌骨鸡种。

应该指出，北京及其周边地区饲养的上述高性能品种，生产潜力都很大，在良好的饲养管理条件下都可达到鸡只单产蛋 16 千克以上，产蛋鸡存活率不低于 90%。但目前的实际表现水平是比较低的，高产品种的潜力未能充分发挥。究其原因，主要表现在饲养环境条件方面。发达国家的大环境好，饲养方式多为隔离式单一日龄饲养，种鸡的净化水平高，饲料质优而稳定。因此，鸡群健康状况良好，品种高产潜力得以充分发挥。与之相反，我国城郊的大环境差，种鸡的净化水平不高，饲料质量差且不稳定，并有不同日龄、不同阶段鸡混合饲养的现象存在，加上生产技术工艺和设备不配套，因而鸡群健康状况差，产蛋水平低。

鉴于目前各鸡种实际表现的性能水平差异不大，在选购鸡种时，建议重点放在了解供种单位及其鸡群的疾病净化水平和健康方面，并将改善环境、加强饲养管理作为提高鸡只生产水平和增加养鸡经济效益的主要措施。

2. 家禽良种繁育体系的建立 现代养禽业直接用于生产商品（蛋和肉）的家禽都是用两元或多元杂交方式生产的商品代。它们本身生产性能高，但不能再做种用。为了使家禽生产正常进行，并不断提高，就需要把有关生产商品代的各个环节有机地结合起来，形成良种繁育体系。

制种和生产过程由三级（三系配套时为两级）繁殖场和饲养场完成（图 4-4），具体为曾祖代场（原种繁殖场）、祖代场（一级种禽场)按比例生产祖代家禽,祖代场为父母代场(二级种禽场)按比例生产父母代家禽,父母代场为商品代场(商品家禽生产场)生产商品代家禽,商品代场则利用经过几级杂交后的商品代直接生产商品禽蛋或禽肉。

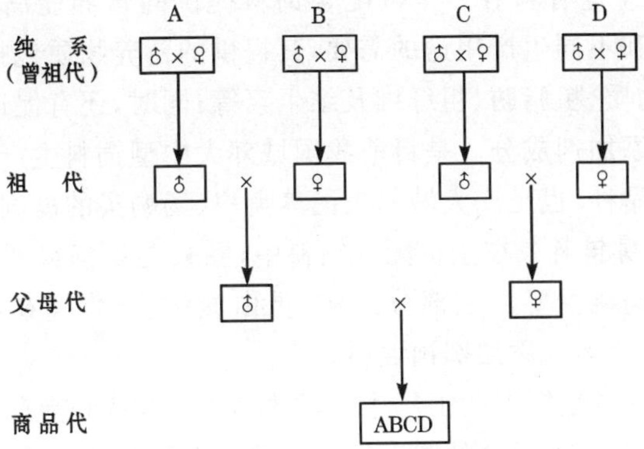

图 4-4　鸡四元杂交组配示意图

目前我国城郊家禽的良种繁育体系已经基本建成,广大城郊农民所需的家禽品种的质量和数量也基本能够得到满足。今后我国城郊家禽养殖业的良种繁育体系的主要任务,是根据今后国内和国际家禽产品市场的变化、发展和需求,不断引进和培育新的优良家禽品种,不断提高家禽品种的生产性能和净化某些家禽的重要疾病,不断提高家禽产品的营养、安全优质质量,并逐渐向我国不发达地区、贫困地区和边远地区扩大发展,从而提高全国的养禽生产水平、产品质量和经济效益。

(三)建立良好的饲料供应体系

单种的饲料原料是难以满足家禽营养需要的。因此,现代条件下,人们都用营养完善的配合饲料来满足家禽的生长和生产需要。

家禽的配合饲料可分为三大类，即全价配合饲料、浓缩饲料、添加剂预混饲料。其中浓缩饲料和添加剂预混料是半成品，不能直接用作家禽的饲粮（满足家禽营养需要的全价饲料），全价配合饲料是最终产品，是鸡的全价营养饲粮，可直接用于养鸡生产。

1. 全价配合饲料 全价配合饲料提供的营养能满足鸡不同生长阶段和不同生产用途的需要，其提供的营养物质包括能量、蛋白质、矿物质、粗脂肪、粗纤维及维生素等；同时，还有促进生长、保健药物等添加剂成分。是目前我国城郊大中型饲料生产厂生产的主要饲料品种，也是广大城郊农民养禽户、场购买的禽饲料。

2. 浓缩饲料 在全价配合饲料中，除去能量饲料即为浓缩饲料。浓缩饲料主要由三部分组成，蛋白质饲料、常量矿物质饲料（钙、磷、食盐等）、添加剂预混料。

浓缩饲料是饲料加工厂生产的半成品，其突出特点是除能量指标外，其余营养成分的浓度很高。城郊农民养禽户、场用浓缩饲料时，只需按说明书的要求，加入一定比例量的能量饲料，即可配成全价饲粮。家禽的浓缩饲料一般占全价饲料的30%～40%。有的饲料厂也生产5%～10%的浓缩料，养禽者还需添加一定量的豆粕和能量饲料才能配制出全价饲料。

3. 添加剂预混料 添加剂预混料简称预混料，与简单添加剂成分不同。预混料是几种或多种微量组分与稀释剂或载体均匀混合构成的中间配合饲料产品。预混料包括单一型和复合型两种。单一型预混料是同种类物质组成的预混料，如多种维生素预混料、复合微量元素预混料等。复合型预混料是除蛋白质饲料、能量饲料之外的多种原料组成的产品，3%～4%的预混料包括各种维生素、微量元素、常量元素和非营养性添加剂等，0.4%～1%的预混料不包括常量元素，即不提供钙、磷、食盐。在配制养鸡全价配合饲料时，可在添加剂预混料的基础上，再添加一定比例的能量饲料、蛋白质饲料（如豆粕、玉米、麸皮等）后混合均匀即可。

目前，在北京等大中城市郊区，上述配合饲料的生产已经建立了良好的供应体系，具有各种规模、各种所有制的饲料生产企业，城郊养殖场或养殖户可以根据情况购买和选用养禽生产所需的相应种类的各种配合饲料。也可以购买浓缩料、预混料，再利用搅拌机加入能量饲料或蛋白质饲料后混合均匀，即可形成全价配合饲料，饲喂相应的家禽。为保证无公害优质禽产品的生产，有关饲料的监督和检察部门正在加大工作力度，确保市场上出售流通的各类饲料持续稳定地符合无公害产品的标准；有条件的养殖场或养殖户也可以建立自己的饲料厂，生产全价优质配合饲料。

(四)强化公共卫生意识，建立家禽疫病防控体系

随着养禽事业的发展和我国城郊养禽业的现状，预防禽病的工作越来越重要。尤其是家禽传染病往往使家禽大量的死亡，严重时甚至全群覆灭。所以，搞好疫病预防和防控体系，已经成为养禽场的一项重要措施。只有这样才能一方面保证养禽生产的健康持续发展，生产出高质量、无公害的优质禽产品；另一方面又可防止养禽场对周边环境造成的环境污染和人兽共患病的发生，保证人的健康。

养禽场防治疫病要做到预防为主，以提高家禽的抵抗力，使家禽保持健壮，就可以少发病或不发病。主要的综合防治措施如下。

1. 选用科学的生产制度　目前养禽场公认的科学生产制度是“全进全出”制，这种生产制度是指一个家禽场或一个养禽专业户在同一时间内只饲养同一日龄（或日龄相差不超过 1 周）的家禽，饲养期满后，全群在同一天出场，然后，对场内禽舍、设备、用具等彻底清扫、冲洗、消毒，再空舍两周以上后进下一批家禽。这种饲养制度能够最大限度地消灭场内的病原体，能够防止各种传染病的循环感染，能够使接种疫（菌）苗的家禽获得较为一致的免疫力。

2. 加强饲养管理 疫病的发生多数是饲养管理不当或防疫制度不严造成的。因此，必须加强饲养管理人员的责任心，提高饲养管理水平。合理地调配饲料，使饲料中含有家禽正常生长发育所需要的营养物质，并且要严禁饲喂霉败饲料，以防中毒及发生霉菌性疾病，提高家禽的健康水平和抵抗疾病的能力。

禽舍内光照要适当，通风良好，经常保持空气新鲜。舍内的温度要保持适宜，不可骤然变温，幼雏期尤应注意。禽舍和运动场要合理利用，饲养密度适宜。按时喂饲，不可过饥过饱，以保证家禽的健康发育。每日检查家禽的精神、活动、食欲、饮水和排粪情况，对病、弱、残家禽要严格分群，隔离饲养。实践表明，合理地饲养管理，可以增强家禽的抗病力，少生病或不生病。

3. 做好日常卫生防疫和检疫 加强日常的消毒隔离制度，按免疫计划和程序适时进行预防免疫，彻底消灭传染病源，切断传染途径，是防止传染病传播的关键措施。

(1) 禽舍、运动场每天要清扫 垫草要勤晒、勤换。地面要保持干燥，防止潮湿积水。禽舍和用具要定期进行消毒，消毒药可用0.2%～0.3%过氧乙酸溶液喷雾，2%～5%漂白粉混悬液、10%～20%生石灰乳剂、10%～20%草木灰热溶液喷洒。禽舍和孵化器、种蛋可用福尔马林熏蒸消毒(按每立方米用福尔马林 14 毫升，加高锰酸钾 7 克、水 7 毫升的比例放于瓷盆中，将室内密闭熏蒸 24 小时)。器械用具消毒或工作人员洗手可用 2%～5%来苏儿溶液、0.1%新洁尔灭溶液等。消毒池可放 1%～3%火碱液。

(2) 饲槽、饮水器等饲喂用具的清洗消毒 除每天洗刷保持清洁外，每两天用 0.2%～0.3%过氧乙酸浸洗消毒 1 次。

(3) 粪便和垫草的处理 应集中堆放在离禽舍较远的地方，上面加泥覆盖，冬天 25～30 天，夏季 5～7 天，使之自然发酵，产热杀死粪便中的病原菌和虫卵，方可使用。

(4) 加强检疫，严禁在养禽场内扑杀病禽 从外地引入种禽时必须做好疫情调查，引入后应隔离观察一段时间，确实健康无病才能放入群中。已出场的家禽不能再送回养禽场。外购种蛋也要做好疫情调查。养禽场出入口要设消毒池，禁止人员和车辆随意出入，并防止其他野禽和猫、狗进入，搞好灭鼠灭蝇，以免传播疾病。

(5) **定期做好预防注射**　免疫注射后10天，请兽医站协助检测免疫效果。比如，雏鸡用鸡新城疫Ⅱ系疫苗滴鼻，两个月以上的鸡用鸡新城疫Ⅰ系疫苗注射或刺种(表4-7)。留种用鸡还要注射禽霍乱菌苗和刺种鸡痘疫苗。

表4-7　预防接种方案示例

鸡日龄	疫苗种类	免疫方案
1	接种鸡马立克氏病火鸡疱疹病毒疫苗	皮下注射
7	接种法氏囊弱毒疫苗	饮水
10	接种新城疫Ⅱ系疫苗(或F系,Lasota系疫苗)	滴鼻、点眼或气雾免疫
25	接种鸡痘鹌鹑化弱毒疫苗	刺种
30	接种新城疫Ⅱ系疫苗(或Lasota系疫苗)	点眼或气雾免疫
35	接种法氏囊弱毒疫苗	饮水
90	接种新城疫Ⅰ系疫苗	肌内注射或气雾免疫
开产前	接种新城疫Ⅰ系疫苗	肌内注射

4. 消除人为传播疾病的可能性　家禽场每一个人都要有安全生产责任感，应严格执行综合防疫措施的各项规定，并做到进场时必须通过消毒池，有条件时，进禽舍前淋浴更衣。不在生产区内各禽舍间随意走动，非生产区人员未经批准不得进入生产区。家中不养家禽，也不从场外购买活家禽和鲜蛋等。

5. 发生疫情时应采取的措施　发生疫情时要及时确诊，以便采取封锁、隔离、消毒、紧急预防接种等措施，尽早扑灭疫病。同时，应立刻报告政府有关部门，以便采取及时的疫情控制、扑灭措施。

第一，病禽要隔离饲养，专人管理；及时确诊，以便更好地预防和治疗疾病。

第二，对所有禽舍、运动场及一切设备进行彻底消毒。病禽群体所产的蛋不能作为种蛋用。将病死禽的尸体深埋或焚烧。

第三，饲槽及饮水用具每天洗刷消毒，饮水用0.1%高锰酸钾溶液，每天3次。

第四，进行紧急预防接种。

第五，如果发生的疫情确诊为人兽共患病，应按照国家的有关法律、法规对病禽群进行封锁、隔离和深埋或焚烧，并对相关的人兽都要隔离观察，以确保疫病的控制和消灭。

（五）扶持龙头企业，建立禽产品营销体系

目前，在我国城郊养鸡生产中，广大农民养鸡一般都是规模较小、投资较少的小规模养鸡方式。他们都是各自独立经营，既缺乏信息，还缺乏技术，还缺乏配套的技术服务和销售服务。使得广大农民养鸡生产者的生产水平不高、经济效益不高。因此，在今后的城郊养鸡生产发展中，广大城郊农民养鸡业者应该组织起来，建立各地区的养鸡业农民协会。并由政府组织，以大型养鸡企业为龙头，建立起农民养鸡服务体系，建立起农民养鸡服务队伍。作为协会会员的广大农民养鸡业者，在向协会交纳少量会费的同时，就可以得到各种服务，包括各种信息的提供，销售市场的组织和信息服务，养鸡种苗的提供，养鸡各种疾病的防治信息，各种新兽药、新技术的发布，各种养鸡科学技术的信息与指导等。从而既可以使各地区城郊农村养鸡业生产形成统筹规划，实行计划生产，又可以保证广大城郊养鸡业者得到及时的科学技术的学习指导和产品销售的信息。从而达到城郊农村养鸡业的“定单式”生产和促进养鸡业

生产水平的提高。吉林省德惠市德大有限公司走农业产业化之路的发展历程就是一个很好的例证。

吉林德大有限公司是吉林省松辽禽业联营公司与泰国正大集团合资兴办的大型肉鸡“一条龙”企业。1989年开始建设，1991年竣工，1992年正式投产运营。德大公司自成立以来企业不断发展壮大，现已形成集粮油种植、种禽繁育、肉鸡饲养、饲料加工、油脂加工、肉鸡制品加工于一身的公司加农户的农业产业化龙头企业。该公司经过10年的艰苦努力，生产规模不断扩大，经济效益不断提高。累计实现销售收入142亿元，其中2000年实现销售收入26.04亿元；累计实现利税总额为6.9亿元，其中2000年实现利税1.64亿元；出口累计鸡肉19万吨，其中2000年为3.3万吨。累计出口创汇3.97亿美元，其中2000年出口创汇6 000万美元。该公司已成为全国十大农牧企业之一，列全国外商投资企业500强的第60位，全国进出口贸易500强的第373位。被国家确定为农业产业化重点龙头企业。

龙头企业是农产品进入国际市场的桥梁和纽带。吉林德大有限公司为同国际市场接轨做了如下工作。

1. 不断扩大经营规模 当前的市场竞争，主要表现在规模水平和配套能力的竞争，科学技术和产品水平的竞争，信息与网络的竞争。实践证明，参与国际经济大循环，同国际市场接轨，实行规模经营至关重要。10年来，该公司按照滚动发展的原则，不断扩大规模。德大公司现有六大直属企业，30个生产经营部门，五大类主产品。公司拥有农场1个，耕地面积1.3万公顷；大豆种植基地20万公顷，年产大豆45万吨；祖代种鸡场5个，年饲养祖代种鸡6万套，年生产父母代种鸡雏230万套；父母代种鸡场11个，年饲养父母代种鸡70万套，年生产商品肉鸡雏5 800万只；分布在7个市县的肉鸡代养农户6 000多个，年出栏商品肉鸡5 400万只；饲料厂4个，可年产鸡、猪、牛、鱼各种饲料75万吨；肉食加工厂4

个，年屠宰肉鸡5 000万只，年产鸡肉11万吨，各种熟食产品1.5万吨；油脂厂1个，年加工大豆能力45万吨，产豆粕32万吨，色拉油5.4万吨；其他还有粮食贮备库2个，年可贮存原粮80万吨，铁路专用线1条，全长3.75千米。投产以来，8年实现了5个连续翻番，即：生产规模翻番，销售收入翻番，实现利税翻番，出口数量翻番和出口创汇翻番。就是在遇到原料涨价和金融危机的困难时期，别人减产，德大增产，充分显示了规模经营的优势。德大公司由于坚持规模经营，因而打下了坚实的基础，企业稳定发展，竞争能力不断增强。

2. 强化肉鸡饲养基地建设 该公司从生产经营开始就采用“公司加农户”、“契约加服务”的模式建设商品肉鸡养殖基地，把农民的肉鸡饲养场作为德大肉鸡生产的第一车间。通过“公司加农户”，“契约加服务”这条线，把农户饲养基地和公司加工销售有机结合起来，形成了完整的产业化链条。到目前为止，德大公司肉鸡生产基地已由德惠市辐射到周边7个县市、60个乡镇、600个村、6 000个农户，年饲养商品肉鸡5 400万只。公司在肉鸡饲养基地建设上采取了“五统一”的管理方式，即统一计划、统一供应、统一管理、统一技术服务、统一回收结算。公司根据总体经营要求，制定肉鸡饲养基地的发展规划，以德惠市为中心向四周辐射延伸，饲养户由乡镇政府推荐，公司选定；公司按饲养周期，对养鸡户统一供应雏鸡、饲料和药品，并采用赊雏、赊料的扶持方法；公司成立肉鸡管理部，下设管理处，乡镇设置管理服务站，形成部、处、站三级服务体系；公司有300多人60多台车，常年为养鸡户饲养管理、技术指导和防疫灭病服务。公司与养鸡户在平等互利的前提下签订经济合同，明确各自的权利和义务，通过契约机制，建立利益共同体，以合理的经济关系为纽带，形成互惠互利，共兴共衰的关系，使双方的经济利益得到法律的保护；农户的出栏鸡由公司按计划统一组织回收，及时结算付款，坚持稳定合理的价格政策，让农民每只鸡保持在1元左右的纯利润，即使在粮价上扬和鸡肉销价下跌时，德大公司都把不利因素消化在企业内部，不让养鸡户承担市场风险，从而成功地构筑了“公司加农户”的产业化模式。

德大公司把第一车间办到农户，办到田间，农户把公司当成靠山，接通了城乡之间的体制断层，打破了生产者与市场之间的断层，农牧工商一体化、产加销一条龙，不但德大公司受益，农民增收，也使区域经济的总体功能得到了明显增强，农业经济结构得到了调整优化。用农民的话说：德大公司是我们种养户进入国际市场的“航空母舰”，容量大、带得动、跑得快，是德大公司这个龙头把我们的产品带进了国内国际市场。

由于德大公司不断提高产品质量，大力开拓产品市场，到目前为止，该公司鸡肉、饲料、豆粕、色拉油和种鸡雏五大类产品已畅销于国内的29个省、自治区、直辖市。鸡肉产品除销往日本外，还销往韩国、中东、瑞士、俄罗斯等22个国家和地区。雏鸡和饲料也出口到俄罗斯。出口鸡肉品种和数量连年翻番，区域不断扩大，创汇能力不断增长。出口创汇连续3年居吉林省加工企业第一名，列全国同行业榜首。

德大公司的创建和发展，不仅创造了巨大的经济效益，而且取得了良好的社会效益：一是为富市裕民开辟了门路，6 000多个养鸡户，累计获利近5.6亿元，年获利7 000多万元，企业万名职工年薪总收入7 000多万元，年上缴国家税金7 000万元以上；二是直接或间接吸纳劳动力15万人，其中养鸡2万人，公司职工1万人，种植大豆12万人，为解决就业难提供了有效载体；三是累计转化粮食400多万吨，相当于德惠全市3年粮食总产量，一定程度解决了农民“卖粮难”问题；四是带动了相关产业，促进了农电、交通、运输、建筑、建材、商贸及地方工业和乡(镇)企业的发展，德大公司的用电量占全市的40%，邮电业务占全市的1/3，铁路运输占德惠铁路总运量的2/3；五是优化区域经济结构，德大公司的发展，使公司所在地德惠市的产业结构发生了深刻变化，德惠市工农业产值1991年为0.5∶1，到2000年为2.5∶1，工业为2.5，农业为1，其中德大公司产值占德惠市工业总产值的70%。

（闫贵龙　魏秀莲）

第五章　城郊农村如何发展养兔生产

一、城郊养兔业现状和存在问题

(一)城郊养兔业现状

城郊养兔生产按其产品不同,可分为肉兔生产、毛兔生产和皮兔生产。

1. 肉兔生产现状　全世界的兔肉生产主要集中在中国、意大利、法国、独联体国家和西班牙等,这些国家和地区兔肉的总产量占全世界的70%～80%。西欧是兔肉生产的最大基地,主要生产国有意大利、西班牙和法国,年产兔肉总量64.7万吨;东欧的肉兔生产主要集中在俄罗斯、乌克兰和匈牙利,兔肉总产量42.6万吨;亚洲以我国为主,2001年产兔肉已达40.9万吨,占世界兔肉生产总量的22.1%。国际兔肉贸易总量为7.5万吨左右。近几年来,我国兔肉出口量占国际贸易总量的47%～60%。2003年我国家兔年末存栏数为19 660.9万只,比2002年增长1.2%;2003年出栏兔31 938万只,比2002年增长4.5%;2003年兔肉总产量44万吨,比2002年增长3.4%。

我国家兔生产目前以肉兔为主,生产兔肉较多的省份是山东、四川、河北、山西、河南和江苏等。其中以山东省生产和出口数量最多。据报道,目前我国兔肉出口企业获欧盟注册的有12家,其中山东省就占10家。四川省是我国饲养肉兔最多的省份,所生产的兔肉主要以内销为主。

目前我国城郊养兔业虽有较大发展,但和其他畜种相比,其饲养数量和生产水平都比较低。饲养方式也以农民小规模散养为主，而较大规模的养兔场还较少。

2. 毛兔生产现状 毛用兔品种只有安哥拉兔。全世界饲养安哥拉兔的国家主要是我国和法国。法国目前安哥拉兔的存栏量约2万只。法国主要饲养以粗毛率高为特点的法系安哥拉兔，每只兔平均年产毛量1 200～1 500克，比20世纪80年代初期提高了2.5倍。

我国安哥拉兔的存栏量为6 000万只左右，每只兔平均年产毛量600～1 000克。我国浙江省宁波市镇海种兔场培育和饲养的巨型高产安哥拉兔，产毛量已经达到并超过了世界先进水平。2000年12月份进行部分生产性能测定，每只兔平均年产毛量，公兔1 715克，母兔1 940克，创造了千只安哥拉兔群体产毛量世界记录。这充分反映了20多年来我国长毛兔选育的新成就，同时也说明我国长毛兔生产性能、育种技术已进入了世界先进行列。

我国的山东、四川、安徽、江苏、浙江等省是安哥拉兔毛主要生产基地。我国年产安哥拉兔毛2万余吨，其兔毛产量和出口贸易量均占全世界的90%以上。除我国外，法国、匈牙利、智利、阿根廷等国也生产少量安哥拉兔毛，但年产毛量只有100～200吨。可以说我国已是安哥拉兔的生产、研究和育种中心。

3. 皮兔生产现状 獭兔即力克斯兔是目前世界著名的皮用品种家兔。目前世界上饲养獭兔的国家主要有中国、德国、美国和法国等国家。

我国是目前饲养獭兔数量最多的国家，所饲养的獭兔绝大多数是从美国引进的獭兔所繁衍的后代，近几年来又从德国和法国引进了獭兔良种。人们习惯称从不同国家引进的獭兔为不同的品系，如美系獭兔、德系獭兔等。现正在进行选育、纯种扩繁和开展不同品系獭兔之间杂交等项工作。

目前全世界獭兔数量只占所有家兔数量的0.3%。在我国獭兔饲养数量比较多，现全国獭兔存栏量可达 600 万～700 万只。

目前，世界毛皮市场獭兔皮制品很畅销，行情比较好，很多国家的商人来我国选购獭兔原皮、鞣制皮及其服装和签订供货合同或协议。近 10 多年来，全世界范围内对环境、生态及野生动物的保护越来越受到重视，许多野生动物禁止捕杀。这就使得野生毛皮产品的来源和数量越来越少，所以物美价廉的獭兔皮及其服装制品越来越受到欢迎。据 2000 年 7 月在西班牙召开的第七届世界养兔科学大会材料报道，以美国和日本两国市场对獭兔皮的需求量比较大，每年需要上千万张獭兔皮。另外，意大利、韩国、东欧及香港等国和地区，对獭兔皮及其服装制品的需求量也在不断增长。

我国是目前世界上惟一能批量生产和出口獭兔皮的国家。据报道，我国现每年生产 80 万～90 万张优质獭兔皮。单从报道的数量上看，远远满足不了国际市场的需求，市场潜力比较大，但必须注意提高獭兔群及毛皮品质。獭兔品种质量一直是我国獭兔饲养业发展及其獭兔皮服装制品走向国际市场和增加经济与社会效益的制约因素。今后必须大力提高兔群及其皮毛品质。

(二)城郊养兔业存在的问题

1. 养兔业发展不平衡 目前，一些县(市)、乡(镇)、村，把养兔作为调整产业结构一项内容来抓，十分重视；不少农户把养家兔当作“摇钱树”、“聚宝盆”，使养兔生产快速、健康持久地发展了起来。但也有一部分农户因过去发展养兔生产受到挫折，至今仍然有“一朝遭蛇咬，十年怕草绳”之忧，从思想上存有“怕”字，即养兔怕病、怕死、怕无销路等，不敢大胆投资。使这些地区养兔业发展较慢。

2. 科技知识普及面还小 要想快速、健康、持久地发展养兔生产，必须把养兔适用技术普及到千家万户。这些年来，各级领导十分重视科普工作，做了大量工作，但普及面还小，仍然有一些群众对养兔适用技术掌握不全、掌握不够，使养兔生产不断出现这样那样的问题。

3. 兔疫病控制措施不得力，仍然时有发生与流行 兔病是发展养兔生产的大敌，各地虽然采取了很多措施，但因实际条件、饲养技术水平、防疫水平、兔笼舍建筑不合理等问题，疫病仍然时有发生与流行。这也是近些年来我国城郊乃至全国养兔业发展较慢的重要原因。

4. 兔群质量亟待提高 在发展养兔生产过程中，各地农业部门、科技人员和广大群众十分重视提高兔群质量，做了大量工作。但由于条件问题、技术问题等，质量提高得不快，稍不注意就会出现倒退现象。还有一些干部、群众重数量、轻质量，重发展、轻提高，在生产过程中出现过早初配、过多热配、甚至杂交滥配等，使兔群出现分化、杂化、劣化、退化现象。

5. 兔产品开发滞后 长期以来，我国兔产品销路主要以原料形式出口为主，以出口外销为主；对兔产品进行深加工滞后，深加工内销的少；养、加、销脱节，不能以销促养，直接影响着养兔生产快速、健康、持久地发展。

二、城郊安全优质兔肉生产

随着我国人民生活水平的提高，人们越来越关注健康，越来越关注食品的质量与安全。因此，在发展我国城郊养殖业的同时，应更加重视养殖业生产的动物性食品质量的提高。目前，我国城郊养兔业应生产更多高质量的安全优质兔肉，这是我国城郊乃至全国养兔业的发展方向。

(一)城郊安全优质兔肉生产的定义

安全优质兔肉生产就是我们通常所说的绿色、无公害兔肉生产。它的生产过程通常要遵循可持续发展的原则,按照特定的兔肉生产方式生产,是经专门机构认定、许可使用绿色食品标志或无公害食品标志商品的无污染肉兔产品的生产过程。特定的生产方式通常是按照安全、优质、无公害兔肉生产标准进行生产、加工,对产品实施从“土地到餐桌”的全过程质量控制。

安全优质兔肉生产体系大致包括以下几个方面:产地的环境质量标准,生产技术标准(从饲料、养殖到屠宰加工过程),产品质量标准以及包装贮运标准。根据国内外生产力发展水平和市场需要,安全优质的兔肉通常按不同标准分为绿色食品的 AA 级和 A 级、无公害食品和有机食品等。

(二)城郊安全优质兔肉生产的原则和标准

安全优质兔肉的生产,必须按照无公害兔肉食品的标准、生产中的技术要求、检验方法和包装、贮存、运输规范进行。

1. 无公害兔肉食品的生产过程中,必须严格按照国家公布的无公害兔肉食品的标准执行　其中所涉及到的标准有:GB 191 包装贮运图示标志,GB 4789.2 食品卫生微生物学检验　菌落总数测定,GB 4789.3 食品卫生微生物学检验　大肠菌群测定,GB 4789.4 食品卫生微生物学检验　沙门氏菌测定,GB 4789.10 食品卫生微生物学检验　金黄色葡萄球菌测定,GB 4789.11 食品卫生微生物学检验　溶血性链球菌测定,GB 4789.5 食品卫生微生物学检验　志贺氏菌测定,GB/T 5009.11 食品中总砷的测定方法,GB/T 5009.12 食品中铅的测定方法,GB/T 5009.15 食品中镉的测定方法,GB/T 5009.17 食品中总汞的测定方法,GB/T 5009.19 食品中六六六、滴滴涕残留量的测定方法,GB/T

5009.44 肉与肉制品卫生标准的分析方法，GB/T 6388 运输包装收发货标志，GB 7718 食品标签通用标准，GB 9687 食品包装用聚乙烯成型品卫生标准，GB 11680 食品包装用原纸卫生标准，GB 12694 肉类加工厂卫生规范，GB/T 14962 食品中铬的测定方法。

2. 无公害鲜冻兔肉标准 GB/T 17239 鲜、冻兔肉，NY 5130 无公害食品 肉兔饲养兽药使用准则，NY 5131 无公害食品 肉兔饲养兽医防疫准则，NY 5132 无公害食品 肉兔饲养饲料使用准则，NY/T 5133 无公害食品 肉兔饲养管理准则，SN/T 0125 出口肉中敌百虫残留量检验方法，SN 0341 出口肉及肉制品中氯霉素残留量检测方法。

（1）无公害兔肉 肉兔饲养过程中，严格遵守 NY/T 5133，NY 5132，NY 5130 和 NY 5131 规定，屠宰加工后，经兽医卫生检疫检验合格，符合本标准各项规定指标要求的兔肉。

（2）肉眼可见异物 不能食用的屠宰加工废弃物、污染物，如甲状腺、病变淋巴结、肾上腺、病变组织、胆汁、淤血、浮毛、血污、金属、肠管内容物、植物杂质等。

3. 生产中的技术要求

（1）原料 活兔应来自非疫区的无公害肉兔，经当地动物防疫监督机构检疫合格。

（2）加工 按 GB/T 17239 要求进行，屠宰加工过程中的卫生要求按 GB 12694 执行。

（3）冷却 胴体应在宰后 1 小时内进入 0℃～4℃预冷间，使肉中心温度达到 2℃～5℃。

（4）分割 冷却胴体应在低于 12℃良好卫生环境下的车间内进行分割。刀具和操作人员的双手应每隔 1 小时消毒 1 次。

（5）感官指标 感官指标应符合表 5-1 的规定。

表 5-1 无公害兔肉感官指标

项 目	指 标
色 泽	肌肉呈浅粉红色，有光泽，脂肪呈乳白色或淡黄色
组织状态	肌肉致密，有弹性，指压后凹陷立即恢复，表面微干，不粘手
气 味	具有鲜兔肉固有气味，无异味
煮沸后肉汤	澄清透明，脂肪团聚于表面，具有兔肉固有的香味
肉眼可见异物	不应检出

(6)理化指标 理化指标应符合表 5-2 的规定。

表 5-2 无公害兔肉理化指标

项 目	指 标
挥发性盐基氮/(毫克/100 克)	≤15
汞(以 Hg 计)/(毫克/千克)	≤0.05
铅(以 Pb 计)/(毫克/千克)	≤0.1
砷(以 As 计)/(毫克/千克)	≤0.5
镉(以 Cd 计)/(毫克/千克)	≤0.1
铬(以 Cr 计)/(毫克/千克)	≤1.0
六六六/(毫克/千克)	≤0.2
滴滴涕/(毫克/千克)	≤0.2
敌百虫/(毫克/千克)	≤0.1
金霉素/(毫克/千克)	≤0.1
土霉素/(毫克/千克)	≤0.1
四环素/(毫克/千克)	≤0.1
氯霉素/(毫克/千克)	不应检出
呋喃唑酮/(毫克/千克)	不应检出
磺胺类(以磺胺类总量计)/(毫克/千克)	≤0.1
氯羟吡啶/(毫克/千克)	≤0.01

(7)微生物指标　微生物指标应符合表5-3的规定。

表5-3　无公害兔肉微生物指标

项　　目		指　　标
菌落总数/(个/克)		$\leqslant 5\times10^{5}$
大肠菌群/(群/100克)		$\leqslant 1\times10^{3}$
致病菌	沙门氏菌	不应检出
	志贺氏菌	不应检出
	金黄色葡萄球菌	不应检出
	溶血性链球菌	不应检出

4. 检验方法

(1)感官检验　按GB/T 5009.44规定的方法检验。

(2)理化检验　挥发性盐基氮按GB/T 5009.44规定的方法测定。汞按GB/T 5009.17规定的方法测定。铅按GB/T 5009.12规定的方法测定。砷按GB/T 5009.11规定的方法测定。镉按GB/T 5009.15规定的方法测定。铬按GB/T 14962规定的方法测定。六六六、滴滴涕按GB/T 5009.19规定的方法测定。敌百虫按SN/T 0125规定的方法测定。呋喃唑酮、磺胺类、氯羟吡啶按《关于发布动物源食品中兽药残留检测方法的通知》(农牧发[2001]38号文)规定方法测定。四环素、金霉素、土霉素按GB/T 14931.2规定的方法测定。氯霉素按SN 0341的方法测定。微生物检验菌落总数按GB 4789.2检验。大肠菌群按GB 4789.3检验。沙门氏菌按GB 4789.4检验。志贺氏菌按GB 4789.5检验。金黄色葡萄球菌按GB 4789.10检验。溶血性链球菌按GB 4789.11检验。

5. 标志、包装、贮存、运输

(1)标志　内包装(销售包装)标志按GB 7718的规定执行，

外包装标志按 GB 191 和 GB/T 6388 的规定执行。

(2)包装　应符合 GB 11680 和 GB 9687 的规定。包装印刷油墨无毒,不应向内容物渗漏。包装物不得重复使用,生产方和使用方另有约定的除外。

(3)贮存　产品应贮存在通风良好、清洁卫生的场所,不应与有毒、有害、有异味、易挥发、易腐蚀的物品同处贮存。冷却兔肉在－1℃～4℃下贮存,冻兔肉在－18℃以下贮存。

(4)运输　应使用符合食品卫生要求的专用冷藏车(船),不应与对产品发生不良影响的物品混装。

三、城郊养兔生产规划

目前,我国城郊养兔业正处于一个重要发展时期。在这一发展过程中,我们必须总结畜牧业发展的经验,克服以往畜牧业发展的弊端,从长远的观点审视和合理规划城郊养兔业,为今后我国城郊养兔业的大发展和进一步提高城郊养兔业的生产水平和产品质量水平打下良好基础。

(一)兔场规划和布局

1. 场址的选择　应选择地势高燥、背风向阳的地方建场。土质应透水透气性好,最好是砂质壤土,便于排污。水量充足,水质良好,达到饮用水卫生标准。交通方便,又不紧靠主要交通干线。家兔胆小怕惊。因此,兔场不应选建在火车站、采石场、打靶场等释放噪声、特别是产生爆破声音场所的附近。

总之,科学而合理地选择兔场场址,是养兔成功至关重要的因素。应该掌握其原则,尽量选择理想场地或将其改造成理想场地。

2. 兔场的布局　兔场的建筑群,按其功能及生产特点,可分为生产区、管理区、病兔隔离区和生活区等。

(1)生产区　即养兔区，是兔场的主要建筑区，兔场的核心。其建筑物包括种兔舍(种公兔和种母兔舍)、繁殖舍、育成舍、幼兔舍和育肥舍。优良种兔(即核心群)舍应置于环境最佳的位置。繁殖舍要靠近育成舍，以便兔群周转。幼兔舍和育肥舍应靠近兔场一侧的出口处，以便出售种兔及商品兔。

(2)管理区　主要建筑物有办公室、饲料加工车间、饲料库、维修间、变电室、供应设施等。管理区要单独成为一个小区，应与生产区隔开，并保持一定距离。饲料原料库和加工车间应尽量靠近饲料成品库，后者应与各兔舍保持较短的距离，以缩短生产人员的往返路程。

(3)生活区　包括职工宿舍、食堂、文化娱乐场所等，应单独分区设立。考虑方便工作和卫生防疫，生活区既要与生产区保持一定距离，又不能太远。在生产区的入口处要设消毒设施。

(4)兽医隔离区　包括兽医诊断室、病兔隔离室、尸体处理处等。均应设在兔场的下风向和地势较低处，与生产区保持一定的距离，以免疫病传播。

(二)兔场建筑和设备

1. 兔舍的建筑与要求　兔舍的建筑形式，依据地理环境条件、社会和经济条件、生产方向、生产水平及饲养方式而定。从早期的棚舍发展到今天的密闭兔舍，其形式多种多样，各有千秋。按照舍墙的结构和窗的有无、舍顶的形式、空间排列、兔笼排列等划分，主要有以下几种。

(1)棚式兔舍　又叫敞棚。四面无墙，只有舍顶，靠立柱支撑。其优点是通风透光好，空气新鲜，光照充足，造价低，投资少，投产快。缺点是无法进行环境控制，不利于防兽害。适用于冬季不结冰或四季如春的地区。也可作为季节性生产(如温暖季节)使用。

(2)开放式兔舍　三面有墙与舍顶棚相接，前面敞开或设丝网。其特点与棚式兔舍相似，利于通风采光，保持空气清新，管理方便，造价较低。但是同样无法进行环境控制，不利于防兽害。适用于较温暖的地区采用。

(3)半开放式兔舍　三面设墙与顶棚相接，前面设半截墙。为防兽害，半截墙上部可安装铁丝网。冬季为了保温，可挂上草帘，合上活动式塑料膜。为利于通风，可设后窗。优点是通风透光好，可防兽害，投资较少，管理方便，适于四季温差小而较温暖的地区。

(4)封闭舍　上有屋顶遮盖，四周有墙壁，前后墙装有窗户。通风换气依赖于门、窗和通风管。优点是有较好的保温作用，可进行舍内环境控制，便于人工管理，可防兽害。缺点是粪尿沟在舍内，有害气体浓度高，呼吸道疾病较多，特别是在冬季，通风和保温的操作存在一定矛盾。此种形式兔舍是我国应用最多的一种普通兔舍。

(5)半地下舍　该种兔舍建在地下一半(为1.5～2米)、地上一半(为1～1.5米)。既利用地下温度较高而稳定的优点，又利用地上采光和透气性好的特点。但存在潮湿大、劳动强度大等缺点。适用于较寒冷地区小规模兔场饲养肉用兔。

(6)塑料棚舍　在室外笼舍的上部搭架一塑料大棚。塑料膜有单层和双层。双层膜间有缓冲层，保温效果好。棚上可设一可卷起放下的草帘。优点是可充分利用太阳能，增加舍温，光照充足，造价低，施工方便。缺点是湿度大，通风与保温矛盾突出，空气污浊。塑料膜受阳光紫外线破坏严重，利用期短。怕冰雹和大风。此舍适于温暖地区冬季饲养和繁殖。在寒带地区，仅靠日光难以达到理想的温度，尚需补充热量。选膜时应选长寿无滴膜，应有足够的厚度。

(7)组装舍　兔舍的墙壁和门、窗都是可拆卸的组件构成，用时组装成兔舍。天热时，可局部或全部取下来，使兔舍形成开放式、半开放式棚舍。冬天则组装起来，成为严密的封闭舍。优点是适于任何地区和任何季节,灵活、方便。缺点是各组装零件质量要求严格,必须轻而坚固,隔热性能好。装卸兔舍对兔有一定影响。组装舍在国外一些发达国家较为盛行,适用于临时性兔场或移动性兔场。

2. 兔场的主要设备

(1)兔 笼

①兔笼类型 按照制作材料可划分为以下几种。

A. 金属兔笼。兔笼主体部件用金属材料(如金属丝网、金属板冲床下脚料、金属板条等)制作,适于不同规模的种兔生产及商品兔生产。优点是通风透光好,坚固耐啃,易于观察和管理,适于多种方法消毒。缺点是容易锈蚀,特别是承粪板,使用年限短。导热性强,易导致大型兔发生脚皮炎。利用金属兔笼配以竹制底网和耐腐蚀的承粪板,将是最理想的笼具。

B. 水泥预制件兔笼。以钢筋水泥制成兔笼支架及兔笼主体的大部分,多配以竹制底网,金属笼门。在我国南北方均有采用。优点是坚固耐用,耐啃咬,耐腐蚀,适于各种方法消毒,造价较低,可以拆装。缺点是通风透光差,占地面积大,不能整体移动,吸附性强(如不良气味),导热性强,冬季保温性差。

C. 砖、石制兔笼。多以砖、石、水泥砌成,是我国室外笼养家兔普遍采用的兔笼。一般建2～3层,笼舍合一。优点是可就地取材,较经济,坚固耐用,防兽害,保温隔热性能较好。可根据实际需要建成不同形式和不同规格。缺点是通风性差,不易彻底消毒,占地面积大,管理不方便。室外砖砌笼舍,夏季防暑和冬季保温仍有较大难度。若将笼顶加厚加宽,后壁设活动窗,可提高其实用效果。

D. 竹制兔笼。以不同粗细的圆竹和竹板制成。优点是轻便,取材方便,隔热,较耐啃咬。缺点是难以彻底消毒,时间久了骨架松动变形。竹制兔笼在我国南方产竹地区家庭养兔使用较普遍。

E. 塑料兔笼。以塑料为原料，先以模具制成单片，然后组装成型。也可一次压模成型。优点是轻便，易拆装，规格一致，适于大规模生产，便于运输，容易清洗和液体消毒，导热性小，脚皮炎发生率较低。缺点是塑料易老化，成本高，不耐啃咬。

②兔笼大小　兔笼的大小规格应根据兔场性质、家兔品种、性别和环境条件，本着既适应家兔的生物学特性，又便于管理，而且成本较低的原则设计。兔笼过大，虽然有利于家兔的运动，但笼具成本高，笼舍利用率低，管理也不方便。笼具过小，家兔运动不足，密度过大，不利于家兔的活动，还会导致某些疾病的发生。一般而言，种兔笼适当大些，育肥笼宜小些。大型兔应大些，中小型兔应小些。毛兔宜大些，皮兔和肉兔可小些。炎热地区宜大，寒冷地区宜小。若以兔体长为标准，一般来说，笼宽为体长的 1.5～2 倍，笼深为体长的 1.1～1.3 倍，笼高为体长的 0.8～1.2 倍。据报道，法国理想兔笼高为 0.25～0.3 米，深度要使饲养员捉兔方便。成年种兔所需面积为 0.25 平方米，母兔及其 1 胎仔兔需 0.25～0.35 平方米。

育肥兔笼，以 6～8 只 1 笼为佳。这样可基本保证同窝小兔同笼饲养，减轻断奶的应激。同时，可充分利用笼具，便于管理。根据国外研究结果，以每平方米兔笼饲养 18 只左右效果最理想。考虑我国各地的饲养条件和环境控制能力，以每平方米饲养育肥兔，夏季 14～16 只，冬季 16～18 只，每 6～8 只为 1 笼。单笼规格：宽 66～86 厘米，深 50 厘米，高 35～40 厘米。

(2)饲料加工设备　现代家兔生产与传统的家庭养兔法有很大区别。仅仅从饲料而言，已不再是“一日三把草”的粗放饲养法，而是以全价配合饲料为基础。因此，不同饲料原料，在进行饲喂之前，需通过一定的加工、调制和配合。

①粉碎机　一般精、粗饲料都应先经粉碎。粉碎的目的首先是提高家兔对饲料的消化吸收率。因为粉碎后的饲料增加了单位

体积的表面积，从而增加了与消化液的接触面积，便于消化吸收。从实际效果看，兔饲料粒度并非越细越好。过多的粉尘将会引起呼吸道疾病，且消耗人力物力。家兔饲料粒度以全部能通过孔径为2.5毫米的筛子为宜。其次是有利于均匀混合和减少混合料的分离。第三是便于加工制成多种饲料，如粉状、颗粒状和膨化颗粒状的配合饲料。第四是扩大饲料来源，将一些不能直接饲喂的饲料粉碎后饲喂。

②饲料混合机　饲喂家兔的各种饲料，需按一定比例进行配料，然后混合，使各种饲料均匀地混合。尤其是对那些用量很少的维生素、微量元素和药物等，更要求混合均匀。因此，在配合饲料厂和大型兔场的饲料加工车间，饲料混合机是不可缺少的重要设备。

③饲料压粒机　颗粒料是近代饲料工业的新发展。粉料经压制成颗粒料之后，在运送、放置和分配过程中不会破坏其成分的均匀分布，能避免家兔挑食。压粒过程中，饲料中的淀粉发生一定的糊化，产生较浓的香味，刺激家兔食欲，提高适口性。压制过程中，短期高温，可杀死寄生虫卵和其他病原微生物，使豆类、谷物中的一些抗营养因子（如抗胰蛋白酶因子）灭活，从而减少发病，提高饲料的利用率。颗粒料有一定的硬度，可防止家兔啃咬笼具。另外，投喂颗粒料，可提高饲养员的工作效率。饲料在压制过程中，有些营养成分也会受到一定的破坏，但其弊小利大。因此，养兔发达的国家普遍采用颗粒料。我国养兔使用颗粒料也在逐年增多。

(3)给料设备与料槽

①给料设备　我国城郊养兔机械化和自动化程度还比较落后，远不如养鸡、养猪。绝大多数仍为人工喂料。小规模饲养家兔，饲养员手持简单的容器（如盆、桶等），用手把料投入料槽内。较大规模兔场，则借助于喂料车。先将饲料装入喂料车的料箱内，或将料盆置于料车上，用手或手持料铲将料投入饲槽，边推边喂。

多用途喂料车兼有记录桌、操作台、药箱和工具箱之功能。

②料槽 料槽是供兔采食的必备工具。饲槽要坚固耐啃咬，易清洗消毒，方便采食，防止扒料和减少污染等。料槽应根据饲喂方式、家兔的类型及生理阶段来设计制作。料槽的制作材料有金属、塑料、竹、木、陶瓷、水泥等，北方多用陶瓷料槽。按规格又可分个体饲槽和兔群饲槽等，皮兔、长毛兔多用个体饲槽，肉兔多用兔群饲槽。

③草架 草架是投喂粗饲料、青草和多汁料的饲具。使用草架可保持饲草新鲜清洁，减少脚踏和粪尿污染所造成的浪费，预防疾病。我国以农民养兔为主体，以草为主。因此，草架是必备的工具。

(4)供水设备及饮水器

①供水设备 供水系统由水源、水泵、水塔、水管网和用水设备组成。水从水源被水泵抽吸和压送到水塔的贮水箱，并在水管网内形成压力。在此压力下，水流向各饮水设备。

饮水设备包括过滤器、减压装置、饮水器及其附属管路。

过滤器用来滤除水中杂质，要有较大的过水能力和滤清能力，以保证减压阀和饮水器能可靠地工作。过滤器主要部件为圆形滤芯，由密度小于0.04克/平方厘米的氨甲酸脂或丙烯腈制作。水进入过滤器后，通过滤芯将污垢滤去，清洁的水进入管道供应各饮水器。为保证过滤效果，滤芯要定期清洗和更换。

兔场水源一般来自自来水或水塔，水压为49～392千帕，对于乳头式等饮水器而言压力过大。因此，需在饮水器前加减压装置。减压装置有水箱式减压装置和减压阀两种，而前者使用更普遍。

水箱减压装置由箱体、箱盖、浮环阀总成等组成。箱体两边分别开有进水孔和溢水孔，底部设出水孔。它利用浮球控制水位，可根据饮水器所需压力设置一定的水箱高度。箱体、箱盖均应采用无毒材料制成。水箱减压装置的优点是使用简单，水位波动小，压力稳定，可获得较低的压力。缺点是因水箱水面敞开，易滋生细菌。

②饮水器　目前我国城郊养兔场的饮水器多为乳头式、杯式等饮水器，乳头式饮水器使用较广泛。农民小规模饲养家兔可使用简单的碗、盆、罐或水槽饮水。

(5)清粪设备　农民小规模饲养家兔可采用手工清粪，大型兔场可采用机械清粪。

(6)环境控制设备　环境控制设备主要包括通风设备、供热设备和降温设备。

①通风设备　兔舍通风可分为自然通风和机械通风。机械通风是靠风机进行强制排气或压气。又分正压通风、负压通风和联合式通风。目前较为先进的通风系统是全天候通风系统，适于全封闭无窗兔舍。

②供热设备　供热设备有热水式、热风式和局部式三种。

热水式供热系统是以水为热媒的设备。按水在系统里的动力可分自然循环和机械循环两类。自然循环供热系统主要由锅炉、管道、散热器(暖水片)和膨胀水箱等组成。靠锅炉将水加热，并不断进入散热器。散热器内的冷却水又返回锅炉，不断循环而完成供热。此法适于小型兔场采暖。机械循环供热系统是在自然循环系统基础上，加设一个水泵，使热水强制循环。适于大型兔场供热。

热风式供热系统由热源、风机、管道和出风口等组成。空气通过热源加热，再用风机通过管道送入舍内。按热源不同，又可分热风炉式(烧煤、烧油或可燃气体等)、蒸汽(或热水)加热和电热式。

局部供热式供热设备主要用于产仔间和仔兔培育舍。热源如红外灯、热风器、电热板产热箱等。最简单的局部供热设备为带有烟筒或烟道的煤火炉。

③降温设备　兔舍的降温是夏季的主要工作。目前，国内外

专门的降温设备有蒸发垫、喷雾装置、风扇及局部冷空气供应系统。

(三)兔场生态环境保护

目前,由于我国养兔的总数量不大,只有约2.7亿只,兔肉产量只有约40.9万吨,比较我国养猪、养禽的数量而言,可以说是比较少的。而且,我国城郊的养兔生产形式基本以农民小规模饲养为主,只有少量国有和集体或个人的大中型养兔生产场。因此,目前我国养兔生产中产生的废弃物、病死兔尸体、屠宰厂污水污物产生的数量也较少,对生态环境的污染也相对较小。但是,随着今后养兔生产的发展,养兔的数量必然会大量增加,而且城郊大中型规模化养兔场近年来不断增加和发展。随着经济的发展和人们对养兔产品质量的要求的提高,专业化养兔生产、规模化养兔生产已成为今后我国养兔生产的发展方向。因此,我们必须从长远的观点来审视养兔业,重视养兔生产的生态环境保护问题。

养兔生产的生态环境保护有两个方面的要求。首先,要注重养兔生产中的环境保护,即在养兔生产中严格遵守安全优质肉兔生产对兔场的环境的要求和规定,不使用国家法规禁止使用的药物和饲料添加剂,注意兔场的绿化和环境卫生的保持;加强兔舍的通风和降温防暑措施,保证兔舍内空气质量卫生达标和环境舒适,保证家兔的正常生长发育和生产出高标准的安全优质的兔产品。其次,要注意养兔生产中产生的大量废弃物如兔粪尿及污水、粉尘、有害气体、病死兔尸体等对兔场周围生态环境产生的污染,防止造成对周围生态环境的破坏,影响人的健康。为使兔场周围生态环境免受污染,应做好以下工作。

1. 粪便的无害化处理和利用　兔场最主要的废弃物是粪便。兔的粪便与其他畜种相比,氮、磷、钾含量都比较高,是一种很好的有机肥料,施用兔粪不仅可以提高农作物单位面积的产量,更可改善土壤团粒结构，防止土壤板结，改善农作物产品品质。一般来说妥善处理好粪便，也就解决了兔场环境保护的主要问题。妥善处理粪便，主要是从无害化处理后用作肥料、加工有机复合肥等方面入手。

(1)用作肥料　养兔所产的粪便最好经堆肥法处理腐熟后再施用。一般每 667 平方米(1 亩)施 500～600 千克粪肥不会过量，作物也能很好利用。腐熟堆肥法是利用好气微生物，在一定的水分、酸碱度、碳氢比、空气、温度等各种环境下，分解粪便及各种堆积在一起的垫草、尸体等有机物，并使之达到矿化和腐化的要求。此法可释放出速效性养分并造成高温环境，杀死细菌和寄生虫卵等，最终能达到无害化的目的。

我国利用腐熟堆肥处理家畜粪便相当普遍，并有很丰富的经验，所使用的通气方法比较简便易行。例如，在堆肥过程中将玉米秸捆插入粪堆，以保持好气发酵的环境，经 4～5 天即可使堆肥内的温度升高至 60℃～70℃，2 周即可达到均匀分解、充分腐熟的目的。粪便经腐熟处理后，其无害化程度通常用两项指标来评定：一个是肥料质量，外观呈暗褐色，松软无臭；另一个是卫生指标，观察苍蝇滋生情况，如成蝇的密度、蝇蛆死亡率和蝇蛹羽化率等。

(2)加工成农用复合肥　整个制作工艺包括干燥、复合有机肥的配制混合以及封装处理。粪便干燥主要有微波干燥法、热喷炉法、转炉式干燥法等。首先将兔粪自然晾干至一定湿度，然后通过烘干工艺使水分含量降低至 10%～15%，最后经与其他肥料混合，形成复合有机肥。

(3)生产沼气　利用兔粪生产沼气需要一定的投资，但沼气发酵残渣中有大量的氨态氮，可做肥料，其进行综合利用价值有时要超过沼气所得。沼气发酵中主要有两大类微生物：一类是不产甲烷的菌群，有好氧菌、兼性厌氧菌和专性厌氧菌，它们将复杂的大分子有机物降解成简单的有机化合物，为甲烷菌生产沼气创造条件;另一类是甲烷菌,可利用小分子化合物产生沼气。上述各菌群是在相互协调、相互制约的情况下,发挥各自的作用。

兔场的废弃物经过生物发酵后,其中的寄生虫卵和病原菌基本消灭,沼渣中的腐殖酸及各种微量元素等对一些植物疾病有一定的疗效,还是很好的速效肥。

2. 病死兔尸体的无害化处理　病死兔的尸体要严格处理,属于国家规定的1～3类传染病的应焚烧或深埋,深度应在2米以下,禁止随意抛弃或食用。对于没有治疗价值的普通病兔,也应严格按照有关规定高温消毒处理,特别是在剖检后,要严格对场地、尸体彻底消毒。

3. 污水的无害化处理　养兔场产生的污水,必须严格按照国家法规和无公害优质兔肉生产的要求进行处理,不能随便排放,以防止对周围环境产生污染。具体处理方法可参照有关技术资料。

四、城郊养兔标准化生产技术

(一)城郊养兔生产模式

家兔是食草小动物,饲粮以青粗饲料为主,适当搭配精料即可。它不与人争粮,不与粮争地,养兔是典型的节粮型养殖业。其饲料容易解决,饲养管理也比较容易,老弱妇孺皆可饲养。饲养规模可大可小,饲养方式多种多样,不仅可以工厂化、集约化生产,也可以小规模饲养,更适合千家万户家庭养殖。发展养兔生产,投资少、见效快、收益大,是一种较为理想的城郊养殖业。

20世纪80年代中期以前,全国兔肉年产量仅10万吨左右。这是原始自然经济在养兔生产上的反映,不符合我国经济发展和人民生活水平日益提高的要求,也不适应城郊农村经济专业化、商品化发展和农民增收的需要。80年代中后期,我国养兔业顺应社会经济和生产力的变革，迅速发展，由零星饲养的副业逐步形成为重要产业，实行商品生产，进入市场，成为世界养兔大国。目前，已经和正在建立多种形式及多层次的养兔经营形式。

1. 国有兔场　国有兔场一般饲养规模较大，技术力量较强，设备较好，有明确的技术经济指标和较严格的规章制度。产品质量较高，集约化程度较高。在我国城郊养兔业中起着优良品种的引进与选育、开拓兔产品市场、进行兔产品的加工和为广大城郊农民提供优良种兔的作用。

2. 农民副业养兔户　这类农民副业养兔户以种植业为主，以养兔为辅。户养种兔5～10只，养兔年纯收入500～1 000元。养兔纯属副业，无专人管理，主要利用零散时间养兔。饲料主要是自家的农副产品和利用野草、野菜。生产管理的科技水平低，投入小，风险小，收益也少。这种规模的养兔，是当前国内养兔生产的主要形式。

3. 养兔专业户　此类养兔专业户是以养兔为职业，专门进行养兔生产以获得经济收益。一般户养种兔20～30只或更多，养兔年纯收入可达2 000～4 000元或以上。这类专业户，有专人从事养兔，并划出一定面积的土地，种草养兔。投资不大，风险小，但养兔收入在其家庭总收入中占有重要地位。养兔专业户，大多具有一定的生产管理科技水平，在推广养兔科技和发展高质量商品肉兔生产中发挥着示范和带头作用。

4. 养兔专业大户　此类养兔专业户已把养兔当成家庭主业。一般饲养规模较大，其种兔规模在100只以上。投入较多，养兔规模化，经营管理水平和生产水平较高，依靠科技投入和市场信息观念较强，往往是先富起来的农民企业家。逐渐成为我国城郊农村发展养兔生产的带动力量和发展方向。

5. 养兔生产联合体　养兔生产联合体是指我国城郊大型养兔生产企业、某一地区的大型农民养兔合作组织等。这种经营形式，是随市场经济和社会化服务兴起逐步发展起来的实行种兔或商品兔规模化、集约化生产经营和工业化生产。并逐渐发展产前、产中、产后全程服务，生产销售、加工贸易配套。科技力量强，科技含量高，经营管理水平高，经济效益好。向高投入、高产、优质、高效方向发展，可以说是养兔业的高层次龙头性质的企业。经济联合体，形式多种多样，通常有“公司加农户”、“企业加农户”、“协会加农户”等等，这种形式既能像规模化养兔场一样，实现品种与规格基本相似的兔产品的批量生产，又保留了农户养兔充分利用农副产品等自然资源和廉价劳动力的优点，并在一定程度上改变了我国兔业生产长期存在产、加、销脱节，经常导致生产大起大落，发展不稳定的现象。此种生产模式见效快，抗风险的能力较强，产品质量好，是我国兔业生产实现产业化的一种好形式，对提高我国养兔业水平将起重要作用。

（二）家兔品种选择和良种繁育体系的建立

1. 家兔品种的选择　我国幅员辽阔，各地自然环境条件不同，经济发展状况不同，养兔生产模式不同，养兔生产的科技水平不同，在开展养兔生产中所选择的家兔品种也应不同。

（1）市场需求不同，选择饲养家兔品种也不同　随着我国经济的不断发展，养兔生产的经济效益也不断提高。但各地区兔产品市场需求不同，所选择的家兔品种也应不一样。如大城市郊区的消费者对高质量兔肉产品需求量大，就应选择生长速度快、产肉质量高的优良肉兔品种，或采用不同品种间的杂交产生的杂种兔来开展肉兔生产，如新西兰兔、加利福尼亚兔、德国大白兔、哈尔滨白兔等。而在经济不发达地区，则应选择适应性好、抗病力强、生长速度中等的青紫蓝兔、日本大白兔、我国的塞北兔等。在有传统毛兔生产历史的地区可饲养专用的毛用兔品种，如德系安哥拉兔、法系安哥拉兔、中系安哥拉兔、唐行长毛兔、镇海巨型高产长毛兔等。

(2)地区不同,选择饲养的家兔品种也不同　不同地区的自然生态条件不同,经济发展速度不同,饲养家兔的历史和习惯不同,选择饲养的家兔品种也应不同,如我国南方城郊气候温暖,常年有家兔喜欢吃的青绿饲料,适宜饲养长毛兔;我国北方地区气候冬、夏季温差大,冬季气候寒冷,缺乏青绿饲料,适宜饲养肉用兔和皮用兔品种。

(3)饲养方式和规模不同,选择饲养的家兔品种也不同　在我国城郊,养兔生产基本上以农民小规模分散饲养为主,人力、物力、财力投入少,生产效率低,饲养管理水平不高。所以,大部分地区的城郊农民养兔户应以饲养适应性强、抗病力强、生产水平中等的家兔品种为宜,如中国白兔、青紫蓝兔、安阳灰兔、塞北兔、虎皮黄兔、哈白兔等为宜。养兔专业户由于以养兔为本职工作,投入精力、物力、财力大,饲养水平较高,要求生产效率较高,则以饲养培育程度较高、生长速度较快的优良品种为宜,如新西兰兔、加利福尼亚兔、日本大耳白兔等。对于那些大规模的国有种兔场、养兔生产联合体等单位,由于兔舍环境较好,饲料营养水平较高,饲养管理水平较好,可以饲养高水平的家兔品种,尤其是近年来新引进的和我国新培育的优良品种为宜,如哈尔滨大白兔、镇海巨型高产长毛兔、丹麦白兔、新西兰兔、法国公羊兔、齐卡配套系兔、布列塔尼亚配套系兔、伊普吕肉兔配套系兔、伊拉配套系兔等。

2. 家兔良种繁育体系的建立　家兔品种不同,其生产性能有着很大差异。为了使广大城郊养兔生产者能够得到优良种兔,必须建立一套完整的家兔繁育体系。从整体观念出发,要经济而有效地开展家兔选育、繁育和推广工作,就要对兔场有合理的分工,在各类兔场紧密配合下,使家兔繁育工作有条不紊地开展起来。根据育种工作的性质和任务,可将各类不同兔场分为种兔选育场、种兔繁育场和商品兔生产场。

(1)种兔选育场　其主要职责是:①负责引进种兔,并对它们进行本品种选育与繁育，提高它们的品质；②负责家兔新品种培育或品种改良。③进行家兔杂交组合试验，提出适合本区域的家兔经济杂交方法和参加杂交的家兔亲本品种。

(2)种兔繁育场　从种兔选育场引进种兔，进行扩大繁殖，以提供商品兔生产场和农民饲养所需种兔。如果该地区实行三品种杂交，要在种兔繁育场内先进行其中的两品种杂交，产生三品种杂交用的杂种一代父母本兔，提供给商品兔生产场，继续进行三品种杂交。

(3)商品兔生产场　其任务是以最低的成本生产品质好、数量多的家兔产品，因而大多进行经济杂交，利用杂交优势。

根据我国城郊养兔业的现状，上述家兔良种繁育体系的 3 种兔场的建立和划分应由当地政府农业主管部门负责指导和规划。在尚未建立起家兔良种繁育体系的城市和地区，可组织起养兔合作组织，如农民养兔协会，以便实行和建立家兔良种繁育体系，对家兔的品质和生产性能进行有计划的培育和选育，不断提高家兔品种的生产性能，防止家兔品种的杂化和退化，保证广大城郊农民饲养的家兔品种的纯正和优良，促进城郊养兔业的发展和提高。

(三)调整农业结构，建立饲料供应体系

家兔的饲料，一般可分为青绿饲料、干粗饲料、混合精料、维生素矿物质添加剂和颗粒饲料等。根据家兔饲养规模，要求全年的饲料能够均衡供应。这就为今后我国城郊养兔业的发展提出了新的要求。根据当前的饲养规模及其发展，及时进行农业经济结构、种植结构的调查，大力开展种养结合、农经结合、粮菜结合的多元化发展思路，建立起城郊养兔饲料供应体系，促进城郊养兔业的发展。

1. 种植牧草，保证家兔青绿饲料的均衡供应　家兔饲料的均衡供应主要是指青绿饲料的均衡供应。由于气候和自然条件，兔

的养殖实践中存在着青绿饲料暂时短缺的问题，影响了兔的生长和繁殖。所以青绿饲料的均衡供应至关重要。

(1)兔一年可供应的青绿饲料种类

1～3 月份　多花黑麦草、冬牧 70 黑麦、胡萝卜、圆白菜、小青菜以及青贮料等。

4～5 月份　各种冷地型牧草，如多花黑麦草、紫苜蓿、三叶草等；绿肥，如苕子、金花菜、紫云英；青刈麦类，如冬牧 70 黑麦、大麦等；叶菜类，如苦荬菜、菊苣、籽粒苋、鲁梅克斯等；各种野青草。这几个月青饲料的种类及供应的数量都较多。

6～9 月份　各种暖地型牧草和饲料作物，如杂交狼尾草、苏丹草、青刈玉米、苦荬菜、籽粒苋、青刈甘薯藤、各种野青草等，也可利用部分树叶、南瓜等。

10～12 月份　紫苜蓿和三叶草等的再生草，甘薯、花生等的藤蔓，冬牧 70 黑麦、胡萝卜、圆白菜、饲用芜菁等，以及利用部分青贮料。

(2)兔场青绿饲料轮供和种植计划　现以提供规模为 1 000 只兔场的青绿饲料生产和供应计划，可供各养兔户参考应用。根据各兔场规模大小，即养兔只数的多少，以此计划要求折算类推。如该兔场养兔规模 500 只，则饲料数量和饲料地面积减半即可。

兔场青绿饲料需要量，按每只兔平均每天给 0.5 千克青绿饲料计，则 1 000 只规模的兔场，每天需供应青绿饲料 500 千克，每月(按 30 天计)需 15 000 千克，1 年则共需青绿饲料 18 万千克，再加上 10%安全系数，全年需青绿饲料约 20 万千克。如青绿饲料全部以专用饲料田种植来满足需要，按每 667 平方米平均年产青绿饲料 1 万千克计算，则需要饲料田 13 340 平方米(20 亩)，本计划按此要求组织青绿饲料轮供。有的兔场有其他青绿饲料来源，可按能供应数量的多少，相应减少饲料地面积。

2. 建立适度规模的家兔饲料生产厂　家兔饲养所需饲料日

粮中的精料和矿物质、维生素添加剂的供给，可以由专业家兔饲料生产厂生产和提供。由于精料补充料和添加剂类的生产要求科技水平较高，所需原料较多，需要专用生产设备，一般农民和小规模家兔饲养场、户难以做到。所以，应根据某一地区家兔饲养的数量，相应建立适度规模的家兔饲料生产厂，以保证城郊养兔所需饲料的供应。另外，随着我国城郊养兔业发展和规模化养兔场的发展，家兔的饲料日粮已向全价配合颗粒饲料发展，而这些颗粒饲料的生产需要投资较大，要求技术水平高，也应由专业家兔饲料生产厂来生产。城郊农民及小规模养兔场可以到这些饲料厂购买所需饲料。

3. 做好家兔饲料的加工、调制、贮存工作　家兔的饲料原料很多，包括多种青绿饲料、蔬菜类、作物秸秆、糠麸类、豆腐渣、粉渣、酒糟、谷实类、饼粕类等。可以充分利用这些家兔饲料原料，以降低家兔饲料成本。为了充分利用这些家兔饲料原料，应做好这些饲料的加工、调制和贮存工作。如蔬菜生产的剩余部分应洗净晾干，防止泥土和农药的污染，防止腐败变质；农作物秸秆如谷草、玉米秸、花生秧、甘薯藤、稻草等，应晾干粉碎后饲喂；豆腐渣、粉渣、酒糟等应防止腐败，最好晾干后饲喂。尤其是我国北方地区，冬季缺乏青绿饲料，容易造成家兔营养不良。为此，应为冬季准备充足的饲料，如将青草晾干后贮存，将农作物秸秆、树叶晾干后堆垛贮存。尤其是可以按计划将冬、春季家兔所需的青绿饲料做成青贮，这样不仅很好地保存了青绿饲料的营养成分，而且可以长时间、大剂量贮存青绿饲料，为家兔提供充足的青绿饲料。

（四）强化公共卫生意识，建立家兔生产疫病防控体系

随着我国经济和社会的发展，人们的公共卫生意识在不断增强。尤其是近几年来非典型性肺炎（SARS）、禽流感和猪链球菌病等人兽共患病的发生，使人们更加认识到养殖业的发展，不仅要

提供安全优质的动物性产品，而且还要注意公共卫生，防止人兽共患病的发生。为此，在发展我国城郊养兔业中应做好以下工作。

1. 不要人、兔同院 养兔生产中应使兔舍与人居住场所隔开100米以上的距离。最好不把兔养在院内，而应建立专门的养兔场或养殖园区。养兔场和养殖园区应远离交通要道和居民居住区，并在兔场的周围建立围墙，限制无关人员和其他动物如猪、狗、猫、野鸟等进入兔舍。兔场入口处要建有消毒池和更衣室，保持兔舍的清洁卫生，防止家兔发生人兽共患病。

2. 坚持自繁自养和“全进全出”制度 家兔品种应从非疫区引入，并经当地检疫。应尽量减少引种次数，坚持自繁自养，以减少引种可能带来新的病原菌。采用“全进全出”的饲养制度，即同一兔舍同时饲养同一日龄、同一用途的家兔，一旦到了上市日龄或产仔哺乳结束的商品兔、种母兔等，一次性全部出售或转群，以利进行兔舍的彻底清扫和消毒，减少和控制家兔疾病的发生。

3. 实行严格的消毒制度 消毒的目的在于消灭散布在外界环境中的病原微生物（如细菌、病毒等）和寄生虫（如虫卵、幼虫等）。坚持消毒制度，可预防疾病的发生与流行。

兔场入口应设有消毒药液槽，常用的消毒药物有1％～3％火碱溶液、10％～20％石灰乳、5％来苏儿。更衣室每天用紫外线灯消毒30分钟（1瓦/米^{2}计算）。

兔场、兔舍消毒可采用先消毒后打扫、冲刷，再消毒、再冲刷的方法，定期进行消毒。消毒药可选用10％～20％石灰乳、30％草木灰水、20％漂白粉、3％来苏儿、2％甲醛液、0.5％过氧乙酸等。兔笼与木制品用具可选用2％氢氧化钠溶液、0.1％新洁尔灭、0.1％消毒净、0.5％过氧乙酸、0.33％菌毒敌溶液或0.1％洗必泰、0.1％度米芬溶液或等进行消毒。食槽、饮水器的消毒可选用0.01％～0.05％高锰酸钾溶液、0.1％新洁尔灭或0.5％过氧乙酸等。

工作服可使用肥皂水煮沸消毒或高压蒸汽消毒。

粪便及垫草污物消毒，可采取堆积生物发酵，特殊情况下采取焚烧或深埋。

病死兔的尸体、污物，应运往远离兔场的地方烧毁或深埋。饲料库可使用福尔马林熏蒸消毒，即每立方米的空间使用福尔马林40毫升、高锰酸钾20克，将高锰酸钾加入到福尔马林溶液中，关闭门窗8小时。也可使用0.5%过氧乙酸按每立方米2.5毫升的剂量喷雾消毒。

注射器械可用煮沸或高压蒸汽消毒，注射部位可用70%～75%酒精消毒。

4. 严格进行预防接种 针对预防家兔不同的传染病疫(菌)苗的特性和幼兔母源抗体的状况，制定合理的初次免疫日龄，免疫间隔时间，称为免疫程序。有目的、有计划地按免疫程序接种，是预防、控制和扑灭家兔传染病的综合措施之一。

在生产实践中，特别是家庭养殖户，往往不注重预防接种。有的虽然也进行了疫(菌)苗接种，但由于疫(菌)苗的质量、剂量、时间、次数和接种方法存在问题，到头来仍会有传染病发生。因此，对发病的疫点、疫区和受威胁的兔群(经详细检查属正常无病的家兔)紧急接种疫(菌)苗，对控制和扑灭兔瘟、巴氏杆菌病等具有重要作用。但对已发病的家兔不能再接种疫(菌)苗，应进行隔离治疗或淘汰。

5. 有计划地进行预防投药 对兔群有计划、有目的地进行预防性投药，也是重要的防疫措施之一，尤其是在某些疫病流行季节到来之前或流行初期，将安全、有效的药物加入饲料、饮水内进行群体预防，可以收到比较明显的效果。但应严格遵守安全优质肉兔生产的有关法规，不能使用禁止使用的兽药和消毒药。

在实践中，对于家兔的寄生虫病，最有效、可行的防治措施是进行定期驱虫(计划性驱虫)，它具有消灭传染源、防止病原(如虫卵、卵囊等)扩散和治疗病兔的双重意义。一般选择在春、秋两季各对兔群普遍进行1次驱虫(兔球虫病例外)。如对兔常见的线虫、绦虫及吸虫的驱除,可选用抗虫谱较广的丙硫苯咪唑或吡喹酮与左旋咪唑等,定期给家兔内服。仔兔容易暴发球虫病,可从仔兔断乳至3月龄这段时间内,每天服用氯苯胍1片(10毫克),可以收到很好的预防效果。对家兔的各种螨病,要定期全面进行普查,发现病兔及早用阿维菌素皮下注射,或用其粉剂内服。

6. 及时治疗兔病 兔场一旦发生传染病或疑似传染病时,必须按照"早、快、严、小"的原则,迅速采取扑灭措施。即:①早诊断,早扑灭;②对发病兔和可疑病兔尽快隔离观察、治疗,并由专人管理;③对发病的兔场要严格封锁,立即停止种兔出售或外调,严禁车辆进出和饲养人员串岗,兔舍、场地及一切用具严格消毒,对不能利用的病兔、死兔及粪便、垫草要做焚烧或深埋处理;④及时查明发病原因,确立诊断,及时采取相应对策,把疫情报告当地有关部门,通知周围兔场采取预防措施,防止疫情扩大,以把损失降低到最小限度。

(五)引入龙头企业,建立家兔生产营销体系

目前我国城郊养兔业发展较慢的原因,不仅是存在于生产过程当中,如家兔品种不纯、性能不高、饲料质量不高、饲养管理水平较低、兔舍环境较差等问题,而且更重要的是兔产品的质量不高,市场过小,各种信息不通畅,兔产品的深加工和开发不够,养兔产品不能增值增效。为了解决上述问题,光靠农民是不行的,必须依靠政府的政策,扶持和引进养兔的龙头企业,或者把广大农民养兔户组织起来,联合起来,形成内部联系紧密、严格管理、责任分明、风险共担的经济实体,带动优良品种和先进生产技术的普及和推广,家兔产品的加工增值,市场的开发和扩大等,从而促进我国城郊养兔业的发展。

实践证明，要想大力发展养兔生产，必须很好地解决兔产品的加工与销路问题。兔肉、兔皮、兔毛等兔产品加工越精越多，销路越宽广，养兔生产形势就越好，养兔的经济与社会效益就越高。要想解决兔产品的销路问题，必须对兔产品进行初加工和深加工，进行内销与外销“两条腿走路”。我国过去兔产品主要靠外贸部门出口外销。实践证明，单纯依靠外贸部门出口外销不行，容易受国际市场行情、“绿色屏障”等因素的制约和影响，所以必须在努力争取出口外销的同时，进行加工内销，实行“两条腿走路”。今后随着经济建设深入发展，人民的生活水平逐步提高，对兔产品的需求量将会与日俱增，国内这个大市场将会越来越广阔。在我国各地，这样的成功例子很多。

1. 河北省积极发展养兔生产，带动农民致富　河北省从20世纪90年代初期，就把大力发展獭兔生产作为广大农民群众脱贫致富奔小康和下岗职工再就业的一项“短、平、快”的捷径来抓，广大群众的积极性十分高涨，所以河北省的獭兔生产得到了快速发展。獭兔饲养场、户普遍增加了经济收入。在全省范围内普遍养起了獭兔，其中临漳、涞水、东光、阜城等县搞得比较好，基本上实现了獭兔生产“养加销”一条龙，牧、工、商一体化，走上了快速、健康、持久的发展道路。其中临漳县搞得更好一些。该县已没有“白点村”了，村村都养起了獭兔，2000年獭兔销售收入2.1亿元。该县临英公司附设种兔场、商品兔屠宰厂、兔肉食品加工厂、兔皮鞣制厂、兔皮服装加工厂、饲料加工厂、兔业学校等机构。加工出来的多种兔肉食品和兔皮服装已打入国内外市场，深受国内外顾客好评，增加了经济与社会效益。

2. 浙江省温州市文成县成立兔业协会　文成县兔业协会成立于2003年1月15日，现有会员121人。该协会的宗旨是当好政府参谋，协助政府进行本行业的管理，维护行业合法权益，促进行业健康发展，为全体会员提供产前、产中、产后服务，积极推进文成县兔业全面发展。该协会主要服务范围是开展兔业生产、科研、加工、内外贸易合作与交流，提供产业相关动态信息，举办专业技术培训、有关业务咨询、展销展览活动等综合服务及协调本行业间的合作。

该协会为温州市首批示范性农村专业合作组织，“双凤”牌兔肉松为该协会注册的知名品牌，2003 年获得浙江省农博会金奖。目前全县饲养肉兔 161.04 万只，省级养兔示范乡 8 个，县级养兔示范乡 9 个，规范养兔场 557 个，省二级良种场 2 家。全年可供优质商品兔近 100 万只，种兔 20 万只，同时还可供应兔肉松、腊兔肉、兔肉香肠、兔壮骨粉等系列产品。

3. 吉林省长春市吉昌德明兔业 德明兔业已发展养兔基地 11 个，带动省内外养兔户 1.8 万户，收到了良好的经济和社会效益。

吉昌兔场是德明兔业的第 11 个生产基地，可为养兔户提供技术、种兔、笼具、饲料、防疫和长期回收商品兔、兔皮和兔毛的社会化全程服务。兔场计划全县五年发展养兔户 10 000 户，户均养基础种兔 40 只，户均出栏商品兔 1 000 只以上，全县饲养出栏商品兔 1 000 万只。

该场场长李德明从事养兔 30 年，曾获得全国兔业知识大赛第二名、全国兔业兔品种大赛银牌奖、省养兔大王，吉林省科教兴农专家、长春国际农博会金奖，并被吸收为世界家兔科学协会中国分会会员。

4. 杭州海盐第一种兔场 海盐第一种兔场位于杭州湾北岸，地处美丽富饶的杭嘉湖平原——海盐经济开发区。该场经省农业厅审定为浙江省二级种兔场。全场占地 2 公顷，全新的兔场，标准的笼位，一流的种兔，是海盐县长毛兔选育惟一的龙头示范种兔试验场。目前饲养“巨优”长毛兔种兔 2 000 只，年选育提供优质种兔 3 万余只。

“巨优”长毛兔具有体型大(成年兔平均体重 4.98 千克,最大体重 6.15 千克)、产毛量高(年产毛量平均 1 500 克左右)、繁殖性能好、遗传性能稳定、抗病力强、适应性广,所产兔毛具有密度大、绒毛中粗、不缠结等优点,经济效益比一般长毛兔高 2～3 倍,被专家誉为“兔中之王”。

(王占赫　周双海)

第六章　我国畜牧业的宏观管理

一、我国畜牧业的主要发展类型

各地发展经济都要遵循因地制宜的原则，对发展畜牧业而言，所谓因地制宜，就是要求人们根据各地自然条件和经济条件的特点，以及各种家畜对自然条件和经济条件的不同要求，把各种家畜配置在最适宜它们生长发育的地区，充分合理地利用各地区的自然资源和经济资源，力求以较小的资源消耗，取得较大的经济效益和社会效益。发展畜牧业所以要因地制宜，是因为家畜对自然条件和生态环境有较大的依赖性和选择性，不同的家畜对经济条件也有不同的要求。同时，我国不同地区的自然资源和经济条件又有很大差异性，只有坚持因地制宜的原则，才能合理地发展畜牧业生产，才能充分发挥各地区的自然资源优势，也才能促进我国畜牧业的可持续发展。

由于历史和传统的原因，我国已经形成了农区、牧区、半农半牧区和城市郊区这四类不同的畜牧业地区。畜牧业在这四类地区的经济发展中所处的地位和所承担的作用各不相同，各地区的畜牧业生产条件和经营方式等也有较大的差别。我们必须从这四类地区的特点出发，因地制宜地发展各地区的畜牧业。

(一)牧区畜牧业

我国有12个省、自治区的119个县(旗)是牧业地区，其中面积较大的有内蒙古、新疆、青海、西藏、四川等5个省、自治区。我国牧区的面积约占国土总面积的37%。这5个省、自治区的天然草原面积约占我国天然草原总面积的75%以上。我国的大部分牧区地处边疆，多是少数民族聚居的地区。牧区经营的家畜，以羊(包括绵羊和山羊)、牛(包括黄牛和牦牛)、马和骆驼为主。牧区畜牧业在我国经济发展中具有重要的地位和作用。

1. 牧区是我国牛、羊生产的重要基地 据国家统计局统计，2004年新疆、内蒙古、西藏、青海、宁夏5个省、自治区存栏牛的头数2 025.3万头，占全国存栏总量的15%；存栏羊的头数13 658万头，占全国存栏总量的37%。这5个省、自治区生产的牛肉为83.3万吨，占全国总产的13%；生产的羊肉为135.6万吨，占全国总产的34%。长期以来，我国牧区畜牧业的发展对解决大中城市的牛肉和羊肉的供应起着重要的作用。虽然随着近年来农区畜牧业的发展而有所下降，但这一作用仍然是不可忽视的。

2. 牧区是我国毛纺、皮革等工业原料和出口畜产品的重要基地 我国的绵羊毛、山羊绒、绵羊皮等畜产品主要是来自牧区。据国家统计局统计，2004年新疆、内蒙古、西藏、青海、宁夏等5个省、自治区绵羊毛产量、山羊绒产量分别占全国的51.5%和60.5%。我国的驼毛和牦牛毛全部产自牧区。牧区为我国的皮革工业提供的牛皮和羊皮数量很大，牧区的皮革收购量占全国皮革收购量的1/3以上。牧区每年为国家提供的出口畜产品达100多种，其中冷冻牛羊肉和活牛、活羊、羊绒、羊毛、驼毛、裘皮、山羊板皮等在我国的农产品出口中占有极其重要的地位。

3. 牧区要坚持以草定畜 我国牧区的特点是自然条件复杂，生态环境脆弱，畜牧业发展不稳定。当前突出的问题是草原过载，造成沙化退化。牧区要坚持科学发展观，坚持以草定畜。随着经济的发展，加大对草原改良和建设的投入力度，将会有效地提高我国天然草场的生产能力。通过近年来我国实行的“退耕还草”政策，我国的草场面积还会有进一步扩大的可能。

(二)农区畜牧业

我国的农区通常指东南部和中部以农作物栽培为主的地区，包括河北、山西、江苏、浙江、安徽、福建、江西、山东、河南、湖北、湖南、广东、广西、海南、台湾、贵州、云南、陕西、北京、天津、上海、重庆等22个省、自治区和直辖市，以及农牧交错的辽宁、吉林、黑龙江、四川、甘肃、宁夏6个省、自治区的一部分。

我国农区的22个省、自治区和直辖市土地面积共计291万平方公里，占国土总面积的31%；6个农牧交错区的省、自治区土地总面积为180万平方公里，占国土总面积的19%，农区和农牧交错区共占国土总面积的50%。据国家统计局统计，农区和农牧交错区约有耕地0.87亿公顷(13亿亩)，草地1.2亿公顷(18亿亩)(台湾地区未统计在内)，农区平均每人占有耕地和草地面积分别为733.4平方米(1.1亩)和933.4平方米(1.4亩)，农牧交错区平均每人占有耕地和草地面积分别为1 133.4平方米(1.7亩)和2 333.5平方米(3.5亩)。

农区发展畜牧业具有自然、经济、市场和技术等方面的优势。比如，农区的气候条件和自然环境优越，农区的畜禽品种资源比较丰富。由于农业生产比较发达，因而农区有丰富的农副产品可以作为畜禽的饲料资源。农区的草山、草坡、林间草地可以用于放牧，农区的滩涂资源可以用来割草养畜，农区的湖泊、池塘、坝区等可以用来饲养水禽或种植水生饲料作物，沿海地带有大量的水产品加工副产品可以用于制作鱼粉等饲料。农区的文化教育卫生事业比较发达，畜牧业的科技水平也比较高，家畜的饲养管理比较精细。同时，农区的食品工业、畜产品加工业和乡镇企业都比较发达，这些都有利于畜禽产品的进一步加工和利用。因此，广大农区历年来是我国畜禽产品的重要产区，每年都向社会提供大量的畜禽产品。

农区畜牧业与牧区畜牧业相比，具有一些明显的特点。这些特点可以概括为：农牧结合，相互依存，相互促进；畜禽种类多样，饲养方式以舍饲为主；经营以户为单位，每户的经营规模比较小。农区畜牧业在我国经济发展中具有重要的作用，这些作用主要表现在以下几个方面。

1. 农区畜牧业是我国食用畜产品的主产区　我国的人口聚集区消费的大部分肉、蛋、奶都来自农区畜牧业，农区和农牧交错区的肉类产量占全国肉类总产量的90%以上，奶类产量占全国奶类总产量的70%以上，禽蛋产量占全国禽蛋总产量的80%以上。随着我国近年来的农业结构调整，农区和农牧交错区的畜牧业比重还在逐步提高，农区畜牧业在生产食用畜产品方面还会有更大的发展。

2. 农区畜牧业是我国畜产品加工业原料和出口畜产品的主要来源地　2004年全国出栏生猪的90%以上来自农区，农区出栏的家禽占全国出栏总量的85%以上，工业使用的猪皮几乎全部产自农区，服装工业使用的山羊皮也是基本上产自农区。农区还是我国畜产品的主要出口基地，山东、河南、湖南、湖北、江苏、江西、广东等省每年都出口大量的活畜禽和畜产品。我国的猪鬃、兔肉、羽绒、猪肠衣、羊肠衣等产品的出口量均占世界首位，这些畜产品也是主要产自农区。

3. 农区畜牧业是当地农民增收的主要渠道之一　饲养畜禽是农区农民增加收入的重要途径。据国家有关部门的抽样调查，在农民的家庭经营收入中，历年的畜牧业收入都居第二位，仅次于从农业取得的收入。在收入水平较高的农区，畜牧业收入甚至占到农民家庭经营收入的第一位。由于我国总的国情是农民人均耕地的数量较少，依靠种植业来增加农民的收入潜力有限。我国近年来推出一系列促进农民增收的政策举措，其中通过促进畜牧业的发展来促进农民收入的增加也是重要的举措之一。

4. 发展农区畜牧业对农区的种植业发展也有一定的促进作用 在畜牧业与种植业之间，由于存在着可以互相利用产品的关系，畜牧业需要以一部分种植业的产品为饲料来源，种植业可以用畜禽的粪便作为肥料的来源，因而也就产生了畜牧业与种植业之间互相循环促进的作用。农业的增产对畜牧业的发展具有促进作用，畜牧业的发展又能反过来促进种植业的发展。比如，在过去化肥施用量比较少的年代，在农区发展养猪业的重要意义之一就是有利于积肥，通过积肥又能直接促进粮食增产。因此，在许多地区流传着这样一句话，就是“养猪不赚钱，回头看看田”。

（三）半农半牧区畜牧业

半农半牧区介于农区和牧区之间，是自然形成一个半农半牧的中间地带，包括147个县（旗）。它从大兴安岭斜向蒙古高原的南侧，接连黄土高原，再斜向康藏高原的东侧，全长5 000多千米。这一地区兼有农区和牧区的某些特点，既具有发展畜牧业的条件，又有发展农业生产的条件；既有一定数量的天然草场，又有相当数量的耕地；既放牧着较多的牛和羊，又饲养着一定数量的猪与禽。在这一地区农民的收入中，种植业和畜牧业都占有相当的比重，同时，这一地区也是汉族与少数民族杂居的地区。

半农半牧区一般都有一定面积的天然草场，在现有的家畜中，牛和羊的数量比较多，总的来看是以发展草食家畜较为适宜，局部地区也适宜发展养猪和家禽。由于各地自然资源、经济条件、历史习惯的不同，目前各地畜牧业发展面临的具体问题也各不相同。这类地区的生产方针不统一，有的省、自治区提出“以牧为主，农林牧相结合”的发展方针，有的省、自治区提出“农牧并举”的发展方针。不论提出哪种发展方针，根据过去的历史经验，这类地区特别要注意正确处理农业与牧业、耕地与草场、汉族与少数民族之间的关系。只有做到农牧相互促进，密切配合，才能实现两者的共同发展。

在半农半牧区，一般人均耕地数量较多。过去由于农业生产大多采取广种薄收的粗放经营方式，结果是任意扩大耕地面积，滥垦草场，因而形成了对土地的过度开垦。近年来，出于对生态环境发展的考虑，我国政府实行了“退耕还草”的政策，这将会促进半农半牧区畜牧业的发展。

(四)城市郊区畜牧业

城市郊区的畜牧业，是伴随城市经济的发展，从农区畜牧业逐步分化出来而形成的。由于城市经济发展的带动，一般城市郊区畜牧业的集约化程度比较高。城郊畜牧业主要是为城市人口提供新鲜的乳品、蛋品、肉类等畜产品。根据城市郊区畜牧业的经济特点和饲料供应情况，以及城市人口对畜产品的需求特点，城市郊区的畜牧业一般以饲养奶牛、蛋禽、生猪、肉禽和肉牛为主。

新中国成立以来，我国城市郊区的畜牧业有了很大的发展，为城市人口提供了大量的畜产品。特别是改革开放以来，随着城市郊区畜牧业的发展，城市的肉蛋奶供应水平已经有了很大的提高。同时，随着城市经济的发展和城市人口的增加，人们对畜产品的消费也提出了更高的要求，人们不仅要求畜产品的供应数量充足，而且还对畜产品提出了更高的质量和安全性的要求。

由于城市郊区的耕地面积有限，同时在这类地区发展畜牧业可以利用城市经济的各种有利条件。因此，城市郊区畜牧业的集约化水平较高，采用的技术也比较先进，劳动生产率和饲料转化率都比较高。城市郊区畜牧业在城市郊区农村经济发展中也有着重要的作用，城郊畜牧业也是实现城市郊区农民增收的重要途径。

20 多年来，各大城市通过实施“菜篮子工程”等举措，使我国城市郊区的畜牧业生产水平有了很大的提高。我国各大中城市郊区的现代化饲养基地发展迅速，饲料工业也得到了迅猛的发展。

城市郊区畜牧业的机械化水平较高，还有许多地区已经开始大规模地发展工厂化养殖，城市郊区畜牧业的发展可以对我国广大的农区畜牧业起到示范和带头的作用。

二、我国畜牧业的生产结构

（一）关于畜牧业生产结构的概念

生产结构指的是一个相互联系、相互依存的生产体系，是指由某些部门、项目或因素构成这一生产体系，它们之间的比例关系如何。农牧业生产具有多层次的生产结构。在广义的农业生产中，农（种植业）、林、牧、渔各业属于一级生产部门，各业生产的构成比例被称为一级生产结构。畜牧业部门中的生猪、肉牛、肉羊、肉禽、乳牛、蛋禽、毛用羊等，属于二级生产部门，构成畜牧业的二级生产结构。在某二级生产部门的内部，比如肉羊的各种不同种类，如绵羊和山羊，再比如肉禽的不同种类，如肉鸡和水禽，属于三级生产部门，被称为三级生产结构。

从某一生产部门或某类生产项目的角度进行研究时，由于它既与同级的生产部门或生产项目之间存在着密切的相互联系，同时也与其下级的生产部门存在着密切的相互联系，这样就把与同级的生产部门或生产项目之间的联系称为外部结构，而把与其下级的生产部门存在的联系称为内部结构。就畜牧业来说，其外部结构是指畜牧业与种植业、林业、渔业的结构；其内部结构包括畜种结构、品种结构、畜群结构以及畜产品结构等。畜牧业生产结构既可以用畜禽的数量构成来表示，也可以用畜产品的产量构成来表示，还可以用畜牧业的产值构成来表示。

在实际管理中，由于各地区、各生产经营单位的自然、经济条件有所不同，畜牧业的生产经营者在经营目标上也存在一定的差异，因而，各个地区和各个生产经营单位的现实生产结构是极其复杂的，而且各个地区和各个生产经营单位的生产结构也是千差万别的。研究畜牧业的生产结构是科学地组织和管理畜牧业的重要内容，它有利于合理地利用各地的自然资源和经济资源，能有效地促进各地区、各生产单位发挥其潜在的优势，能使畜牧业生产与其他各业的生产得到配合合理、发展协调。通过推出各种政策和扶持措施，引导各地区和各生产经营单位建立一个合理的生产结构，将有助于在促进畜牧业发展，同时维护生态系统的平衡，能促使畜牧业经营在取得良好的经济效益的同时也能进一步实现可持续发展。

(二)关于畜牧业与种植业的结合

畜牧业与种植业有多方面的关系，其中最主要的是互相利用产品的关系，由此也就产生了两者之间互相依赖和互相促进的作用。种植业的产品可以作为畜牧业的饲料，畜牧业所产生的粪肥又可以作为种植业的肥料，由此畜牧业与种植业的结合经营就形成一条营养物质循环的渠道，两者互相依赖对方来取得再生产所需要的主要原料。这种互相利用产品的关系还产生了畜牧业与种植业之间互相循环促进的作用。

按照畜牧业的饲料是否来自生产经营单位内部的种植业，以及对内部种植业的依赖程度，可以区分出畜牧业与种植业结合的不同方式，具体可以分成畜牧业与种植业结合的情况和畜牧业不与种植业结合的情况。

1. 畜牧业与种植业结合的畜牧业生产方式　畜牧业与种植业结合的畜牧业生产方式可以分为三种不同的类型。

第一种类型是主业畜牧业。种植业作为畜牧业的副业只能提供少量的饲料，而大量的饲料是来自经营单位的外部，畜牧业受到外部饲料供给情况的影响大于内部种植业饲料供给情况的影响。在这种情况下，畜牧业可以向种植业提供大量的家畜肥料，畜牧业对种植业有较大的促进作用。这种类型的畜牧业生产方式在半农半牧区较多，在农区的那些尚未脱离种植业的畜牧业专业户也属于这种类型。

第二种类型是副业畜牧业。这种类型的畜牧业处于副业的地位，作为主业的种植业可以承担畜牧业的主要饲料来源，而种植业所需肥料只能部分地依靠畜牧业提供，种植业对畜牧业的影响大，但种植业受畜牧业的影响小。我国过去的小农和现在的家庭经营的副业畜牧业都属于这种类型。在几十年以前的化肥工业不发达的年代，农田几乎不施用化肥，家畜肥料几乎成了农田惟一的肥料来源，因而畜牧业作为副业的存在对于作为主业的种植业的发展尤为重要。这也是副业畜牧业能够长期存在并发展至今的重要原因。我国目前农区的广大农户大多都是将畜牧业作为副业畜牧业来经营的，他们的主业依然是种植业。

第三种类型是兼业畜牧业。在兼业畜牧业中，由于畜牧业与种植业并重，所以种植业所需的肥料一部分来自于畜牧业，另一部分是来自于外部的化肥，种植业可以向畜牧业提供部分畜禽饲料，但采用不同种植结构的经营单位其饲料供给情况又有所不同。比如，以种植小麦和水稻为主的经营单位，其对畜牧业的饲料供给比重就小，而以种植玉米和豆类为主的经营单位，其对畜牧业的饲料供给比重就大。由于我国的广大农村都普遍存在人多地少的情况，因而种植业的发展必然会受到耕地面积有限的制约，而畜牧业的发展则潜力较大，随着畜牧业的进一步发展，兼业畜牧业的生产方式会越来越普遍。

2. 畜牧业不与种植业结合的畜牧业生产方式 畜牧业不与种植业结合的畜牧业生产方式，是通过利用外部资源来弥补畜牧业与种植业互相利用产品关系之不足，而且还能进一步降低畜牧业与种植业互相依赖的程度，甚至能使畜牧业与种植业完全不互相依赖，因而也就产生了畜牧业不与种植业结合的畜牧业生产方式。畜牧业不与种植业结合的畜牧业生产方式，即经营畜牧业可以不必经营种植业，或者是经营畜牧业不必依赖其所经营的种植业。这类畜牧业生产方式又可以按照其所利用的外部饲料的种类分为两种主要类型。

第一种类型是利用非生产的天然饲料的畜牧业生产方式。这种类型的畜牧业生产方式早在种植业还没有产生之前，或是种植业还不发达的年代就早已产生，现在在不适宜耕作但草场资源丰富的地区依然继续存在。这种类型的畜牧业生产方式最大的特点是它不依赖于种植业的存在而存在。这种生产方式是通过开发利用自然资源并将其进一步转化为畜产品的方式，来实现畜牧业的生产和经营，但其发展会受到自然环境条件和自然资源状况的严格限制，因此在社会经济不断发展和繁荣的今天，其重要性正逐渐趋向于降低。

第二种类型是利用商品农产品作为饲料的畜牧业生产方式。这种类型的畜牧业生产方式是在粮食生产不断增长、畜产品的需求不断增加的条件下发展起来的。与第一种类型不同，这种类型的生产方式不是不依赖于种植业而发展畜牧业，而只是不依赖于本单位内部的种植业来发展畜牧业。它不像第一种类型那样需要拥有大面积的土地和草场，也不必是分散在偏僻的地区，而是可以通过舍饲的方式来实现在小面积土地上生产出大量的畜产品。以商品农产品为饲料来源的畜牧业，往往是集中在接近畜产品消费中心的城市郊区或是人口比较稠密的工业区的周围。这种类型的畜牧业生产方式会随着畜牧业的专业化与规模化经营水平的发展而趋向于逐渐增多。

3. 畜牧业与种植业在区域内的结合　利用外部资源与互相利用产品两者之间不仅可以互相补充、互相取代，而且还可互相促进、相互发展。在有互相利用产品关系时,一方利用外部资源就可以取得双方增产的效果,一次利用外部资源就可以取得多次增产的效果。产品之间互相利用率越高,其所利用外部资源的效果就越大。互相利用产品关系可能产生的作用也与可利用的外部资源的多少有关。因此,扩大利用外部资源,加强畜牧业与种植业的结合是促进农村经济发展的重要措施。但是,专业化的要求是将畜牧业与种植业分离,这与扩大两者结合的要求是相互矛盾的。解决这一矛盾的途径是将原来存在于一个生产单位内部或是一家一户的畜牧业与种植业的结合,转变为两者在一定区域内的结合,这也就是畜牧业与种植业在区域内的结合。

畜牧业与种植业互相利用的产品大量的是家畜粪肥和种植业的副产品,这些产品往往不适于远途运输,因而畜牧业与种植业的结合只能在近距离内实现,过去一般都是在一个生产单位内部或是在一家一户内实现的。实行了专业化生产经营以后,畜牧业与种植业实现了分离,从此两者不再能在一个生产单位内或一家一户内结合,这就需要谋求在一定的区域范围内,在不过多地增大运输费用的条件下,采取新的结合形式。转变两者之间的内部结合形式为在同一区域内不同生产单位之间的结合形式,是最为有效的替代方案。目前,比较普遍采用的同一区域内不同生产经营单位之间在畜牧业与种植业之间相互结合的方式,主要是邻近的畜牧业专业户与种植业专业户的相互结合。这种结合是互利和互补的,是有利于促进畜牧业和种植业共同发展的。但是,这种互利和互补的结合很难在目前的市场经济条件下自发地完成,也不能完全依靠政府的行政命令来实现,只有通过政策引导、宣传教育和典型示范等方式才能逐步建立起来,并通过较长时间的逐步调整才能日趋完善。

总之,畜牧业与种植业在区域内的结合,能够促进畜牧业与种植业的共同发展,但也要因各地区条件的不同而采用不同的具体形式。在把畜牧业分别作为主业、副业和兼业的不同区域，畜牧业与种植业的结合形式不可能相同；在封闭的经济类型中和在开放的经济类型中，畜牧业与种植业的结合形式也不可能相同。

4. 畜牧业与种植业结合的局限性　虽然在畜牧业与种植业之间，由于存在着互相利用产品的关系而产生了畜牧业与种植业之间互相循环促进的作用，但是畜牧业与种植业相互利用产品的关系也是有局限性的，因为双方的产品不可能全部地被相互利用。种植业的产品只有一部分可以用作畜禽的饲料，饲料被畜禽转化以后主要是产生畜产品而粪肥只是副产品，粪肥又要经过挥发流失后只剩下一部分归还到土壤中，进入土壤中的粪肥养分也只有一部分可以被作物吸收和利用。所以，畜牧业与种植业结合所形成的营养物质循环链并不是封闭的，而是有很多遗漏的。

这种互相利用产品关系的局限性，决定了畜牧业与种植业结合并相互促进的作用也具有局限性。这种局限性的存在，降低了畜牧业与种植业互相依赖的程度，也削弱了两者互相促进的作用。因此，在没有外部补充要素的条件下，完全依靠两者互相利用产品的关系，是不能维持畜牧业与种植业简单再生产循环过程的。在畜牧业与种植业中，一方的增产措施虽然可以取得双方的增产效果，但并不是同等的增产效果；一次的增产措施虽然可以取得多次增产的效果，但其增产的作用是递减的，并不能长期继续保持下去。

在对畜牧业的管理和经营中，应当重视畜牧业与种植业相互结合的作用，要尽力提高双方产品的互相利用率，以减少物质循环过程中可能产生的对环境的危害，特别是畜牧业生产中家畜粪便对环境的危害和种植业生产中由于使用化肥而产生的环境危害以及农作物秸秆焚烧造成的危害。同时，要采取措施，减小畜牧业与种植业结合作用的局限性。当然，也需要通过合理利用外部资源来消除畜牧业与种植业结合作用的局限性影响。

5. 消除畜牧业与种植业结合局限性的对策 在努力提高畜牧业与种植业结合的促进作用的同时，消除畜牧业与种植业结合的局限性影响也是至关重要的。消除这种局限性影响并提高畜牧业与种植业结合作用的途径，主要是缩小两业之间互相利用产品关系的局限性，这其中主要包括提高种植业产品的饲料利用率和提高家畜粪肥的利用率。

提高种植业产品饲料利用率的措施包括扩大饲料作物栽培的比重，实现饲料作物高产化，提高种植业副产品的饲料利用率，以及通过饲料的科学处理、加工和配合来提高饲料利用的效果等。提高家畜粪肥的利用率的措施主要包括加强积肥、保肥和合理施肥等措施。提高两者产品的互相利用率，可以使畜牧业和种植业结合作用的局限性缩小，但却无法从根本上消除这种局限性。因为两者之间互相利用产品的程度的提高是有限的，所以必须利用来自外部的饲料资源和肥料资源来弥补和消除这一固有局限性的影响。

(三)积极稳步地调整畜牧业结构

1. 我国畜种结构的发展变化情况 某一地区的畜种结构受自然资源条件和社会经济条件的影响，它是一个地区社会经济长期发展的产物，也是特定历史条件的产物。在新中国成立初期，由于我国长期落后的经济条件，再加上新中国成立之前经历了多年的战乱，就形成了新中国成立初期那种特定的畜种结构，即在畜种结构中以役用大牲畜占首位，其次才是猪、羊的特定结构。新中国成立以后，随着经济的发展和社会需求的变化，各种家畜呈现出不同的发展速度，经历多年发展之后，就呈现出新的畜种结构，从而使我国的畜种结构与新中国成立初期相比，发生了很大的变化。新中国成立以来，我国畜种结构的变化大致可以分为以下四个阶段。

第一阶段是从 1949～1956 年。在这 7 年中，各种牲畜数量和结构的变化特点是役用大牲畜和耕牛的数量稳定增长，从 1949 年的 6 002.3 万头和 4 393.6 万头，到 1956 年分别增加到 8 773.3 万头和 6 660.1 万头，但其占牲畜总量的比重都略有下降，即从 37.5%和 27.4%下降到 33.3%和 25.3%。在这一期间，绵山羊的数量和比重都是呈稳定上升的趋势，数量从 4 235 万只发展到 9 165万只，比重从 26.4%上升到 34.8%，到 1956 年羊的数量和比重都超过了大牲畜和猪。猪的数量是前五年稳定增长，1954 年曾达到 10 172 万头，但后二年却有所减少，到 1956 年下降为 8 403 万头。在这一时期内，我国的各种牲畜都发展较快，是在饱经战乱之后呈现出的一种带有恢复性的发展。同时，也由于各方面的关系处理得比较好，除 1953 年后开始实行粮食统购统销以后对生猪的发展有一定影响之外，其他的各种牲畜发展都比较平稳。经过几年的发展变化，结果形成了役用大牲畜、羊(绵羊和山羊)和猪的比重基本上是各占 1/3 的结构。

第二阶段是从 1957～1961 年。这 5 年是我国农牧业生产关系发生大变革的时期，也是国民经济发展的困难时期。在这一时期，各种牲畜的发展极不平衡，各畜种所占比重也发生了很大的变化。役用大牲畜和牛的数量减少，从 1956 年的 8 773.3 万头和 6 660.1万头，减少至 1961 年的 6 949.1 万头和 5 500.5 万头，比重从 33.3%和 25.3%下降到 25.8%和 20.5%。猪的数量和比重也有较大的波动，在 1957 年和 1958 年，猪的数量曾一度猛增到 14 590万头和 13 829 万头，比重也猛升至 44.5%和 44.4%。但此后，由于国民经济发展出现困难，粮食供应紧张，猪的数量和比重就连年锐减，到 1961 年猪的数量下降到 7 552 万头，比重降为 28.1%，是新中国成立以来比重最低的年份。在这一时期，惟有羊的数量和比重是稳定上升的，到 1961 年羊的数量达到 12 387 万只，比重达到 46.1%，成为新中国成立以来羊的比重最高的年份。

这种畜种结构是在特殊的历史条件下形成的,由于它不符合经济发展的规律,因而也就不可能继续地稳定发展下去。

第三阶段是从 1962～1979 年。自从 1959 年底毛泽东主席在“关于发展养猪业的一封信”中提出“养猪业必须有一个大发展”的号召之后,在 20 世纪 60 年代初,我国又制定了“以养猪业为中心,全面发展畜牧业”的发展方针。此后,我国的养猪业得到了迅猛的发展。猪的数量从 1961 年的7 552万头猛增到 1979 年的31 791万头,18 年增长 3.2 倍,使我国成为全世界养猪最多的国家。猪的比重自 1964 年以后一直占居 40%以上,在 1971 年又突破了 50%,1979 年达到了 53.5%。在这一时期,其他家畜的数量虽然也有不同程度的增长,但其增长速度远不及猪的增长速度,所以其比重都显著下降。

第四阶段是从 1980 年至今,也就是改革开放以来的发展阶段。伴随着改革开放的深入,我国畜种结构发生了巨大的变化。猪的数量从 1980 年的 30 543.1 万头增加为 2004 年的 48 189.1 万头;牛从过去的以役畜为主变为以肉牛和乳牛为主,其数量也从 1980 年的 7 167.6 万头增加为 2004 年的 13 781.8 万头;羊从以毛用为主转变为产毛和产肉并重,其数量也从 1980 年的 18 731.1 万只增加为 2004 年的 36 639.1 万只;家禽也从过去的以产蛋为主转变为肉禽和蛋禽并重,禽肉的产量从 1985 年的 160.2 万吨增加为 2004 年的 1 351.4 万吨,禽蛋的产量从 1982 年的 280.9 万吨增加为 2004 年的 2 723.7 万吨。改革开放以来,我国的畜种结构发生了巨大的变化,所生产的畜产品与社会需求的适应度也越来越高,由此可以认为我国的畜种结构正朝着合理的方向发展。

2. 建立与我国饲料资源和社会需求相适应的畜种结构 影响畜种结构变化的原因是多方面的,从实践的经验来看,除了某些政策因素的影响以外,一般来说主要有以下几个方面。

(1)经济资源因素 我国发展畜牧业的优势是劳动力众多;劣

势是资金投入不足，生产技术水平较低。根据这些特点，过去我们主要是依靠广大农民的积极性，充分利用闲散劳动时间，充分利用各类农副产品和野生饲料资源，用劳动密集型的方式来发展畜牧业，以我国劳动力多之长，补了粮食不足之短，结果是极大地推动了我国养猪业的发展。但是，我们也必须看到，我国土地资源有限，利用农作物秸秆饲养草食家畜，不仅十分必要，而且技术可行。但我们在相当长的时期内忽视了食草家畜的发展，结果是使得我国目前的牛肉、羊肉、鲜奶、羊毛等产品不能充分满足国内市场的需要，进口量比较大。根据现阶段我国各种资源的状况，稳定生猪生产和禽蛋生产，发展食草家畜和料肉比较低的肉禽业，大力发展有益于提高人民身体素质的奶业，将是我国畜牧业结构调整的方向。

(2)饲料供给因素　饲料的供给情况是影响畜种结构变化的主导因素。因为有什么样的饲料才能养什么样家畜，有多少饲料才能养多少家畜。但饲料资源具有一定的通用性，同一种饲料资源可以喂养不同的家畜。在经济发展水平比较低的情况下，饲料供给因素对畜种结构的影响和制约作用比较大；但在我国当前的市场经济条件下，由于市场的开放程度日益加大，所以饲料供给因素对畜种结构的影响和制约作用越来越小，而市场需求对畜种结构的影响作用越来越大。

(3)饲养家畜的经济效益情况　饲养家畜的经济效益情况受到饲料的价格情况、畜产品价格情况和养殖的盈利情况的综合影响。畜产品的价格结构和饲料的价格结构影响或制约着畜种结构的发展。各种畜产品之间的比价如果是合理的，就可以促使各种养殖资源有效地配置，并使家畜的畜种结构协调发展。各种畜产品之间的比价如果不合理，价格偏高的获利就较大、养殖效益高的就发展较快，而价格偏低、获利较小、养殖效益低的发展就较慢。一个地区畜种结构的形成和演变是有其经济根源的，只有从经济上找到畜种结构变化的原因，并采用经济手段来调整畜种结构，才能促使当地的各种养殖资源充分发挥作用，促使当地的畜种结构与养殖资源相匹配，促使畜产品结构与市场需求相一致。

(4)国内外市场需求的变化情况　国内外市场需求的变化情况和国家为平衡市场需求而制定的各项政策，都对畜种结构的演变起着重要的作用。当市场上某种畜产品由于供给不足而涨价时，就会有生产者新增或扩大这种畜产品的生产，从而提高这一畜产品所占的比重；当市场上某种畜产品由于供过于求而降价时，就会有生产者退出或减少这种畜产品的生产，从而降低这一畜产品所占的比重。政府为了保证畜产品的供需平衡，也会推出一系列的政策鼓励或者限制某些畜产品的生产发展。当某种畜产品供不应求时，政府会推出促进其发展的政策；当某种畜产品供过于求时，政府会推出限制其发展的政策；当某种畜产品在国内市场严重过剩时，政府会推出鼓励出口的政策以平衡国内市场，并试图通过减小国内市场的供给量而保护国内市场的价格，从而起到保护生产者利益的作用；当某种畜产品在国内市场严重供应不足时，国家会降低关税以增加进口量，从而确保国内市场的供需平衡。

总之，我们必须依据我国的饲料资源和社会需求情况发展我们的畜种结构，这其中既要考虑畜牧业生产者和牧民的自给性需求，也要考虑到增加畜牧业生产者和牧民收入的现实问题，还要考虑到整个国民经济发展对畜产品的需求情况，特别是要考虑到全国人民生活水平提高以后对畜产品需求的变化情况。另外，也要考虑到我国现有畜牧业资源的承受能力和发展畜牧业对环境可能产生的影响问题。只有充分发挥我国自然资源的优势、趋利避害、扬长补短，才能以较少的资源消耗取得最佳的经济效益和社会效益，这是我们调整畜种结构的指导思想。

三、我国畜牧业的合理布局

(一)畜牧业合理布局的意义

畜牧业生产布局是指畜牧业生产的地域分布，亦称畜牧业生产配置。实际上，畜牧业生产布局是畜牧业生产力在一个国家或地区范围内的空间分布与组合。这种布局或者是根据一定的自然经济条件在长期历史发展过程中自发形成的，或者是人们在遵循自然经济规律的条件下，有计划地自觉加以配置的。所以，畜牧业生产的合理布局就是指合理利用各地区的自然资源和经济资源，使不同地区能根据国民经济发展的要求和本地区的自身特点，着重发展某些畜禽，生产某几种畜产品，并进一步实现地区专业化发展，从而使整个社会的畜牧业资源得到最优的配置，使整个社会的畜产品生产获得最大的经济效益和社会效益。

研究畜牧业合理布局的问题，对于合理利用各地区特有的自然条件、经济条件和技术条件，尽可能地发挥这些条件的有利作用，发展适宜的畜禽生产，发挥畜牧业的生产潜力，从而提高畜牧业的经营效益，有着十分重要的作用。同时，也对国家确定对不同地区畜牧业发展的投资和扶持力度有着重要的参考价值。

科学而合理地规划畜牧业的布局，有利于充分发挥各地区生产分工的优越性，有利于改进和密切地区间的经济协作关系，对于正确指导各地区的畜牧业生产，进而促进以畜产品为原料的食品加工业、毛纺工业、商业和交通运输业的合理布局。畜牧业的合理布局，首先能够直接促进畜牧业的发展，进而能够促进我国农村经济的发展，再进一步还能促进我国整个国民经济的发展。

(二)畜牧业合理布局的原则

考虑到畜牧业受自然和经济等一系列因素的制约和影响，因而在畜牧业生产布局上必须考虑畜牧业对这些因素的特殊要求。只有揭示这些因素的内在联系及其对畜牧业生产布局的制约和影响，才能正确地确定畜牧业生产的布局原则。

1. 合理利用资源，发挥地区优势，维护生态平衡 畜牧业生产布局要以充分合理地利用各地的自然资源为原则，要有利于发挥各地区的自然资源优势，还要有利于维护当地的生态平衡。这是因为，家畜一方面对自然条件和自然环境有依赖性和选择性，另一方面我国的自然条件和自然资源又是复杂而多样的，同一种家畜饲养在不同的地区，其养殖经济效益会有很大的差别。我国地域广大，各地区的自然条件复杂多样，特别是各地的饲料资源的种类差别很大。为了使畜牧业生产能使用较少的消耗来取得较大的经济收益，在畜牧业生产布局上，必须根据各种畜禽和不同品种的要求，充分利用各地区有利的自然条件，扬长避短，有目的地将各种畜禽安排在最适宜其饲养的地区，以发挥当地的自然优势。

当然，同样的自然条件与不同的科学技术的结合，也可产生不同的优势。我们在规划畜牧业生产布局时，一方面要考虑适应自然环境条件，充分合理地利用各地的自然资源，另一方面也要考虑到科学技术的发展。人们控制与利用自然资源的能力在不断地增强，在一定的条件下，人类还能对局部的自然条件进行改造。比如，通过对原有品种资源进行杂交和选育，可以产生生产性能优良的品种，它既能满足消费者的偏好又能提高养殖效益。但是，适应自然资源也好，利用自然资源也好，改造自然资源也好，所有的生产和经营行为都要建立在维护生态平衡的基础之上，畜牧业生产布局必须要有生态平衡的观念。

2. 要充分考虑各地区的社会经济条件 在安排畜牧业生产

布局时，必须考虑各地区的劳动力情况、历史生产经验、传统习惯、生产技术状况、交通运输条件以及电力供应情况，要考虑到各地的社会经济发展水平和当地政府的总体安排。在劳动力资源上，总的来说我国劳动力资源丰富，但各地区的劳动力分布也很不平衡。在广大的牧区，劳动力一般较少，在当前牧业生产还主要靠畜力和手工操作的情况下，劳动力资源就显得比较紧张。此外，在安排畜牧业生产布局时，不仅要考虑劳动力的均衡利用问题，还要考虑到在生产繁忙季节劳动力的负担能力。在历史生产经验和传统生产习惯方面，要考虑各地区历史上形成的经营家畜的种类、传统的经营方式和传统的生产习惯，要在沿袭传统和改革发展之间找到恰当的结合点，既要发挥各地的传统优势，又要促进各地经济加速发展。现有的生产技术条件、交通运输条件和电力供应情况是畜牧业合理布局中必须考虑的一类重要因素。随着各地畜牧业生产专业化的发展，现有的生产技术水平必须提高，现有的畜牧业生产条件必须得到改善，同时也必然要面临大量的饲料资源和畜产品及其加工品的运输问题，以及伴随着畜牧业发展而带来的电力需求增加的问题。在安排畜牧业生产布局时，既要具体考虑当前运输量的大小和运输费用的高低，又要考虑专业化生产发展以后运输量增长的情况。

总之，在安排畜牧业生产布局时，对各地区的经济条件必须有全面的考虑。考虑各种经济条件的主要目的，是要首先保证那些畜牧业投资效率较高的地区或畜牧业生产基地的优先发展问题，只有这些地区优先发展起来，才能有利于带动全国畜牧业的整体发展。同时，根据各地的自然经济条件，还要有步骤地扶持经济不发达的山区、牧区建立新的畜牧业生产基地，这将有利于使地区间的畜牧业生产布局逐步趋向于合理，也有利于我国各地经济的协调和均衡发展。

3. 地区专业化与综合发展相结合　在安排畜牧业生产布局

时，要遵循因地制宜、适当集中的原则，要实行地区专业化与综合发展相结合方针。实行地区专业化，就是要充分利用各地的自然资源优势和社会经济条件的优势，建立和发展投资效益良好、对农村经济发展推动力较大的各种畜产品的生产基地。这样做将有利于提高畜牧业生产技术水平和畜产品的质量，有利于增加畜产品产量和提高畜牧业的劳动生产率，有利于促进畜产品的流通、销售和加工，有利于增强我国畜牧业的实力和提高畜产品的市场竞争力。

实行综合发展就是要在实行地区专业化发展的同时，实行畜牧业的多种经营和综合发展。由于每个地区发展畜牧业的资源都是多种多样的，单一地发展某一类畜禽，并不能充分地利用各种资源条件，而且市场风险性也会很大。另外，有些种类的畜禽共同发展会更充分地利用自然资源。比如，在一些适于发展绵羊的牧区，往往需要配合发展适当数量的牛，当牛群先采食了较高的牧草之后，羊群恰好来采食较低的牧草，两者可以互补地利用资源而不产生矛盾。另外，由于牛的产奶量大，恰好可以利用牛奶来给羔羊补饲，以提高羔羊的成活率。再者，畜牧业生产也不能孤立的存在。种植业的发展为畜牧业的发展提供了饲料的主要来源；茂密的森林可以为畜牧业发展提供良好的生态环境；清澈的河流和水塘可以为家畜提供安全的饮水，也能滋养草场，改善放牧条件。

总之，畜牧业的专业化必须与综合发展相结合，综合经营有利于资源的综合利用，能提高畜牧业抵御风险的能力，畜牧业的专业化发展能提高畜牧业生产水平和畜产品的市场竞争力。当畜牧业的专业化与综合发展相结合时，才能提高畜牧业抵御自然风险和市场风险的能力，才能保证畜牧业长期稳定地发展，也才能提高我国畜牧业的综合实力。

4. 畜牧业生产布局与工业生产布局相互适应 首先，畜牧业生产布局必须与工业生产布局相互适应，并且密切结合。也就是说，不仅要使畜牧业生产的布局与工业生产布局的需要相适应，而且还要使工业的布局适应畜牧业生产布局的要求。这是因为，畜产品是人们基本的生活资料，进行工业生产和建设就会引起人口的大量集中，这就必须解决畜产品的供应问题。畜产品属于鲜活商品，其对运输和贮藏条件都有严格的要求，它必须低温或冷冻贮藏，又要求低温运输，因而其运输和贮藏的费用较高。为了减少运输距离和缩短贮藏时间，畜产品最好能在本地区生产，以避免跨地区的长途运输和长时间贮存。

有鉴于此，这就要求必须随着城市的发展和新兴工业基地的建立，迅速地在这些城市和新兴工业基地的周边地区建立起新的畜牧业生产和加工基地，特别是要加强这些地区鲜奶、鲜蛋和肉类等畜产品的生产和供应，以便能提供数量充足、质量可靠、成本低廉的肉奶蛋产品，以满足城市和新兴工业基地的消费需求。这种畜牧业生产布局对消费者和畜产品的生产和经营者都是有利的。

其次，从另一个方面来看，工业布局也要适应畜牧业生产布局的需要，也就是说，要根据畜牧业生产的要求，有计划地建立以各种畜产品为原料的工业品加工基地和各类为畜牧业发展服务的饲料工业基地、畜牧业机械工业基地等。比如，在产奶业生产基地建立乳品加工工业；在畜牧业发达的地区建立肉食品加工业、毛纺工业、皮革加工业和以畜产品为原料的医药工业等；在畜产品生产基地建立畜牧业机械修造工业、饲料添加剂工业、饲料加工工业等。因此，只有工业布局适应了畜牧业生产布局，畜牧业的发展才能获得强有力的工业技术支持。如果没有这些工业的支持，畜牧业生产的专业化和现代化就难以实现。

5. 兼顾地区利益和国家利益 在安排各地的畜牧业生产布局时，既要考虑地区利益，也要考虑国家利益；既要考虑到畜产品主产区的增产增收问题和农牧民的致富问题，又要兼顾到国家的整体利益。这两个方面，从根本上看是一致的。能够保证各地区实现增产增收并使农牧民尽快富裕起来的畜牧业生产布局，对国家的总体经济建设一定是有利的。但是,地区利益和国家利益有时也会出现矛盾。在出现矛盾时,地区的畜牧业生产布局要服从于国家的整体布局。因为国家能够向畜牧业发展提供的支持是有限的,国家是从全局的范围来考虑如何更有效地配置资源,地方是从局部的范围来考虑如何更有效地配置资源。一般认为,选择资源配置的范围越大,资源配置的效率就越高。因此,小范围要服从大范围,地区布局要服从全国布局。

(三)我国畜牧业综合区划

我国政府对农业和畜牧业的生产布局十分重视。在《人民日报》2004 年 2 月 9 日刊登的《中共中央关于促进农民增加收入若干政策的意见》中指出:"要加快实施优势农产品区域布局规划,充分发挥各地的比较优势,继续调整农业区域布局。农产品市场和加工布局、技术推广和质量安全检验等服务体系的建设,都要着眼和有利于促进优势产业带的形成。"为了促使我国畜牧业生产布局合理,首先要进行全国范围的自然、经济和社会条件的普查,然后在普查的基础上再制定出区域专业生产的区划。我国的全国畜牧业综合区划已于 20 世纪 80 年代完成,此后各省、自治区也完成了本地的畜牧业区划工作,这就为我国和各地区的畜牧业合理布局提供了科学的依据。以下简单介绍一下《中国畜牧业综合区划》中的 7 个分区的基本情况。

1. 青藏高原区 青藏高原区位于我国西南部边境,同缅甸、印度、不丹、尼泊尔等国毗邻。东南靠西南山区,北连蒙新高原。包括西藏自治区的全部、青海省的大部和四川、甘肃省的一部分,共 137 个县(市)。境内有巴颜喀拉山、昆仑山、冈底斯山和喜马拉雅山等大山脉,地势最高,号称"世界屋脊"。土地面积约为 215.04 万平方公里,占国土总面积的 22.4%。寒漠、永久积雪和冰川面积约占全区土地面积的一半,可利用天然草地面积约占 52.28%,耕地面积仅占0.24%，是高寒牧区。牦牛是本区特有的家畜。青藏高原区，除局部地区外，自然条件严酷，一定要把保护天然草原工作抓紧、做好。否则，畜牧业不仅不能发展，并且难于维持。发展的畜种，要以适应当地条件的牦牛、藏羊等为主。改良畜种，要在改善生产条件（如有保暖的畜舍和冬春补饲草料）的前提下进行。

2. 蒙新高原区　蒙新高原区位于我国西部和北部边境，同俄罗斯、蒙古、哈萨克斯坦、吉尔吉斯斯坦、塔吉克斯坦、阿富汗和巴基斯坦等国相邻。东连东北区，南向黄土高原和青藏高原。包括内蒙古、新疆两自治区全部、甘肃和河北省的一部分，共201县（旗、市）。境内有塔克拉玛干、古尔班通古特、巴丹吉林、腾格里、乌兰布和、库布齐、毛乌素等大沙漠，阿尔泰山和天山山脉。土地面积约308.32万平方公里，占国土总面积的32.12%。沙漠面积约占土地面积的1/3，可利用天然草地面积约占36.04%，耕地面积仅占3.18%，是北方的干旱牧区。骆驼是本区特有的家畜。蒙新高原区，大部分地区既气候干旱又无灌溉条件，土层浅且沙质重，耕翻天然草原容易沙化，必须十分注意保护天然植被。局部地区宜农、宜林，要重视农、林、牧结合。要因地制宜地发展适宜当地条件的绵羊、黄牛、骆驼等草食性家畜，冷季有保暖畜舍和补饲草料的可以发展细毛羊，夏季草场好的可以发展肥羔生产。

3. 黄土高原区　黄土高原区位于我国内陆中部，东连黄淮海区，南向东南区和西南山区，西靠青藏高原区，北接蒙新高原。包括山西省和宁夏回族自治区的全部，青海、甘肃、陕西、河南和河北等省、自治区的一部分，共298个县（市）。境内有太行山、太岳山、吕梁山、子午岭、六盘山、贺兰山等山脉，构成黄土高原的地形地势。土地面积约计68.16万平方公里，占国土总面积的7.1%。耕地面积约占土地面积的17.95%，天然草地面积约占31.76%。这个地区历史上曾经是林密草茂、畜牧业发达的地区。现在，林地仅占9.9%，植被稀疏，荒山秃岭随处可见，水土流失严重。黄土高原区发展农业必须种草种树，保持水土，这才有利于畜牧业的发展。要在提高植被覆盖率的前提下，在提高农业作物单产的同时，实行退耕还牧和粮草轮作。发展畜牧业要以草食性家畜为主，根据精料的供给条件，适当发展养猪业和养禽业。

4. 西南山地区 西南山地区位于我国南部边境，南与缅甸、老挝、越南等国接壤，东侧是东南区，西边是青藏高原区，北面是黄土高原区。包括云南、贵州两省的全部，四川、甘肃、陕西、湖北、湖南等省和广西壮族自治区的一部分，共有459县(市)。境内有秦岭、大巴山、巫山、武陵山、雪峰山、苗岭、乌蒙山、大娄山和横断山脉，形成高原山区。深谷激流，高原面积破碎，山间盆地很多，地形复杂。土地面积约占110.2万平方公里，占国土总面积的11.48%。耕地面积占土地面积的11.92%，可利用天然草地面积占26.21%，分布在盆地、坡地和山顶上，形成“立体农业”。西南山地区气候垂直变化明显。畜牧业要根据气候垂直变化和地形造成的小气候，分别发展猪、禽和水牛，黄牛和山羊，马、绵羊以及牦牛。要重视农、林、牧结合，尤其是林、牧结合，合理利用草山草坡。

5. 东北区 东北区位于我国东北边境，东同朝鲜、北同俄罗斯两国为邻，南与黄淮海区、西与蒙新高原区连接。包括辽宁、吉林、黑龙江三省的全部，共有182县(市)。境内有张广才岭、长白山地和千山山地列于东侧，大兴安岭、努鲁儿虎山列于西侧，中间为松辽平原。土地面积79.3万平方公里，占国土总面积的8.26%，耕地面积占土地面积的21.02%，可利用天然草地面积占20.08%。这个地区土地肥沃，水草丰茂，历史上是放牧畜牧业发达的地区。经过长期移民开垦，平原已大部变成农田。今后还将继续开垦，耕地面积将继续扩大，放牧畜牧业将更进一步同农业结合。东北区气候属温带半湿润地区，天然草地质量较好，建立人工草地的条件也较好。养马和奶牛业发达。役马受销路限制，要侧重发展奶牛业，养猪业的发展要同农业生产相适应。

6. 黄淮海区　黄淮海区位于我国中原地带，黄海之滨，南接东南区，西连黄土高原区，北靠蒙新高原区和东北区。包括北京市、天津市和山东省的全部，河北、河南两省的大部，以及安徽、江苏省的一部分，共 289 县(市)。境内有燕山、太行山、泰山和伏牛山等，大部是黄河冲积平原。土地面积 48.96 万平方公里，占国土面积的 5.09%。耕地面积占土地面积的 43.31%，可利用天然草地面积只有 6.5%。黄淮海区气候属于南北过渡地带，我国的畜禽品种几乎都能适应。饲料、饲草种类多，来源广。畜产品商品率高。今后将建成粮、棉基地，农、牧结合发展畜牧业大有可为。要发挥农、牧结合的优势，同时要充分利用牧草资源，耕地中旱地多，农民中既有养猪积肥的习惯，更多的是养羊和大家畜积肥，所以发展草食性家畜要与发展养猪并重。

7. 东南区　东南区位于我国东南部，濒临东海、南海和太平洋，隔海同菲律宾、马来西亚两国相望，北靠黄淮海区、西连西南山地区。包括上海市和浙江、福建、台湾、广东、江西 5 省的全部，广西壮族自治区和湖南、湖北、江苏、安徽 4 省的大部，以及河南省的一部分，共 700 县(市)(台湾未统计在内)。大陆境内有南岭、武夷山、罗霄山、幕阜山、大别山等，区内丘陵起伏，河流、湖泊极多，形成了“七山一水二分田”的格局。土地面积 130.08 万平方公里，占国土面积的 13.55%。耕地面积占土地面积的 18.22%，可利用天然草地占 10.54%。土地肥沃，粮食单产高，水产丰富，是畜牧业发达的地区，水牛、猪和禽占全国首位。东南区气候适宜，雨量充沛，是农业最发达地区。人均耕地少，水田比重大。农家肥料来源主要靠养猪。畜牧业还要以养猪为主，但不能单纯追求数量，要更多注意质量。丘陵山区所占比例大，天然草地资源有潜力，要加强林牧结合，发展养牛。还要充分利用水面，发展水禽。

（邓　蓉　刘学荣）

第七章　畜产品市场供求分析

一、畜产品市场供求的一般原理

(一)畜产品市场需求的一般原理

畜产品需求，是指消费者在某一特定时期内，在每一种价格水平上对某种畜产品愿意并且能够购买的数量。特别需要注意的是，需求是购买欲望和购买能力的统一，缺少任何一个条件都不能成为现实的需求，也就是说需求仅仅是指有支付能力的那部分购买量，即有效需求。

1. 对畜产品的个人需求、市场需求和社会总需求　对畜产品的需求可分为个人需求、市场需求和社会总需求。在特定的时期内，当人们的收入水平、消费偏好和其他畜产品价格一定的情况下，某人愿意按一定的价格购买的某类畜产品的数量就是其对该类畜产品的个人需求；而所有消费者愿意购买该类畜产品的数量则是对该类畜产品的市场需求。例如，假若市场由 3 个消费者组成，他们在畜产品的不同价格水平上的个人需求量分别如表 7-1 中的 Q_1，Q_2，Q_3 所示。

表 7-1　对畜产品个人需求与市场需求的关系

畜产品价格	个人需求			市场需求 $Q=Q_1+Q_2+Q_3$
	Q_1	Q_2	Q_3	
20	10	2	0	12
16	14	4	0	18

续表 7-1

畜产品价格	个人需求			市场需求
	Q_1	Q_2	Q_3	$Q=Q_1+Q_2+Q_3$
14	16	6	2	24
14	20	8	4	32
8	26	14	6	46
4	32	20	8	60

表 7-1 中的最后一列则是 3 个消费者在不同价格下对某类畜产品的消费总量，即畜产品的市场需求。如果知道了每一类畜产品的市场需求，也就可以计算出社会对所有畜产品的市场需求总量。社会对所有畜产品的市场需求总量，或者说全社会对畜产品的总需求，即为对畜产品的社会总需求。在计算畜产品需求时，对某类畜产品的需求可以用实物单位来计算，也可以用货币单位来计算。但对所有畜产品的总需求只能用货币单位来表示。

社会对所有畜产品的总需求，可用线性支出系统加以说明。假如整个社会存在 n 类畜产品，其总需求量为 $Q_i(i=1,2,3,\cdots\cdots,n)$之和，其相应的价格为 P_i，则在一定的假设条件下，可以推算出每种畜产品的销售额为 $P_i \cdot Q_i$，而$\sum P_i \cdot Q_i$ 即为畜产品的社会总需求。

2. 对畜产品生产企业、对某类畜产品和对所有畜产品的需求

在某一特定的时期内，在其他条件基本相同的情况下，一定区域内的消费者愿意按一定的价格购买某企业生产的畜产品的数量，就是该区域内市场对该畜产品生产企业产品的需求。对所有生产该类畜产品的企业的产品需求总和，就形成对该类畜产品的需求。而在该区域内对所有各类畜产品的需求总量，即为对所有畜产品的需求,它等同于这一区域内消费者对全部畜产品的需求总和。

3. 对畜产品的短期需求与长期需求 畜产品往往具有季节性、暂时性和替代性等特点。就某些畜产品的加工品而言,可能会具有相对的耐久性,即可以避免季节性和具有相对较长的保质期。但畜产品的消费仍会受到季节性、工作日和休息日、节日和假期等因素的影响。比如,人们在冬季要比其他季节消费更多的畜产品,休息日比工作日消费的畜产品多,节日和假日往往是畜产品消费的高峰等。

一般来说,当前的畜产品需求,如每周的需求、月度的需求、季度的需求都属于短期需求的范围。长期需求是指在长时期内存在的需求,其变化要在经历一段较长时期后才能看得出来。例如,我国畜产品的短期需求相对不稳定,但长期需求的稳定提高却是发展的趋势。

畜产品的短期需求总的来说是受自身价格的影响和其替代品价格的影响较大,也受到消费者现期可支配收入多少的影响。畜产品的长期需求则依赖于科学技术进步对生产的推动而导致的成本降低、消费者收入的长期变化趋势、替代品的出现频率和其生产发展速度等等。

4. 影响畜产品需求的主要因素分析 畜产品指畜牧业生产各部门生产的所有动物产品。大多数的畜产品一般都易腐败变质,不易贮存和不耐长途运输。畜产品中有许多产品既具有消费品的性质又具有工业品的性质。畜产品作为消费品是人们最基本的生活必需品,畜产品作为工业品又是工业生产发展的重要原材料。畜产品的生产具有一定的季节性,但社会对畜产品的需求却不受季节的影响。社会对畜产品的需求特点决定了影响畜产品需求的因素。影响畜产品需求的因素主要有以下几类。

(1)人口数量与结构 人口数量的增加,必然会直接增加对畜产品的需求,畜产品需求的增加与人口数量增加成正比例。另外，人口结构的变动也会影响对畜产品的需求，这主要表现在对畜产品需求构成的变化上。比如，人口年轻化，就意味着儿童的数量大，那么就必然会增加对牛奶和奶粉等乳制品的需求量。

(2)消费者的收入水平及全社会收入分配的平等程度　对畜产品的需求状况如何，取决于社会消费水平的高低，也取决于人们的收入水平。收入水平越高，其消费水平也就相对越高；反之，收入水平降低，消费水平也就随之降低。对畜产品的消费水平是指在一定时期内、某一地理范围之内，人们平均实际消费的畜产品的数量。消费水平会随着收入水平的提高而提高。消费水平的高低标志着人们生活质量的好坏。生活质量的提高和改善在很大程度上意味着膳食结构的改善，即对谷物类食物的直接消费量的减少，和对动物类食品(肉蛋奶)等消费量的增加。

另外，社会收入分配的公平程度越高，对畜产品的需求也会越多；反之，社会收入分配的公平程度越低，则对畜产品的需求也会越少。

(3)畜产品自身的价格及其他食品的价格　畜产品自身的价格越高，对其需求量也就会越少，然而这种减少是有一定限度的，对畜产品的消费量总会维持在一定的水平上。另外，其他食品的价格的变化也会影响到某种畜产品的需求。这主要是由于各类食品之间存在着一定程度的替代关系。当两种食品可以相互替代时，一种食品价格的上升，将会引起消费者对另外其他食品需求的增加；反之，一种食品价格的下降，会引起消费者对另外其他食品需求的减少。比如，羊肉和牛肉，羊肉的价格上升，会引起消费者对牛肉需求的增加；反之，羊肉的价格降低，也会引起消费者对牛肉需求的减少。

(4)畜产品加工业和以畜产品为原料的工业的发展状况　畜产品加工业的规模越大，发展速度越快，对初级畜产品的需求也就越多；以畜产品为原料的工业越发展、经营规模越大，对畜产品的需求也就越多。总之,以畜产品为原料的工业越是发展,对畜产品的需求量也就越大。

(二)畜产品市场供给的一般原理

1. 畜产品供给与价格及其他因素的关系 从经济学的角度来看,供给是指生产者在某一特定时期内,在每一种价格水平上愿意而且能够出售的商品数量。供给要满足两个必备条件:其一是有出售的愿望,即生产者愿意出售其产品;其二是有足够的供给能力,即生产者能生产出可供销售的产品。

如果把生产者在不同的价格水平上对某类畜产品的供给量用表格来表示,就得到表 7-2。

表 7-2 某年某地某类畜产品的价格和供给量

生产者	价格 (元/千克)	供给量 (吨)
a	10	20
b	20	52
c	30	77
d	40	100
e	50	115
f	60	122

从表 7-2 可以看出,这类畜产品的供给量与价格呈正比关系,即随着价格的提高,供给量在不断地增加。根据表 7-2 可以做出图 7-1。

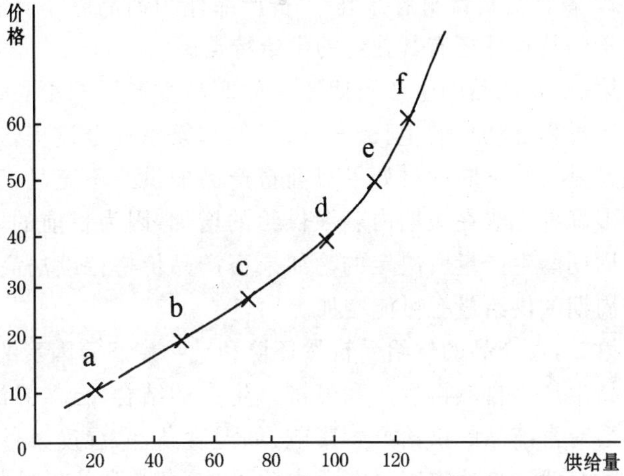

图 7-1　某年某地某类畜产品的需求曲线

在图 7-1 中，横轴代表畜产品的供给量，纵轴代表畜产品的价格，图中的曲线叫做供给曲线。从图 7-1 可以看出，供给曲线是一条向右上方倾斜的曲线，这表明价格与供给量之间存在着同方向变动的关系，即在其他条件不变的情况下，供给量随着价格的上升而增加，随着价格的下降而减少。

影响畜产品供给的因素除了产品自身的价格之外，还有一些其他因素，如生产者所期望获得的利润目标、现有的科学技术发展水平、其他食品价格的影响、生产要素的成本以及生产者对未来的预期等。

如果把影响畜产品供给的因素作为自变量，把供给量作为因变量，则可以用函数关系来表示影响畜产品供给的因素与供给量之间的关系，这类函数被称为供给函数。如果用 S 表示供给，用 $a_1, a_2, a_3, a_4, \cdots\cdots, a_n$ 代表影响畜产品供给的因素，那么供给函数就表示为：

$$S = f(a_1, a_2, a_3, a_4, \cdots\cdots, a_n)$$

2. 畜产品供给的特殊性 畜产品作为商品除了具备一般商品供给的特点外还有其独特的供给特点。

第一，畜产品的生产周期比一般商品生产周期更长。畜产品的生产过程是动物的生长、发育、成熟和繁殖的全过程，这一过程本身又是持续不断的。如果目前畜产品的供给不充足，无论价格升到多高都无法在短期内刺激供给的增加，因为目前的供给是由前一周期的生产量所决定的。如果畜产品价格持续居高不下，则下一周期的供给量有可能增加。

第二，畜产品的供给受自然环境和动物疫病等因素的影响大。畜产品生产是自然再生产和经济再生产的结合，自然界的多种因素都会对畜产品的供给产生影响，如温度条件、湿度条件、持续降水、动物疫病、自然灾害等等。由此可见，畜产品的供给量具有一定的不确定性和不可控性。

第三，由于畜产品是人们主要的食品，因而畜产品的供给是关系到国计民生的大事。因此，各国政府都对畜产品的供给有不同程度的支持和保护，其目的是要保障畜产品的稳定供应，并进而促进食品供给的安全。由于各国政府都会采取一些促进本国畜牧业发展和保护国内市场的举措，因而畜产品的价格并不完全是通过市场来确定的，畜产品的供给也不仅仅是受到价格的影响，还会受到其他因素的影响。

3. 影响畜产品供给的主要因素分析

(1)畜产品供给的季节性 畜牧业生产的对象是家养畜禽，畜禽有稳定的生长周期。由于其自身生长规律的影响，各种畜禽的生长、发育、成熟、繁殖都有一定的季节性。而消费者对畜产品的需求是常年的，这就产生了生产的季节性和常年需求之间的矛盾，也形成了畜产品供给与需求之间的时间差和地域差。要解决这些矛盾，就必须改善畜牧业的生产条件，使之能实现周年供应，并大力发展畜产品的加工业，以延长畜产品存贮期限和为消费者提供多样化的畜产品加工产品。

(2)畜产品是鲜活商品,有强烈的时效性和严格的保鲜性　由于各地的自然资源条件不同,其所生产出的畜产品种类、品种、品质和特点均存在很大的差异。我国目前消费的大部分畜产品在上市时都处于自然形态或半自然形态,因而使畜产品的贮存和运输都具有较大的难度。这就要求畜产品的营销活动要根据畜禽的生物学特性,严格按照食品安全的要求,进行宰杀、保鲜、分级、贮运和深加工。对于以鲜活产品消费的畜产品应尽量减少中间流转环节,以保持畜产品的鲜活性并减少营销中的损耗。

(3)畜牧业资源及其开发利用的技术水平　畜牧业的资源状况及其生产能力决定了畜产品的总供给量。在技术水平及生产能力一定的条件下,畜牧业资源的有限性决定了畜产品的总生产水平,也决定了畜产品供给量的上限。在畜牧业资源量一定时,开发利用的技术水平越高,资源的生产力越大,单位资源在一定时间内生产的畜产品量越大,所以供给量的上限就越高。比如,发展畜牧业离不开饲料,我国近 20 年来饲料技术水平不断提高,这主要表现为养殖业的料肉比不断降低,也就是说,我们能够用等量的谷物比过去转化出更多的畜产品。

(4)畜产品的商品化程度　在畜产品总量一定时,畜产品的商品化程度越高,为市场提供的畜产品数量就越多。在自给自足的条件下,畜产品的商品供应量就不会充分。近 20 年来,随着我国畜牧业总体发展水平的提高和生产量的增加,主要畜产品产量已经持续 20 年保持增长。2003 年我国肉类总产量比 1980 年增长 4.3 倍,禽蛋产量比 1980 年增长 8.4 倍,奶类产量比 1980 年增长 6.9 倍。目前,我国肉类总产量位居世界第一,占世界总产量的 28%,我国的禽蛋产量也位居世界第一位,占世界总产量的 42%。由此可见,随着我国畜牧业的发展,畜产品的商品量不断提高,生产企业不仅要为国内市场提供充足的商品,而且还在努力进军国际市场。

(5)畜牧业生产结构情况　畜牧业生产结构指一个国家、一个地区或一个畜牧业企业内部各种畜禽之间的比例关系。它能反映出畜牧业生产内部各业(如养猪业、肉牛业、奶牛业、肉禽业、蛋禽业等)之间的内在联系。畜牧业生产的布局和其内部各业的结构决定着畜产品供给的构成,又进而成为影响畜产品供给的主要因素。

(6)政府的畜牧业政策　如果完全依靠市场调节,而没有政府的引导和扶持,畜产品的经营者会从追求利益的角度,不断调整其经营的内容,结果会造成畜产品供给不稳定和价格的大起大落。我国畜牧业的经营主体是众多的分散经营的小农户,他们会依据目前的价格行情来确定下一生产周期的经营内容。当这一时期某种畜产品的价格偏高时,他们会各自决定下一生产周期生产这种畜产品,但结果是在下一周期由于生产量过大而导致价格下跌。因此,如果政府对畜牧业生产发展进行引导和有目的的扶持,就可以有效地避免这种现象的发生,从而稳定我国畜牧业的发展。

二、我国畜产品市场供求分析

(一)我国畜产品的供给分析

1. 主要畜产品产量持续稳定增长　改革开放以来,我国畜牧业生产得到了长足的发展,主要畜产品产量持续20多年增长。在1985年和1990年我国禽蛋和肉类产量分别跃居世界第一位,目前,我国已成为世界上畜产品的生产大国。2003年我国肉类总产量达到6 932.9万吨,禽蛋2 606.7万吨,奶类1 848.6万吨,绵羊毛33.8万吨,分别比1980年增长4.4倍、9.1倍、12.5倍和92%(表7-3)。2003年,我国肉类产量占世界总产量的28%(1980年为9%，1990年为16%），禽蛋产量占世界总产量的42%（1980年为9%，1990年为21%），奶类产量占世界总产量的1.9%（1980年为0.3%，1990年为0.9%），绵羊毛产量占世界总产量的13%（1980年为6%，1990年为7%）。

表7-3 我国1980～2003年主要畜产品产量 （单位:万吨）

年份	肉类	禽蛋	奶类	绵羊毛
1980	1276.4	256.6	136.7	17.6
1990	2857.0	794.6	475.1	23.9
1998	5723.8	2018.5	806.9	27.7
1999	5949.0	2134.7	945.7	28.3
2000	6125.4	2243.3	1237.4	29.3
2001	6526.5	2376.3	1452.0	29.8
2002	6784.9	2419.3	1732.0	30.7
2003	6932.9	2606.7	1848.6	33.8

引自《中国统计年鉴》1981～2004年，中国统计出版社

我国畜牧业的迅速发展为提高我国国内畜产品的供给水平做出了重大的贡献。在过去的20多年间，我国肉类总产量增加了5 656.5万吨，占世界肉类增产总量的51%，我国禽蛋总产量增加了2 350.1万吨，占世界禽蛋增产总量的72%，我国奶类总产量增加了1 711.9万吨，占世界奶类增产总量的7%。

2. 主要畜产品的人均占有量与生产同步增长，产品结构渐趋合理 2003年我国人均肉、蛋、奶、绵羊毛的占有量分别达到54.6千克、20千克、14.1千克和0.24千克，分别比1980年增加了3.2倍、6.7倍、9.1倍和33%，其中以奶类增长得最多，其次为蛋类，再次为肉类（表7-4）。目前，我国人均肉类占有量已经超过了世界平均水平，禽蛋占有量已经超过发达国家的平均水平。但奶类的人均占有量水平还很低，仅为世界平均水平的1/10。此外，绵羊毛的人均占有量也仅为世界平均水平的一半左右。

表 7-4 我国 1980～2003 年主要畜产品人均占有量 (单位:千克)

年份	肉类	禽蛋	奶类	绵羊毛
1980	13.1	2.6	1.4	0.18
1990	25.2	7.0	4.2	0.21
1998	46.1	16.2	6.0	0.23
1999	47.5	17.0	6.4	0.23
2000	48.4	17.7	7.3	0.23
2001	51.0	16.7	9.3	0.23
2002	52.1	18.6	13.3	0.24
2003	54.6	20.0	14.1	0.24

引自《中国统计年鉴》1981～2004 年,中国统计出版社

再从我国肉类产品的产量结构来看,20 世纪 80 年代以来,我国肉类产量结构有了很大的改变。2003 年我国猪肉产量占肉类总产量的比重由 1980 年的 88.8%下降到 65.2%。我国禽肉产量的比重由 1980 年的 5.1%上升到 2002 年的 19.9%;2003 年虽略有下降,但仍达 18.9%。牛、羊肉占肉类总产量的比重由 1980 年的 5.6%上升到 2003 年的 14.2%(表 7-5)。

表 7-5 我国 1980～2003 年肉类产品的生产结构变化情况 (单位:万吨)

年份	肉类总计	猪肉	牛肉	羊肉	禽肉	其他肉类*
1980	1276.4 (100.0)	1134.1 (88.8)	26.9 (2.1)	44.4 (3.5)	65.0 (5.1)	6.0 (0.5)
1990	2857.0 (100.0)	2281.1 (79.8)	125.6 (4.4)	106.8 (3.7)	322.9 (11.3)	20.6 (0.7)
1998	5723.8 (100.0)	3883.7 (67.8)	479.9 (8.4)	234.6 (4.1)	1056.3 (18.5)	69.3 (1.2)
1999	5949.0 (100.0)	4005.6 (67.3)	505.4 (8.5)	251.3 (4.2)	1115.5 (18.8)	71.2 (1.2)

续表 7-5

年　份	肉类总计	猪　肉	牛　肉	羊　肉	禽　肉	其他肉类*
2000	6125.4 (100.0)	4031.4 (65.8)	532.8 (8.7)	274.0 (4.5)	1207.5 (19.7)	79.7 (1.3)
2001	6526.4 (100)	4297.6 (65.8)	550.9 (8.4)	154.0 (2.5)	1286.6 (19.7)	237.3 (3.6)
2002	6784.9 (100)	4459.9 (65.7)	570.6 (8.4)	160.0 (2.7)	1352.3 (19.9)	242.1 (3.1)
2003	6932.9 (100)	4518.6 (65.2)	630.5 (9.1)	357.2 (5.1)	1312.1 (18.9)	384.5 (1.7)

注：1. 其他肉类包括兔肉、马肉、驴肉、骡肉和骆驼肉等

2. 括号内的数据为占肉类总产量的比重

资料来源：《中国统计年鉴》1981～2004 年，中国统计出版社；《中国畜牧业统计》(内部资料)

总之，我国畜牧业的迅速发展为提高国内畜产品供给水平作出了重大的贡献，但从畜产品结构来看，也还存在一些问题。我国的畜产品的生产结构还不十分合理，奶业和羊毛业(特别是优质细毛)生产相对滞后，禽肉和牛羊肉所占的比重仍显得偏低。在今后的畜牧业发展中，需要进一步优化畜牧业资源配置，不断调整畜产品的生产结构。另外，在调整畜产品生产结构的同时，还应当重视畜产品的质量、安全问题和卫生标准的提高问题，以及促进我国畜产品加工业的发展问题。

3. 畜产品供给变化的特点

(1)供给总量从短缺到基本平衡，并出现结构性、地区性相对过剩　改革开放 20 多年来，我国畜牧业发展进入了一个新阶段，畜产品的供给也经历了从短缺到基本平衡，并出现结构性、地区性相对过剩。从总体情况来看，多数畜产品都达到了供需基本平衡的状态，但猪肉、禽蛋的供给量存在有些年份会出现某种过剩的问题。从国内未来的市场需求和进口量逐年增长的现状来看，奶类

和绵羊毛的供给量又显得有些不足。

具体来说，自1996年以来，尽管猪肉、禽蛋产量的增长速度有所放慢，但由于其生产基数大、发展惯性强，其产量增加的绝对量仍然很大，有时其增量甚至大于其他畜产品的产量。因此，猪肉和禽蛋的供给常常会发生暂时性的过剩现象，经过近年来政府的引导和市场调节的作用，这种过剩现象已逐步趋于平衡。

然而，在多数情况下，这种过剩现象又属于结构性或地区性的相对过剩。从表面上看，猪肉的供给量有时似乎是多了，但优质的瘦猪肉供给仍然比较短缺，过剩的产品多为质量偏低的肥猪肉，这就形成了所谓的结构性过剩。又比如，我国的鸡蛋生产大多集中在华北地区和东北地区，我国南方广大地区由于气候等方面的因素使得鸡蛋产量较低，因而南方市场所需的部分鸡蛋要从北方输入。所以，当北方鸡蛋供给量出现过剩时，由于长途运输跟不上，致使南方某些地区出现鸡蛋供应短缺的现象，这也就形成了所谓的区域性过剩。

此外，我国绵羊毛的生产和供给也存在结构性过剩的问题。我国每年需要进口大量的毛纺工业用毛，特别是优质细羊毛，但同时又出现大量低质羊毛的过剩，特别是粗羊毛过剩。

(2)*畜产品生产结构在不断调整与优化*　改革开放以来，我国畜产品生产结构出现了明显的变化。除了政府的政策因素之外，推动畜产品生产结构变化的主要因素还有国内外市场对畜产品需求的变化、畜牧业生产资源的优化配置、科技进步导致畜禽生产性能和劳动生产率的提高等。

20世纪80年代以前我国很强调发展养猪业，因而人为地削弱了其他畜种的生产。随着我国人民生活水平的提高，消费者对畜产品的需求结构业发生了很大的变化。近20年来，由于人们增加了对奶制品的需求，因而促进了我国的奶业迅速发展，奶制品的供给逐渐从短缺转向渐趋平衡。1980年我国奶类产量占世界总产量的比重仅为 0.3%，年人均消费仅有 1.4 千克，到 1990 年就提高到占世界总产量 0.9%，年人均消费也达到 4.2 千克。从 1996 年开始，我国采取包括“学生奶计划”在内的各种措施，以促进我国奶业的发展。到 2003 年中国奶类产量占世界总产量的比重已经上升到 3%，年人均消费也达到了 14.1 千克。

由于我国地域广阔，各地的消费差异很大，因而各地的畜产品市场、消费习惯与畜牧业资源配置的差异也很大。但共同的发展趋势是都要不断调整与优化畜牧产业生产结构，降低猪肉和禽蛋产量所占的比重，提高牛、羊肉和奶类产量所占的比重。我国今后畜牧业的发展要更加适应市场需求的变化，进一步优化资源配置，并在调整畜产品生产结构的同时，重视畜产品质量、安全与卫生标准的提高，还要进一步促进畜产品加工业的发展。

(3)*主要畜产品区域化生产布局更加清晰*　全国生猪生产已形成以长江中下游区为中心产区向南北扩散的格局，历史上“南肉北调”的格局已宣告结束。肉牛业发展最为迅速的地带是以黄淮海平原为中心的中原农区、即中原肉牛带，其次是东北 3 省和内蒙古自治区东部的东北肉牛产业带。牧区以绵羊肉生产为主。长江以北农区生产绵羊肉和山羊肉，长江以南的省份以山羊肉生产为主。禽肉生产主要集中在东部省份，并逐步向中西部扩展。禽蛋生产基本上集中在长江以北的省份。奶牛生产主要集中在东北与华北两大地带，以及西北的新疆和大中城市郊区。

(二)国内畜产品消费分析

1. 国内畜产品的消费量增长情况　我国城镇居民年人均消费畜产品的数量自 1978 年以来呈现出持续上涨的趋势。1980 年我国城镇居民年人均消费畜产品的数量分别为猪肉 5.76 千克、牛肉和羊肉 2.23 千克、禽肉 0.25 千克、鲜禽蛋 0.8 千克、鲜奶 1 千克，1990 年城镇居民年人均消费畜产品的数量分别增长为猪肉

18.46 千克、牛肉和羊肉 3.28 千克、禽肉 3.42 千克、鲜禽蛋 5.25 千克、鲜奶 4.63 千克(表 7-6),10 年间猪肉消费量增长了 2.2 倍、牛羊肉增长了 47%、禽肉增长了 12.7 倍、鲜禽蛋增长了 5.6 倍、鲜奶增长了 3.6 倍。到 2003 年,城镇居民年人均消费畜产品的数量又分别增长为猪肉 20.43 千克、牛羊肉 3.31 千克、禽肉 9.2 千克、鲜禽蛋 11.19 千克、鲜奶 18.62 千克。与 1990 年相比,13 年间猪肉消费量增长了 11%、牛羊肉增长了 1%、禽肉增长了 1.7 倍、鲜禽蛋增长了 1.1 倍、鲜奶增长了 3 倍。后 13 年与前 10 年相比,消费的增长速度有所放慢,但消费的结构也在逐年调整。比较而言,近 10 年来,猪肉与牛肉和羊肉的消费增长较慢,禽肉和禽蛋的消费稳步增长,鲜奶的消费量保持了快速增长的趋势。

表 7-6　城镇居民家庭平均每人全年购买主要畜产品数量

(单位:千克/人·年)

年　份	猪　肉	牛羊肉	禽　肉	鲜禽蛋	鲜　奶
1978	5.76	—	0.25	0.80	1.00
1980	7.75	2.32	0.66	1.20	1.40
1985	16.68	2.49	3.24	6.84	2.80
1990	18.46	3.28	3.42	7.25	4.63
1993	17.40	3.36	3.70	8.86	—
1994	17.12	3.10	4.13	9.68	—
1995	17.25	2.44	3.97	9.74	4.62
1996	17.07	3.29	3.97	9.64	—
1997	15.34	3.70	4.94	11.13	—
1998	15.88	3.34	4.65	10.76	—
1999	16.91	3.09	4.92	10.92	7.88
2000	16.73	3.33	5.44	11.21	9.94
2002	20.28	3.00	9.24	10.56	15.72
2003	20.43	3.31	9.20	11.19	18.63

引自《中国统计年鉴》1980～2004 年

2. 我国城镇居民家庭平均每人全年畜产品消费支出情况

我国城镇居民家庭平均每人全年消费畜产品的支出近几年来也呈现出逐年增长的趋势。1997 年我国城镇居民家庭畜产品的消费支出为每人每年 574.22 元(其中:肉禽及其制品 459.26 元、蛋类 73.55 元、鲜奶及奶制品 41.41 元),占年人均食品支出的比重为 29.56%;2001 年我国城镇居民家庭畜产品的消费支出为每人每年 550.38 元(其中:肉禽及其制品 413.54 元、蛋类 56.78 元、鲜奶及奶制品 80.06 元),占年人均食品支出的比重为 27.33%;2003 年我国城镇居民家庭畜产品的消费支出为每人每年 658.86 元(其中:肉禽及其制品 473.19 元、蛋类 60.97 元、鲜奶及奶制品 124.7 元),占年人均食品支出的比重为 27.6%(表 7-7)。6 年间,我国城镇居民家庭平均年人均畜产品消费支出稳中见长,畜产品消费支出占食品支出的比重基本上稳定在 27%的水平上,其中肉禽及其制品和蛋类消费支出基本稳定,而鲜奶及奶制品的消费支出增长最快,6 年间增长了 2 倍以上。

表 7-7　我国城镇居民家庭平均每人全年消费性支出

(单位:元/人·年)

项　目		1997	2000	2001	2002	2003
食品总支出		1942.59	1958.31	2014.02	2271.84	2416.92
其中	粮　食	238.11	188.66	188.13	190.44	194.15
	肉禽及其制品	459.26	411.31	413.54	455.12	473.19
	蛋　类	73.55	56.59	56.78	59.16	60.97
	鲜奶及奶制品	41.41	68.57	80.06	104.76	124.70
	水产品	140.98	143.54	151.99	169.68	170.31
	其他食品支出	989.28	1089.64	1123.52	1292.68	1393.60
肉蛋奶支出占食品支出的比重		29.56%	27.39%	27.33%	27.25%	27.26%

根据《中国统计年鉴》(1998～2004 年)计算

3. 我国畜产品消费的主要特征

(1)城乡居民特别是城镇居民畜产品消费已达到较高的水平 近10年来,我国人均畜产品消费量增长较快,其中城镇居民的消费水平要高于乡村居民的消费水平。我国禽蛋的消费已经超过了世界平均消费水平,城镇居民人均肉类的消费量也已经接近世界平均水平。但是,我国人均奶类消费水平与世界平均水平相比还有相当大的差距,我国城镇居民的消费水平只有世界平均水平的12.6%(表7-8)。

表7-8 我国与世界畜产品消费水平对比 (单位:千克/人·年)

年份	地区	肉类	禽蛋	奶类
2000	我国平均	19.9	7.0	—
	我国城镇	25.5	11.1	11.9
	我国农村	17.2	5.0	—
	世界平均	38.7	9.1	94.3
2001	我国平均	19.9	6.6	—
	我国城镇	23.5	10.4	11.9
	我国农村	17.4	4.7	—
	世界平均	38.3	8.2	94.5

说明:1. 根据《中国统计年鉴》(1998~2004年)计算

2. FAO统计资料

(2)城镇居民与农村居民畜产品消费水平差距较大 从1985~2003年,我国城镇居民消费的猪、牛、羊肉由年人均18.72千克增加到23.74千克,消费的禽肉由年人均3.24千克增加到9.2千克,消费的禽蛋由年人均6.84千克增加到11.19千克;同期,我国农村居民消费的猪、牛、羊肉由年人均10.97千克增加到15.04千克,消费的禽肉由年人均1.03千克增加到3.2千克,消费的禽蛋由年人均2.05千克增加到4.81千克(表7-9)。1985年我国城镇居民与农村居民猪、牛、羊肉消费量的比值是1.71∶1,

禽肉消费量的比值为3.15∶1,禽蛋消费量的比值为3.34∶1;2003年我国城镇居民与农村居民猪、牛、羊肉消费量的比值是1.58∶1,禽肉消费量的比值为2.88∶1,禽蛋消费量的比值为2.33∶1。由此可见,我国城乡居民畜产品的消费量之间的差距有逐渐缩小的趋势。此外,由于目前我国约2/3的人口生活在农村,因而农村居民消费的畜产品总量仍占全国总消费量的半数左右。所以,随着城乡畜产品消费量差距的缩小,今后我国畜产品消费量的增长在很大程度上将来自农村居民消费水平的逐年提高。

表7-9　我国城镇居民与农村居民畜产品消费量的比较

(单位:千克/人·年)

年份	种类	人均消费			
		全国	城镇	农村	城乡之比
1985	猪牛羊肉	13.53	18.72	10.97	1.71∶1
	家禽	1.76	3.24	1.03	3.15∶1
	禽蛋	3.63	6.84	2.05	3.34∶1
	鲜奶	—	2.80	—	—
1990	猪牛羊肉	14.77	21.74	11.34	1.92∶1
	家禽	1.97	3.42	1.26	2.71∶1
	禽蛋	4.01	7.25	2.41	3.01∶1
	鲜奶	—	4.63	—	—
1995	猪牛羊肉	14.06	19.68	11.29	1.74∶1
	家禽	2.54	3.97	1.83	2.12∶1
	禽蛋	5.37	9.74	3.22	3.02∶1
	鲜奶	—	4.62	—	—

续表 7-9

年份	种类	人均消费			
		全国	城镇	农村	城乡之比
2000	猪牛羊肉	16.24	20.06	14.36	1.40∶1
	家禽	3.70	5.44	2.85	1.91∶1
	禽蛋	7.03	11.21	4.97	2.26∶1
	鲜奶	—	9.94	—	—
2001	猪牛羊肉	16.02	19.12	14.50	1.32∶1
	家禽	3.67	5.30	2.87	1.85∶1
	禽蛋	6.60	10.41	4.72	2.21∶1
	鲜奶	—	11.90	—	—
2002	猪牛羊肉	17.65	23.28	14.87	1.57∶1
	家禽	5.00	9.24	2.91	3.18∶1
	禽蛋	6.61	10.56	4.66	2.27∶1
	鲜奶	—	15.72	—	—
2003	猪牛羊肉	17.91	23.74	15.04	1.58∶1
	家禽	5.18	9.20	3.20	2.88∶1
	禽蛋	6.92	11.19	4.81	2.33∶1
	鲜奶	—	18.62	—	—

根据《中国统计年鉴》(2000～2004)计算

(3)畜产品户外消费的比重大幅度提高　随着人民生活水平的提高，我国人在户外(在外用餐)的畜产品消费量也在不断地提高。但居民的户外畜产品消费量却难以在统计资料中直接体现出来，目前能够获得的资料均来自局部的抽样调查。从中国农科院农经所王济民研究员 1999 年对吉林、内蒙古、山东、江苏、四川和广东 6 省、自治区进行的 1 000 户居民调查结果来看，1998 年我国居民在户外消费的肉类约占总肉类消费的 21.3%(城镇居民为

33.6%，农民在外打工人员为11.5%)，其中猪肉的户外消费量为16.7%(城镇居民为26.6%，农民在外打工人员为9.9%)，牛羊肉的户外消费量为28.4%(城镇居民为37.5%，农民在外打工人员为16.7%)，家禽的户外消费量为32.2%(城镇居民为51.3%，农民在外打工人员为14.8%)；禽蛋的户外消费量为13.2%(城镇居民为13%，农民在外打工人员为13.4%)；奶类的户外消费量为14.8%(城镇居民为4.2%，农民在外打工人员为35.5%)。从这一调查结果来看，全国城镇居民的畜产品消费量中约有1/3是在户外消费的，而农民在外打工人员在户外消费的畜产品比重要小得多。

(4)城乡居民消费肥肉比重在下降，城镇居民消费熟肉品比重大幅度提高　从实际调查的结果来看，城市居民对肉类的购买以瘦肉消费为主，而且购买畜产品的加工品和熟制品比重也在不断上升，在其总购买量中，生肉品占总量的89.6%，熟肉品占10.4%。而农村居民消费的肉类则主要以半肥半瘦肉为主，消费的畜产品加工品和熟制品比重比较低。从肉类消费的结构来看，城镇居民购买瘦肉的最多、占53.1%，购买半肥半瘦肉的占24.5%，购买排骨的占14.1%，购买头蹄尾下水的占6%，购买肥肉的人最少、只占2.3%。在农村居民肉类消费的结构中，消费半肥半瘦肉的占44.5%，消费瘦肉的占34.7%，消费排骨的占8.7%，消费肥肉的占7%，消费头蹄尾下水的占5.1%。

另外，从消费的品种来看，熟牛肉占牛肉总消费量的比重最高、约为20.6%，其次是熟家禽、约占19%。总的来看，农村居民消费半肥半瘦畜产品的最多，而城镇居民比农村居民更偏爱瘦肉，主要是以瘦肉消费为主，而且农村居民也已经基本摆脱以肥肉消费为主的传统习惯，正在向以瘦肉消费为主的方向转变。随着我国城乡居民收入水平的提高，畜产品的消费也将从温饱型向小康型转变，即城乡居民对于禽肉、禽蛋和牛羊肉的需求稳中有升，对奶制品的需求高速增长，而对猪肉的消费则偏向瘦肉型。我国城乡居民的畜产品消费将会呈现出从追求数量转变到追求质量和食品安全。

（三）畜产品国内贸易分析

随着畜产品供给的日益丰富，以及畜产品区域化生产日益明显，国内畜产品贸易也日趋活跃，同时畜产品也由政府垄断专营改变为多渠道多种经济成分共同经营。

从现阶段我国畜产品国内贸易来看，畜产品贸易的方式还比较单一，即集市贸易仍是畜产品最主要的经营方式。尽管在某些畜产品主产区和主销区也建立了一些成规模的畜产品批发市场，但总体上来说，市场的组织化程度仍然很低，畜产品的连锁经营、定点配送的比重还很小，种畜与绵羊毛的拍卖也正处于尝试阶段，畜产品的期货贸易更是没有形成。

在国内畜产品市场日益丰富的同时，各地之间畜产品的价格差异也是越来越明显。以目前牛奶的收购价格为例，南方地区为2.5～3 元/千克，北方地区仅为 1.6～2.2 元/千克。这主要是由于生产成本上的差异所致，这也正是南方的奶业集团大举进军北方建立奶源基地的原因。此外，南方市场的鸡蛋价格也要大大高于北方市场。这一方面体现出了生产成本上的差异，另一方面也体现出运销成本上的差异。

1. 我国消费品市场交易情况 我国的畜产品交易市场包含在消费品交易市场之中，有些属于专业的畜产品交易市场，更多的则是包含在综合交易市场之中。随着我国经济的改革开放和对农产品逐步放开市场，消费品交易市场的数量和规模都在迅速增长。1985 年，我国消费品市场的数量只有 6.1 万多个（城市市场 0.8 万个，农村市场 5.3 万个）；到 2003 年，我国消费品市场的数量就增加到 8.1 万多个（城市市场 2.7 万个，农村市场 5.4 万个）（表 7-

10)。在这一变化过程中,农村市场规模扩大而数量基本不变;而城市市场则伴随着市场开放和城市的扩展,而在数量和规模上同时增加。

另外,从市场成交额来看,1985 年消费品市场的成交额只有 633 亿元(城市市场 121 亿元,农村市场 512 亿元),到 2003 年消费品市场的成交额达到 26 498 亿元(城市市场 15 448 亿元,农村市场 11 050 亿元),市场规模增加了 41 倍(城市市场 126 倍,农村市场 21 倍)。这说明,目前我国城市消费的总水平要远远超过于农村消费的总水平。

表 7-10 我国 1985～2003 年消费品市场交易情况

项目		1985	1990	1997	1998	1999	2000	2001	2002	2003
消费品市场数(个)		61337	72579	87105	89177	88576	88811	87418	82498	81017
其中:	城市市场	8013	13106	22352	24127	24983	26395	27663	26529	27006
	农村市场	53324	59473	64753	65050	63593	62416	59755	55969	54011
消费品成交额(亿元)		632	2168	17425	19836	21708	24280	24949	25976	26498
其中:	城市市场	121	838	9469	11043	12326	13800	14320	15140	15448
	农村市场	512	1330	7956	8793	9382	10479	10630	10836	11050
成交额中(亿元)	粮油类	50	147	1361	1465	1591	1960	1869	2096	2325
	肉禽蛋类	140	619	3338	3557	3802	4202	4185	4468	4541
	水产品类	33	182	1386	1659	1801	2073	2077	2205	2246
	蔬菜类	49	264	1945	2207	2426	2662	2695	2888	2938
	干鲜果类	26	184	1106	1235	1398	1546	1584	1692	1709

引自《中国统计年鉴》1986～2004 年

2. 我国大型商品交易市场基本情况 2003 年,我国大型商品交易市场(亿元以上交易市场)共有 3 265 个,其中综合市场有

1 591个，专业市场有1 664个，其他市场有10个。在综合市场中，农产品综合市场有820个，约占综合市场数量的一半。2003年市场成交额为3 007.1亿元，而且多数农产品综合市场都经营畜产品。在专业市场中，肉食禽蛋市场有32个，2003年市场成交额为99.1亿元。土畜产品市场有23个，2003年市场成交额为86亿元（表7-11）。

表7-11　2003年我国亿元以上商品交易市场基本情况

项　　目	市场数量（个）	摊位数（个）	营业面积（万平方米）	成交额（亿元）
全国总计	3265	2148866	10984.0	21514.5
1. 综合市场	1591	1315771	4430.9	8069.4
1.1 工业品综合市场	415	500431	1834.1	3873.7
1.2 农产品综合市场	820	488108	1415.9	3007.1
1.3 其他综合市场	356	327232	1180.9	1188.7
2. 专业市场	1664	825039	6534.0	13399.4
其中涉及农产品的市场				
食品饮料烟酒市场	115	45954	276.4	759.2
粮油市场	42	6323	75.8	188.9
干鲜果品市场	65	20076	182.0	278.1
水产品市场	64	27170	139.6	443.8
蔬菜市场	152	104099	511.3	656.6
肉食禽蛋市场	32	3490	42.8	99.1
土畜产品市场	23	14886	51.2	86.0
3. 其他市场	10	8056	19.1	45.7

引自《中国统计年鉴》2004

3. 我国消费品市场中肉禽蛋类专业市场的交易情况　在我国消费品市场中，肉禽蛋类专业市场的交易额逐年增长，其中以1985～1997年增长最快，1998～2003年增长趋缓（图7-2）。我国

1985 年全国肉禽蛋类专业市场的交易额仅为 140.1 亿元,1990 年迅速上升到 618.8 亿元,到 1997 年又飞速增长为 3 338.2 亿元。之后开始趋于稳定。2003 年肉禽蛋类专业市场的交易额为 4 541.4亿元。

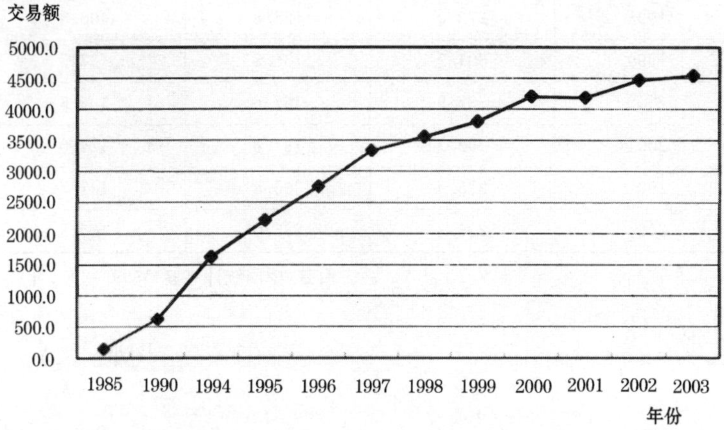

图 7-2 我国消费品市场中肉禽蛋类专业市场的交易额 (亿元)

4. 限额以上批发零售贸易中肉蛋奶类商品的销售情况 我国限额以上批发零售贸易中肉蛋奶类商品销售额见表 7-12。1998 年,限额以上批发零售贸易中肉蛋奶类商品销售额为 400.8 亿元(其中批发 272 亿元,零售 128.8 亿元),2000 年增长为 505.5 亿元(其中批发 337.9 亿元,零售 167.6 亿元),2003 年又进一步增长为 465.3 亿元(其中批发 230.3 亿元,零售 235 亿元)。总销售额近 5 年来持续增长,批发额先增后降,零售额快速增长。

表 7-12 限额以上批发零售贸易中肉蛋奶类商品销售额

(单位:亿元)

年 份	批 发	零 售	销售合计
1998	272.0	128.8	400.8
1999	301.2	136.3	437.5
2000	337.9	167.6	505.5
2001	292.2	181.8	474.0
2002	235.9	205.8	441.7
2003	230.3	235.0	465.3

引自《中国统计年鉴》1999～2004 年

(邓 蓉)

第八章　城郊农村畜禽养殖小区发展分析

为促进我国城郊畜禽分散饲养、粗放经营的养殖方式向集约型转变，以适应人们日益增长的对畜产品质量安全、公共卫生安全和生态环境安全的需求，加速畜牧业规模化、专业化和产业化建设步伐，农业部于 2004 年 4 月制定和下发了《关于推进畜禽现代化养殖方式的指导意见》。该指导意见的出台，在全国引起了积极的反响，各主要省、自治区、直辖市农牧部门都正在根据当地的实际情况采取相应的措施，大力推进畜禽现代化养殖方式的转变。

一、城郊畜禽养殖小区发展的意义和现状

（一）城郊畜禽养殖小区发展的意义

畜禽养殖小区是新阶段畜牧业标准化生产、规模化养殖的重要方式，是科技进步和发展畜牧业规模经济的有效载体。发展畜禽养殖小区，有利于畜禽养殖方式的转变和改善农村居民的生产生活环境；有利于动物疫病的控制，确保人、畜安全；有利于科学技术的推广和普及，提高畜禽养殖的生产效率与生产水平；有利于推行畜禽标准化生产，提高畜产品市场竞争力；有利于促进养殖、加工、经营、销售各环节联结，进一步缓解小生产和大市场之间的矛盾，提高畜牧业产业化经营水平，推进畜牧业结构战略性调整，促进农民增收。

长期以来，我国的养殖业一直是以农户家庭散养为主的小规模大群体的传统养殖方式为主。一家一户“小作坊”式的养殖方式，规模小、设备简陋，也不利于疫病防治。随着我国加入世界贸

易组织和国内各大城市相继实行畜禽产品市场准入制度，这种养殖方式正面临日益严峻的挑战。现代化养殖方式是畜牧业发展的必然趋势，也是开展动物防疫、保障畜禽产品安全的最佳途径。发展畜禽养殖小区正好迎合了我国畜牧业的生产方式向现代化养殖方式转变的需求。

养殖小区的出现不是偶然的，主要受两大因素的驱动：一是受畜牧业自身发展的驱动，即农村传统的庭院式的小规模畜禽养殖需要向适度规模发展；二是随着农村社会、经济的发展，在农村社区内饲养畜禽受到社区文明建设和生存环境改善的制约，一部分富裕起来的农户已经不愿意在新建的居室周围饲养畜禽了，因此畜禽饲养业需要远离社区。

目前，全国广大农区畜牧业正在以养殖小区建设为重点，实行规模化、专业化和产业化的生产方式，推进畜禽由分散饲养、粗放经营的养殖方式向集约型转变。但对于东部沿海如江苏等经济发达地区来说，也出现另一种情况，即推进现代畜牧业发展的重点是建设规模化、工厂化的畜牧企业。这种差异主要是由经济发展程度所决定的。这也从一个侧面反映出，养殖小区是我国畜牧业发展新阶段的产物，但也可能只是一种“过渡型”的养殖方式。

(二)城郊畜禽养殖小区的发展现状

目前，全国广大农区正在进行养殖小区的建设，发展养殖小区已经成为广大农村新的经济增长点，在增加农民收入和吸纳农村剩余劳动力中发挥着越来越重要的作用，在当前的新农村建设中也对实现“生产发展”和“村容整洁”的目标起着重要的作用。

1. 山东省畜禽养殖小区发展情况 山东省是全国畜牧业大省，也是全国畜禽养殖小区发展较早和较快的省份之一。为此，2002 年曾在山东召开一次全国养殖小区的现场会。山东省畜牧主管部门为促进现代化养殖方式的转变，2004 年 3 月出台了与发展养殖小区相关的法规《山东省家禽业养殖布局与监督管理规范》。目前，山东省有各类畜禽养殖小区 20 879 个，其中家禽养殖小区 6 660 个，生猪养殖小区 7 042 个，奶牛养殖小区 1 428 个，肉牛养殖小区 1 137 个，肉羊养殖小区 857 个。

青岛是山东养殖小区发展的重点地区，2003 年青岛的肉、蛋、奶总产量达到 153 万吨，增长 7.7%，跃居全省 17 个地市首位；畜牧业总产值 86 亿元，增长 7.5%，居全国 15 个副省级城市第二位；畜牧业总产值占全市农业总产值的比重提高到 30.43%，比全省平均水平高出 1.43 个百分点。畜牧业养殖小区建设发展迅猛，全市共有各类养殖基地(小区)1 217 个，基地内标准化养殖车间达到 3 000 多个。青岛以“公司加合作社加基地”的经营模式，构筑起以加工企业为龙头，以股份制合作社为载体，以现代化基地为第一车间的崭新的畜牧业产业化经营机制，实现了畜禽产品的小区养殖化。

潍坊市也是山东省畜牧业养殖小区发展的重点地区，近年来潍坊市大力进行养殖小区建设，积极推行标准化生产，提高了畜牧业的整体素质，加快了畜牧业现代化进程。据统计，2003 年全市肉、蛋、奶总产量分别达到 123.3 万吨、41 万吨和 28.5 万吨；畜牧业总收入 244 亿元，畜牧业人均纯收入 650 元。目前，全市养殖小区近 5 000 个，进区户达到 5 万多个，基本实现了区域化布局、专业化生产、工厂化管理，规模化饲养生产的畜产品已达到 80%。在小区建设中，潍坊市突出抓了以下四项工作。一是统一规划，保证了小区建设用地；二是对小区实行“三通”，即通路、通水、通电，确保当年划区，当年建设，当年投产；三是制定落实优惠扶持政策，对进区建场户和承包养殖户给予贷款担保，减免义务工等优惠措施；四是抓了技术服务，为农民提供良种、饲料、防疫、管理等全方位的服务。

2. 河南省畜禽养殖小区的发展情况 河南省也是全国畜牧

业大省，畜牧业在省内也是一个主导产业。河南省畜禽养殖小区建设开始于1985年，1996年以后得以发展，近年来发展迅速。据不完全统计，目前全省共有各类养殖小区2 698个，其中生猪养殖小区843个，入住农户67 420户，存栏生猪240万头，出栏392万头；肉牛养殖小区374个，入住农户72 892户，存栏肉牛17万头，出栏11.8万头；肉羊养殖小区373个，入住农户62 526户，存栏肉羊43万只，出栏62万只；奶牛养殖小区131个，入住农户2 672户，存栏奶牛3.5万头；蛋鸡养殖小区452个，入住农户16 170户，存栏蛋鸡20 220万只；肉鸡养殖小区429个，入住农户10 003户，存栏肉鸡8 339.1万只，出栏23 126万只；鸭养殖小区93个，入住农户3 801户，存栏332.5万只，出栏311.24；其他养殖小区3个，入住农户1 223户，存栏畜禽4.9万头(只)，出栏7.2万头(只)。发展养殖小区已成为畜牧业新的经济增长点，在增加农民收入和吸纳农村剩余劳动力中发挥着越来越重要的作用。

目前，河南省畜牧局正在贯彻《中共河南省委、河南省人民政府关于推进农业现代化建设的意见》，制定《关于推进畜牧业现代化建设的意见》。2003年畜牧业产值占农林牧渔总产值的比重已经达到39.6％，规划到2020年达到50％以上，主要畜禽的规模养殖比重达到80％以上。在发展规模养殖场和养殖小区并重的同时，河南省近阶段把发展养殖小区作为规模养殖的主体力量。为规范养殖小区的建设与管理，促进养殖小区的健康发展，提高畜产品质量和经济效益，2004年6月河南省畜牧局制定和发布了《河南省畜禽养殖小区建设管理规范(试行)》。为着力推进养殖小区的发展，2004年8月河南省畜牧局联合省委组织部、农业开发办、团委和妇联开展“畜牧业抓千区，带万户，促进农民增收”活动。该活动带动小区内数万个农户扩大生产经营规模，提高畜产品质量，增加养殖效益，示范带动全省农民收入水平的提高。

3. 河北省畜禽养殖小区的发展情况 河北省各级政府在养

殖小区建设方面的支持力度较大，也推动了养殖小区的快速发展。长期以来，养殖业一直是以农户家庭散养为主的小规模大群体的传统养殖方式为主。一家一户“小作坊”式的养殖方式，规模小、设备简陋，也不利于疫病防制。随着我国加入世界贸易组织和国内各大城市相继实行畜禽产品市场准入制度，这种养殖方式正面临日益严峻的挑战。以小区养殖为代表的现代化养殖方式是畜牧业未来发展的必然趋势，也是开展动物防疫、保障畜禽产品安全的最佳途径。为了解决河北省畜禽散养管理水平落后、效益低的问题，全省各地办起了标准化的牛养殖小区——“托牛所”，将一家一户的牛集中起来饲养。还有许多地方也建立了各类规模化、标准化的养殖小区，饲养设施齐全、环境清洁卫生、畜舍温暖舒适，提高了畜禽养殖业的饲养水平。由专业技术人员统一进行技术指导，定期进行防疫，这就保证了牲畜的健康生长。还有的畜禽产地通过乡、村服务体系，对散养户进行登记造册、建档立卡，建立常规防疫及防疫保险制度，确保有病不流行、有疫不成灾，并通过各种努力推进畜禽养殖小区的发展。河北省的畜牧养殖业和畜产品加工的龙头企业的生产规模不断扩大，带动产业发展的能力进一步增强，民间资金持续地向畜牧业增加投入。各地通过科学规划和投资扶持，切实地加快了养殖小区的建设和发展，规模小区发展迅速，肉、蛋、奶规模化养殖的比重明显提高。2004 年上半年全省新建龙头企业 152 个、养殖小区 347 个，分别比上年增长 7％和 8.5％。

4. 安徽省畜禽养殖小区的发展情况　近年来，安徽省各地按照加快优势区域布局、推进以小区为重点的规模化发展、标准化生产，提高良种化水平，大力发展畜牧产业化的思路，积极推进畜禽现代化养殖方式。为促进畜禽养殖小区的发展，省政府实施了三大举措。一是省政府 2003 年出台了《关于进一步加快发展畜牧水产业的若干意见》。省委、省政府决定进一步加快发展畜牧业，提出要切实把畜牧业发展成一个大产业。二是省政府转发了省农委

《关于加强基层动物防疫体制管理的意见》，在全省推行以“依法防检，放开诊疗，规范服务，强化监督”为原则的基层动物防疫体制改革，以完善的技术保障体系支持现代畜牧业发展；三是省政府出台关于贯彻中央1号文件的意见，明确提出要围绕畜牧等十大主导产业，加快粮食转化和加工业发展，大力发展养殖业，第一次明确提出要建立畜禽养殖小区。为从事养殖业农民提供小额贷款和保险服务，给予一定的贴息补助。合肥市还在全省率先对养殖小区实行以奖代补，对验收合格的养殖小区进行8万～15万的财政补贴，以促进现代生产方式的转变。

结合区域布局，安徽省集中力量主攻主导产业，整合项目，典型示范，以发展标准化养殖小区和规模养殖场为重点，选择生产条件好、有一定规模和组织水平的示范县，开展畜牧业生产标准化示范工作。省里每年拿出400万元资金，专门扶持优质安全畜产品养殖基地建设，引导全省畜牧业生产向规模化、标准化方向发展。各地采取政府引导、企业牵头、农民自愿、统一管理、分户养殖的方式，积极推广阶段饲养、舍饲等饲养模式，强化对生产过程的监管，净化养殖环境，初步形成一批生猪、肉牛、肉羊、肉禽优势畜产品标准化生产示范基地。同时，安徽省在畜禽饲养小区建设中结合农村沼气建设，积极争取农村生态家园项目，将畜禽饲养小区建设与农村沼气建设相结合，进行同步规划设计，变废为宝，进一步发挥生态效益，为农民造福。

5. 甘肃省畜禽养殖小区的发展情况 近几年来，按照甘肃省委、省政府提出“把草畜产业培育成为甘肃省战略性主导产业”的总体思路，按照布局区域化、经营产业化、生产标准化、管理法制化、服务信息化的总体要求，全省加大了畜牧业养殖小区的发展力度，并取得了明显成效。2003年全省肉、蛋、奶产量分别达到74.19万吨、13.44万吨和22.56万吨，较上年分别增长6.5%，8.3%和30.7%。2003年，全省农民人均纯收入达到1 670元，增加 80 元，其中人均牧业纯收入 525 元，占人均纯收入 31.4%，成为农牧民增收的主要途径和农村经济的支柱产业。

甘肃省在发展畜禽养殖小区时注重促进优势产品向优势产区集中，全省已初步形成了以平凉、甘南、武威、庆阳、临夏 5 市为主的肉牛基地，年出栏量 67.75 万头，占全省的 67.07%；形成了以甘南、临夏传统肉羊产区，白银、定西、庆阳肉羊产区和河西 4 市肉羊产区，共存栏羊 1 150.06 万只，当年出栏肉羊 597.01 万只，羊肉生产总量达到 9.53 万吨，分别占全省总量的 89.43%，91.3% 和 92.23%；以兰州、酒泉为主的奶牛基地，年存栏近 3.5 万头，占全省的 65%以上；以河西 4 市为主的瘦肉猪生产基地，年优质猪肉产量达到 15.23 万吨，占全省猪肉总产量的 31.93%。同时，甘肃省还注重在养殖小区创新畜禽饲养方式，一批与畜牧业经济发展相适应的养殖专业户、规模养殖场和工厂化养殖企业支持着畜禽养殖小区的发展，这为推进畜禽现代化养殖方式的示范和推广积累了经验。

6. 湖南省畜禽养殖小区的发展情况　湖南省是农业大省，畜牧生产是农民致富奔小康的有效途径。如何使湖南畜牧业在较高生产水平的基础上进一步实现新的突破，创建畜禽养殖小区是继农村家庭承包责任制之后农业生产经营形式又一次质的飞跃。湖南省的畜禽养殖小区实际上是以股份合作为纽带，把公司与养殖户捆绑在一起的畜禽联合经营组织。养殖小区内实行统一管理、统一服务、分户饲养。

小生产和大市场的矛盾是农村深化改革中遇到的主要矛盾，在一定程度上已制约农村生产力的发展。针对这个问题，湖南省政府按照产业化经营的思想，冲破传统的家庭经营模式，采用股份制组建畜禽养殖小区。这种适应现代养殖要求的生产经营形式，既保持农民家庭经营的形式，又实现了规模化生产经营的目标。畜禽养殖小区的兴起，使畜牧业走出了庭院经济的小天地，跨入了市场经济的大海洋，因此显示出了旺盛的生命力和较大的优越性。

目前湖南省的许多乡镇都是利用种植业不易利用的山地来发展养殖小区。大的畜禽养殖小区，有多达几十栋规模的畜舍，饲养量可达3万～5万头。小的畜牧小区也有十几栋畜舍，有万头左右的饲养量。小区实行集中建场、分户养殖、统一服务，因而较好地解决了分散经营规模太小以及效益不高等难题。总之，畜禽养殖小区是扬个体经营和集体规模经营两者之长，避个体经营和集体规模经营两者之短的最佳选择。

7. 山西省畜禽养殖小区的发展情况 近年来，随着山西省畜牧业的快速发展，畜牧业规模化、专业化和产业化程度得到了进一步提高，畜牧业经济在农村经济中的比重越来越大。但是，随之而来的是，传统的畜禽养殖方式也面临着当今国内外市场和消费者的巨大挑战，人们对提高畜产品质量和市场竞争力，增加农民收入，确保畜产品安全和消费者身体健康的呼声和要求越来越高。因此，建立适应市场经济发展的现代畜禽养殖方式不仅十分重要而且相当迫切。

目前，山西省已建各种养殖小区1 000多个，存栏各种畜禽近150万头(只)。这种形式一般由乡村统一规划用地、统一建设、统一管理，分户经营，并远离村庄和群众居住地，对畜禽排泄物、废弃物和病死畜禽的无害化处理都有一定的要求，卫生条件较好，符合生态养殖方向，是一种值得推广的养殖模式。如晋中市的小区建设，岢岚的绒山羊养殖小区，大同南郊区的奶牛养殖小区等等，都是很好的模式。

(三)城郊畜禽养殖小区的主要经营模式

目前，全国城郊畜禽养殖小区的经营模式主要有以下几种。

1.“龙头企业加农户”型 “龙头企业加农户”型——即由大型肉鸡企业、乳品企业所带动的肉鸡、奶牛养殖小区。这种经营模式的养殖小区比较规范，标准化程度高，能够做到统一供料、统一防疫、统一管理、统一标准、统一产品回收。

2.“养殖场或经纪人或协会加农户”型　“养殖场或经纪人或协会加农户”型——这种形式的小区标准化生产程度略差于第一类，主要由大型养殖场利用龙头或营销优势，为附近农户提供贷款担保建设养殖场，形成以本场为区域中心的养殖小区。该类养殖小区只有部分能做到统一供料、统一防疫、统一管理、统一技术标准、统一销售。

3.“村集体加农户”型　“村集体加农户”型——即由村集体统一提供场地，统一规划与设计养殖小区，然后将小区内养殖场所卖给或出租给农户。这种模式又可分为两种类型：一是小区内的农户通过经纪人、协会的作用，可以部分做到统一供料、统一防疫、统一管理、统一标准、统一产品回收，其标准化生产程度同于第二种模式；二是小区内农户仍旧维持独立生产经营核算。由于技术与管理跟不上，标准化生产程度低，有待进一步规范。

4.“农户加农户”型　“农户加农户”型——由有养殖传统的农户自发在一个相对集中区域建造养殖场，从而形成的养殖小区。同样由于无统一规划，设计不规范，加上技术与管理跟不上，标准化生产程度低，有待进一步规范。

5.“公司加合作社加基地”型　“公司加合作社加基地”型——这种经营模式，构筑起以加工企业为龙头，以股份制合作社为载体，以现代化基地为第一车间的崭新的产业化机制，实现了畜产品的标准化和规模化生产，从根本上提高了畜牧业的市场竞争力。该模式是以龙头企业和专业协会为载体，并以合同农户为基础从事基地和园区的建设。

二、发展城郊畜禽养殖小区的主要经验

(一)研究和制定养殖小区管理规范

从全国城郊发展畜禽养殖小区的情况来看,研究和制定养殖小区的建设与管理规范,对促进我国城郊畜禽养殖小区的健康发展有重要的意义。在我国的农区,规模化经营的畜牧业是由小农经济发展过渡而来的,随着农村经济的发展,一家一户的养殖已经不能满足市场不断增长的需要,在畜牧业比较发达的城市郊区开始出现畜禽养殖小区。但在养殖小区建设中,政府必须首先制定出养殖小区的建设与管理规范,这样才能保证我国城郊的养殖小区健康发展。如果没有养殖小区的建设与管理规范,其将会带来环境污染的严重问题。养殖小区的建设与管理规范必须对环境问题做出明确的规定,以保证不会造成畜禽养殖小区周围的畜禽粪便污染、废气污染、苍蝇和蚊虫对环境的污染等。

(二)制定相应的扶持政策,加快养殖小区的发展

各级政府必须制定相应的扶持政策,以加快养殖小区的发展。各级政府都将发展养殖小区作为发展农村经济、增加农民收入的中心工作来抓,并制定了一系列的相关扶持政策。

1. 制定养殖小区用地政策 养殖小区建设用地应尽量选用荒地或废弃地,在无荒地或废弃地可利用的情况下,养殖小区用地可采取“反租承包”、租赁经营、买断经营等方式,均视为农业用地。

2. 制定养殖小区建设资金补贴的政策 各级政府还要为畜禽养殖小区建设提供资金补贴。根据小区建设投资的规模,地方政府与龙头企业应按一定的比例给予直接补贴,或对建筑材料给予直接补贴,或为建设畜禽养殖小区提供贴息贷款。或者是由地

方政府或龙头企业出面担保，让农户获得建设小区或购买生产畜禽所短缺的资金。

3. 制定提高农民组织化程度的政策 要努力促进畜禽养殖小区内农户的组织化程度的提高。一方面提高农户在经营中抗风险的能力；另一方面通过推行养殖小区标准化生产，锻炼农村劳动力，提高农村劳动力的素质，使其适合企业化经营的劳动状况，并提高其对市场经济的适应能力。

4. 制定对农户的培训与教育政策 建设畜禽养殖小区本身就是在推进畜牧业的现代化养殖方式，科学地制定畜禽生产与产品标准，积极推行畜禽养殖小区标准化生产，就需要加强对农户和专业技术人员的培训工作。政府要制定出对农户的培训与教育的计划，并应在教育和培训方面提供有效的政策支持。

(三)发展畜禽养殖小区能直接促进城郊畜牧业发展水平的提高

1. 养殖小区促进了畜牧业生产与经营方式的转变，提高了畜牧业标准化水平 畜禽养殖小区把一家一户分散饲养集中起来，以专业化、规模化的组织形式纳入到现代化商品生产轨道，促进了生产方式和经营方式的转变，使农民把畜牧业当做主业，有利于先进科技的应用，实现现代化生产和管理，提高养殖业总体生产水平，生产出科技含量较高的产品，增强了市场竞争优势。

2. 发展养殖小区便于疫病防制，有效地控制了传染病的发生 发展养殖小区便于疫病防制，能有效地控制传染病的发生。小区内制定严格的防疫制度，区外定点集中交易畜产品，严格消毒，避免了分散养殖防疫混乱局面，使传染病的发生得到有效控制。

3. 发展养殖小区有利于开拓畜禽产品市场 发展养殖小区有利于开拓畜禽产品市场，进而形成各类专业化、区域化的市场，催生各类营销组织；同时，促进了新农村规划建设，保护和治理了环境，进而促进了生态农业的发展，提高了农民的生活质量。

4. 发展小区养殖有利于推行标准化规模化养殖，提升畜禽产品质量 发展小区养殖有利于推行标准化规模化养殖，提升畜禽产品质量。一是有利于畜牧主管部门实施兽药、饲料全程监管，加大动物疫病防制工作力度，进一步推行动物免疫标志制度，促进产地检疫和屠宰检疫落实到位。二是要围绕畜禽加工企业，由畜牧主管部门牵头，动员社会各方面的力量发展畜牧合作社，使散养户在生产方式上有效地组织起来，更好地实行标准化饲养，进而促进畜牧业的产业化经营。三是通过大力发展现代化农场或一定规模的养殖基地，可以将目前分散生产的饲养户变成农场的饲养管理人员，通过建立安全生产体系来推行畜禽的标准化生产。四是规模化饲养在疫情预报、兽医防疫等方面，统一行动，既有利于提高养殖水平，也有利于大范围内的疾病控制，促进畜牧业健康稳定发展。

三、促进城郊畜禽养殖小区发展的基本思路

畜禽现代化养殖方式转变实质上就是用现代工业装备畜牧业、用现代科学技术改造畜牧业、用现代方式管理畜牧业、用现代科学文化知识提高农民素质的过程，是建立优质高产高效畜牧业生产体系、推动畜牧业产业结构优化升级、转变增长方式、实现可持续发展的过程，也是大幅度提高畜牧业综合生产能力、不断增加畜产品有效供给和提高农民收入的过程。从我国畜牧业现代化相对落后、地区之间发展很不平衡的实际出发，这是一个动态发展、长期渐进的过程，必须着眼于新的实践、新的发展，不断探索，尽快缩短这个过程。为促进养殖小区的发展，目前应重点抓好“五个结合”。

(一)养殖方式转变与优势区域培育相结合

实施畜产品优势区域布局规划,是提高我国畜牧业竞争力的重大战略举措。应把现代养殖方式转变作为提高优势区域整体竞争力的重要目标之一,积极实施"两大战略",加快"三个集中",把我国畜产品优势区域率先建成畜牧业现代化基地。"两大战略"之一是"退户入区"战略。要采取政策扶持、投入引导等综合措施,鼓励村级集体经济组织带领农民利用土地实行资源入股,突破土地对规模养殖小区发展的制约,加快养殖小区发展。"两大战略"之二是"有进有退"战略。从全局上调整我国畜牧业生产力布局,打破"小而全、大而全、遍地开花"的发展格局和结构调整中的产业结构雷同趋势。畜牧业主产区和广大农区,要以发展标准化养殖小区和规模养殖场为重点,不断开拓畜牧业增效增收的空间;牧区要结合草原生态保护,逐步推广舍饲、半舍饲养殖模式,加速建设"绿色"畜产品基地。"三个集中"具体是指由分散养殖向养殖大户集中、由养殖大户向养殖小区集中、由养殖小区向优势区域集中,这样能加速现代化养殖小区的集群,也有利于形成畜牧业的产业优势。

(二)养殖方式转变与科技创新体系相结合

推进市场化、产业化、集约化程度较高的现代养殖方式,必须加大畜牧业科技支持的力度。一是建立畜禽养殖现代化科技示范基地。整合一批良种良法配套的成熟科技成果,以养殖小区为基础,高效率、高效益转化成果,使养殖小区同时成为先进科技成果转化基地、辐射基地。二是要按照强化公益性职能、放活经营性服务职能的原则,放开搞活科技推广体系。支持各级农技推广机构面向市场转变服务手段、调整服务方向,引导和推动企业和养殖小区成为技术创新主体,加快形成国家推广机构和其他所有制推广组织共同发展、优势互补的技术推广体系。三是深入开展畜牧科技人员联系养殖小区活动。组织畜牧科技部门和广大科技人员直接进入养殖小区开展科技服务，改变目前科技人员重课题、重论文、重职称的现象，变被动服务为主动服务，变集中服务为经常性服务，变单一技术服务为全方位服务，为广大畜牧科技人员用专业技术指导实践，在实践中为丰富和发展专业技能提供生动的舞台，既提高畜牧科技人员队伍的综合素质，也更好地服务"三农"。四是积极实施农民科技培训工程。农民科技培训资金的安排上确定一定比例，重点用于对养殖小区内农户的专业技术人员和农民科技带头人的培训工作，全面提高农民的科学文化素质，培育"科技型"农民，把丰富的农村劳动力资源与现代科技结合起来，变劳动力"包袱"为财富。

（三）养殖方式转变与标准化生产相结合

畜牧业标准化生产靠千家万户的分散经营难以实现，要把畜禽养殖方式的转变与标准化生产结合起来，同步推进，走养殖小区化、小区标准化的路子，以规模小区为基础，推广统一的专用品种、统一的技术规程、统一的质量标准和统一的产品品牌，实现全程控制和优质优价机制，把养殖小区建设成为标准化基地和优质安全畜产品的生产基地。一是分类推进。蛋鸡、肉鸡、奶牛标准化抓普及，生猪标准化抓推广，肉羊标准化抓示范，肉牛标准化抓突破。二是加大宣传。把握目前国内市场对高档产品的需求快速增长、中档产品稳步增长、低档产品缓慢增长的市场导向，大力宣传无公害畜产品行动计划和质量安全、产品认证方面的政策法规，搞好培训、培养典型，抓好示范。三是大力推广。以龙头企业为带动、合作组织为载体、养殖小区和合同农户为基础、优质优价为导向，把部颁 25 个国家标准贯彻到企业和农户。四是以认证促发展。把无公害畜产品认证作为畜牧业品牌经营的重要举措，尽快形成促进认证与推动生产的互动，加快实现畜牧业从产品竞争向品牌竞争的跨越。五是积极推行养殖小区清洁生产。对新建养殖小区要按照要求规范养殖布局和生产行为，强化生态环境控制，做好畜禽排泄物、废弃物和病死畜禽的无害化处理，使养殖小区真正成为现代化的畜禽养殖基地。

（四）养殖方式转变与合作组织发展相结合

大力发展畜牧业合作组织，提高我国畜牧业的组织化、产业化程度，是用现代方式管理畜牧业的重要转变，也是提高我国畜牧业竞争力的重大举措。要把培育合作经济组织作为畜牧业体制和机制创新的重点，作为畜牧部门转变职能和工作方法的重点，多样化、多形式发展，特别是打破区域界限、所有制界限、行业界限，以养殖小区为基地，按产业化经营体系建立专业协会，通过整合养加销、产学研、良种推广和安全优质饲料、兽药供应等各方面的资源，建立优势互补、专业化分工协作、产加销有机结合的产业链。要积极引导养殖小区联合成立畜牧合作组织。畜牧部门要组织引导养殖小区转变思想观念，以产业为纽带，形成紧密型的合作经济组织，通过联合采购、联合销售、加工增值、提高生产效率、扩大经营领域等多种方式增效增收。推动合作经济组织在开拓国内外市场、解决贸易争端、协调企业和农民的关系、加强行业自律等方面更好地发挥作用，培育养殖小区型合作组织自我发展能力。积极帮助农户争取小额贷款和农户联保贷款，支持农户发展规模生产，提高生产能力。引导养殖小区在形成合作组织的同时，大力发展专业化生产、专业化服务、专业化基地，逐步形成有一定规模的产地市场。

（五）养殖方式转变与产业化经营相结合

现代畜牧业的竞争已经不是某个领域、某个环节的竞争，而是集生产、科技、加工、销售等于一体的整个产业体系的竞争。要把现代养殖方式转变作为提升产业竞争力的基础工程来抓，以产业化带动现代养殖方式转变，以现代养殖方式转变提升产业化水平。要大力推广“公司加合作组织加基地加农户”经营模式，引导企业和农户通过利益机制实现产销和服务对接。龙头企业要与养殖场户签订购销合同，组织农户按标准和合同规定安排饲养，规避市场风险，把千家万户的小生产与统一开放的大市场联系起来，进行统一生产、统一管理、统一营销和统一服务，通过提高组织化程度，加快养殖方式向现代化转变。引导和支持龙头企业建设符合出口标准的集生产、科研、加工、出口一条龙的畜产品出口基地，按照国际标准组织畜产品的生产、加工和卫生质量检测监督，努力提高我国畜产品的国际市场信誉，巩固禽肉、猪肉、兔肉等出口创汇传统产品，大力开发蛋品、牛奶、牛肉、羊肉等出口创汇新兴产业。

四、推进城郊畜禽养殖小区发展的政策建议

我国畜禽现代养殖方式转变起步良好，要在认真分析总体形势，在把握现代畜牧业的发展进程和规律的基础上，采取更直接、更有效、更有力的政策措施进行扶持和引导。

(一)加大对畜产品优势区域的扶持力度

从 2005 年开始，每年在全国不同地区选择现代化养殖程度高、产业化经营规模大、产业比较优势突出的若干优势区域进行扶持，重点扶持优势区域内现代化养殖基地建设，同时在现代养殖程度高、产业化规模大、出口优势明显的区域建立若干个畜产品出口基地，尽快形成一批跨区域、具有国际竞争力的产业隆起带，发挥对全国现代养殖方式转变的示范和带动作用。

(二)建立科技成果转化专项资金

在现有农业科技示范场项目的基础上，安排现代养殖方式示范专项资金，重点用于扶持较大规模的现代化养殖小区，转化科技成果和先进技术，逐步发展成为有较强示范带动作用的科技示范基地。

(三)加大畜禽良种工程的支持力度

启动国家畜禽良种育种计划，调整对良种工程项目的投资方向，在现有国家扶持的种畜禽场范围内，择优重点支持优良品种选育项目。积极探索实行良种直接补贴政策，在做好奶牛良种补贴试点的基础上，不断扩大良种补贴的范围和规模。

(四)加快农村合作经济组织建设

针对我国养殖业以农户分散为主体的具体情况，需要提高农户的组织化程度，即发展各种形式的农户合作经济组织或农民协会。也就是说，通过农户合作经济组织或农民协会将分散的农户组织起来，开展养殖生产合作、产品加工合作与销售合作，或在“公司(龙头企业)加农户加基地”经营体系中由农户合作经济组织或农民协会代表农户与公司平等对话，提高农户的合法权益。在新修订的《中华人民共和国农业法》的第九章“农民权益保护”中，已对“农民或者农业生产经营组织”的权益保护有了较为明确的规定。但是，至今还没有对农户合作经济组织或农民协会的合法地位作明确的规定。需要深入研究如何通过政策的调整，以提高小农户的组织化程度，实现小农户在整个农村经济转型期中的平稳过渡。

（五）建立畜牧业环保治理专项资金

参照国外的做法，国家应建立畜牧业环保专项资金，对畜禽饲养场、养殖小区的粪便和污水等无害化处理给予补贴。此外，环保部门向畜禽场收取的环保费，应按比例返还给畜禽场用于环保建设。

（六）正确处理现代养殖方式转变与合理用地的关系

坚决贯彻国家土地政策，盘活存量土地资源，引导农民充分利用荒山、荒地和一般耕地发展畜禽规模养殖。引导农民以土地为资源，实行资源入股，发展股份合作制养殖小区。在无荒地或废弃地可利用的情况下，养殖小区用地应视为农业用地。

（七）拓宽投资与信贷渠道

整合农业综合开发、扶贫开发、畜禽良种、动物保护、农业科技示范等专项资金，并广泛吸引社会、个人和外资对畜牧业的投入，逐步形成以国家财政资金为导向、以企业和农民投入为主体的良性投资机制，为推动畜禽养殖方式转变提供资金保障。各级政府要积极开拓农村信贷，设立和用好“小额贷款”，或由地方政府或龙头企业出面担保，让农户获得建设小区或购买生产畜禽所短缺的资金。

（八）积极探索政策性保险，调整畜牧业用电用水的收费标准

在市场经济条件下，推进现代养殖方式转变必须建立相应的风险保障体系。从国外农业现代化建设的经验看，由政府对农业保险进行多种形式的补贴，使农业保险成为有别于一般商业保险的政策性保险，是发展农业保险的有效途径。应积极借鉴国外经验，采取由政府补贴、商业保险公司负责运营的办法，开展畜禽现代化养殖保险业务，逐步建立降低养殖业风险的长效机制。

（邓　蓉　刘凤华）

主要参考文献

1 尹广东.猪病的免疫防制.养猪.2005.6

2 牧 信.生猪市场供过于求,养猪生产进入调整期,养猪人应从容应对.养猪.2005.6

3 高春奇.农村小规模高效益养猪模式.北京农业 .2005.6

4 杨汉春.目前我国规模化猪场疫病流行现状与控制策略.农业新技术.今日养猪业.2004.3

5 王家圣.中国种猪产业化发展的战略与策略.养殖与饲料.2004.8

6 廖国周.安全优质猪肉的生产.畜牧业.2003.2

7 邓 蓉著.中国畜产品生产与贸易研究.中国农业出版社,2004.5

8 郭 亮主编.无公害猪肉生产与质量管理.中国农业科学技术出版社,2003.11

9 王占赫编著.庭院养猪.中国农业出版社,1998.9

10 段诚中主编.规模化养猪新技术.四川科学技术出版社,2003.5

11 杨公社主编.绿色养猪新技术.中国农业出版社,2004.3

12 艾云航.农业产业化发展背景及过程.猪业在线.2005.7:12-17

13 如何建立公平合理的利益联结机制.猪业在线主题策划.2005.7:18-19

14 邱 怀主编.现代乳牛学.中国农业出版社,2002

15 阮 征主编.乳制品安全生产与品质控制.化学工业出版社,2005

16 陈幼春主编. 现代肉牛生产. 中国农业出版社,1999

17 孟庆翔主译. 肉牛生产经营与决策(第四版). 中国农业大学出版社,2005

18 李 英主编. 肉牛生产与产品加工. 中国农业科学技术出版社,2000

19 顾宪红主编. 畜禽福利与畜产品品质安全. 中国农业科学技术出版社,2005

20 莫 放主编. 养牛生产学. 中国农业大学出版社,2003

21 张 沅主编. 家畜育种学. 中国农业出版社,2001

22 李保明主编. 畜牧工程科技创新与发展. 中国农业科学技术出版社,2003

23 王凯军主编. 畜禽养殖污染防治技术与政策. 化学工业出版社,2004

24 张彦明主编. 兽医公共卫生学. 中国农业出版社,2003

25 中国标准出版社第一编辑室编. 绿色食品标准汇编. 中国标准出版社,2003

26 杨 宁主编. 现代养鸡生产. 北京农业大学出版社,1994.3

27 中国标准出版社第一编辑室编. 无公害食品标准汇编(畜禽肉、蜂产品、乳制品卷). 中国标准出版社,2003.1

28 李震钟主编. 畜牧场生产工艺与畜舍设计. 中国农业出版社,2000.5

29 刘凤华主编. 安全优质肉鸡的生产与加工. 中国农业出版社,2005.5

30 刘亮. 江西省水禽业发展现状与对策. 中国家禽. 2005.7

31 任奕林. 我国禽蛋业的现状及发展对策. 中国家禽. 2005.2

32 舒鼎铭. 家禽育种科学发展现状及趋势. 中国家禽. 2004.17

33　陈伯祥.我国禽肉加工业的现状、问题与发展对策.中国家禽.2004.15

34　刘爵.我国禽病免疫预防研究展望.中国家禽.2002.7

35　杜文兴编著.新型家庭养鸡.中国农业出版社,2002.1

36　彭秀丽编著.养鸡新法.中国农业出版社,2002.5

37　杨 山主编.家禽生产学.中国农业出版社,1995.10

38　杨　山,李 辉主编.现代养鸡.中国农业出版社,2002.1

39　杨宁主编.家禽生产学.中国农业出版社,2002.7

40　北京市畜牧兽医站,北京市畜牧兽研究所编.养鸡.中国农业出版社,1998

41　邱祥聘主编.家禽学.四川科学技术出版社,1993.5

42　单永利,张宝庆等主编.现代养兔新技术.中国农业出版社,2004

43　杨正等主编.现代养兔.中国农业出版社,1999

44　高振华,谷子林主编.优质獭兔养殖手册.河北科学技术出版社,2004

45　张宝庆主编.养兔与兔病防治(第二版).中国农业大学出版社,2004.5

46　黄邓萍主编.规模化养兔新技术.四川科学技术出版社,2003.5

47　徐汉涛,杭榴玉编著.高效益养兔法.中国农业出版社,1997.10

48　张振华,王启明主编.养兔生产关键技术.江苏科学技术出版社,2000.1

49　杜玉川主编.实用养兔大全.中国农业出版社,1993

50　任家祯,冯海利等编.兔病诊断与防治手册.中国农业大学出版社,1999

51　万遂如主编.兔病防治手册.金盾出版社,1997

52　范光勤主编. 工厂化养兔新技术. 中国农业出版社，2002

53　舒惠国. 以科学发展观为指导 加快发展现代畜牧业. 经济日报. 2005.8.20：7

54　山东省畜牧办公室. 山东省家禽业养殖布局与监督管理规范. 山东省畜牧办公室文件. 2004.3

55　艾云航. 坚持以牧为主方针，加快牧区经济发展. 畜牧经济论坛. 2000.2

56　陈永福. 中国食物需求与预测. 中国农业出版社，2004.9

57　邓　蓉，孙伯川. 我国畜产品生产系统和供给的变化趋势分析. 安徽农业大学学报(社科版). 2004.5

58　贾幼陵. 畜牧业发展的制约因素及其宏观调控问题. 中国农村经济. 1999.1

59　李建平等. 科技进步对畜牧业发展的作用. 畜牧经济论坛. 2000.4

60　李明哲. 中国畜牧业经济学导论. 农村读物出版社，1993

61　李易方. 我国畜牧业 50 年之旅. 畜牧经济论坛. 1999.1

62　江占民，邓　蓉. “三化”结合 整体推进农业产业化. 经济体制改革. 1997.4

63　刘少伯. 面对 WTO：畜牧业怎么办？中国牧业通讯. 2001.1

64　农业部软科学委员会课题组. 中国农业发展新阶段. 中国农业出版社，2000：3-7

65　卢肖平. 浅析畜牧业的多功能性与战略性调整农业结构. 农业经济问题. 2000.8

66　周　咏. 论我国畜牧业发展的基本模式：农户小规模分散饲养. 科技导报. 1999.4

67　王秉秀. 畜牧业经济管理学. 中国农业出版社，1998

68 陈 文. 草原畜牧业研究. 内蒙古大学出版社,1992

69 畜牧业经济研究会. 畜牧业产业化问题研究. 中国农业科学技术出版社,1998

70 程 选. 我国地区比较优势研究. 中国计划出版社,2001

71 刘国光. 中国地区经济发展研究. 中国统计出版社,1994

72 中国畜牧业综合区划研究组. 中国畜牧业综合区划. 中国农业出版社,1985.12

73 梁小民. 西方经济学导论. 北京大学出版社,1987.6

74 邓 蓉,张存根. 中国畜牧业发展研究. 中国农业出版社,2005.11

75 邓 蓉,王晓霞,鲁 琳. 中国畜产品消费现状分析. 北京农学院学报. 2005.2

76 沈镇昭. 新时期畜牧业经济问题研究. 中国农业出版社,2005.1

77 范剑平,杨大侃. 居民消费与中国经济发展. 中国计划出版,2000.2

78 曾壁钧. 我国居民消费问题研究. 中国计划出版社,1997.4

79 贾幼陵,王济民. 畜牧业发展及牧区经济问题研究. 21世纪中国农业发展战略(刘江主编). 中国农业出版社, 2000

80 农业部软科学委员会. 促进农民增收与全面建设农村小康社会. 中国农业出版社,2005.7

81 贺小丽. 我国城乡居民食品消费差异现状分析. 农业经济问题. 2001.5

82 王伟. 中国畜牧业发展的战略及政策选择. 首都高校哲学社会科学研究文集. 知识产权出版社,2005.6

83 赵永平. “无疫区”成了金字招牌——无规定动物疫病区

示范区养殖实现标准化，畜产品出口势头强劲. 人民日报. 2005. 8. 7：6

84　北京市农业局. 2004 年北京市畜牧生产二季度形势分析. 北京市农业局文件. 2005. 7

85　青岛市畜牧局. 青岛市畜牧业养殖小区建设情况. 青岛市畜牧局发布. 2004. 3

86　河南省畜牧局. 河南省畜禽养殖小区建设管理规范(试行). 河南省畜牧局发布. 2004

87　甘肃省农牧厅. 甘肃省养殖小区建设标准. 甘肃省农牧厅发布. 2004

88　李明哲. 试论新世纪畜牧业深化改革的途径. 畜牧经济论坛. 1999. 4

89　刘丽英. 畜禽粪便对环境的污染及相关防治措施. 家畜生态. 2000. 2

90　马爱国. 抓住机遇努力开创绿色食品工作新局面. 光明日报. 2002. 11. 4

91　楼洪兴. 动物制品的药物残留问题. 中国禽业导刊. 2000. 14

92　彭东亮，汪植三. 论绿色畜禽产品的生产. 当代畜禽养殖业. 2001. 11

93　王兆阳. 我国农产品国际竞争力的现状及应对措施. 宏观经济研究. 2001. 5：31-34

94　夏英祝. 加入 WTO 中国农业如何参与国际竞争. 农业经济问题. 2003. 3：52-56

瘦肉型猪饲养技术(修订版)	7.50 元
猪饲料科学配制与应用	11.00 元
中国香猪养殖实用技术	5.00 元
肥育猪科学饲养技术(修订版)	10.00 元
小猪科学饲养技术(修订版)	8.00 元
母猪科学饲养技术(修订版)	10.00 元
猪饲料配方 700 例(修订版)	10.00 元
猪瘟及其防制	7.00 元
猪病防治手册(第三次修订版)	16.00 元
猪病诊断与防治原色图谱	17.50 元
养猪场猪病防治(第二次修订版)	17.00 元
猪防疫员培训教材	9.00 元
猪繁殖障碍病防治技术(修订版)	9.00 元
猪病针灸疗法	3.50 元
猪病中西医结合治疗	12.00 元
猪病鉴别诊断与防治	13.00 元
猪病鉴别诊断与防治原色图谱	30.00 元
断奶仔猪呼吸道综合征及其防制	5.50 元
仔猪疾病防治	11.00 元
养猪防疫消毒实用技术	8.00 元
猪链球菌病及其防治	6.00 元
猪细小病毒病及其防制	6.50 元
猪传染性腹泻及其防制	10.00 元
猪圆环病毒病及其防治	6.50 元
猪附红细胞体病及其防治	7.00 元
猪伪狂犬病及其防制	9.00 元
图说猪高热病及其防治	10.00 元
实用畜禽阉割术(修订版)	10.00 元
新编兽医手册(修订版)	49.00 元
兽医临床工作手册	42.00 元
畜禽药物手册(第三次修订版)	53.00 元
兽医药物临床配伍与禁忌	22.00 元
畜禽传染病免疫手册	9.50 元
畜禽疾病处方指南	53.00 元
禽流感及其防制	4.50 元
畜禽结核病及其防制	10.00 元
养禽防控高致病性禽流感 100 问	3.00 元
人群防控高致病性禽流感 100 问	3.00 元
畜禽衣原体病及其防治	9.00 元
畜禽营养代谢病防治	7.00 元
畜禽病经效土偏方	8.50 元
中兽医验方妙用	10.00 元
中兽医诊疗手册	39.00 元
家畜旋毛虫病及其防治	4.50 元
家畜梨形虫病及其防治	4.00 元
家畜口蹄疫防制	8.00 元
家畜布氏杆菌病及其防	